utb 3495

Eine Arbeitsgemeinschaft der Verlage

Böhlau Verlag · Wien · Köln · Weimar
Verlag Barbara Budrich · Opladen · Toronto
facultas · Wien
Wilhelm Fink · Paderborn
A. Francke Verlag · Tübingen
Haupt Verlag · Bern
Verlag Julius Klinkhardt · Bad Heilbrunn
Mohr Siebeck · Tübingen
Ernst Reinhardt Verlag · München · Basel
Ferdinand Schöningh · Paderborn
Eugen Ulmer Verlag · Stuttgart
UVK Verlagsgesellschaft · Konstanz, mit UVK/Lucius · München
Vandenhoeck & Ruprecht · Göttingen · Bristol
Waxmann · Münster · New York

Die Herausgeber bedanken sich bei Felix Degenhardt, Reinhard Gilles, Martin Ashauer, Georg Lindinger und Marit Borcherding für die tatkräftige Unterstützung bei der Neuherausgabe dieses Bandes.

Peter L. Berger

Einladung zur Soziologie

Eine humanistische Perspektive

2., ergänzte Auflage

Herausgegeben von Michaela Pfadenhauer, Bernt Schnettler

Aus dem Englischen von Monika Plessner

UVK Verlagsgesellschaft mbH · Konstanz
mit UVK/Lucius · München

Online-Angebote oder elektronische Ausgaben sind erhältlich unter www.utb-shop.de.

Bibliografische Information der Deutschen Bibliothek
Die Deutsche Bibliothek verzeichnet diese Publikation in der Deutschen Nationalbibliografie; detaillierte bibliografische Daten sind im Internet über <http://dnb.ddb.de> abrufbar.

Titel der Originalausgabe: »Invitation to Sociology: A Humanistic Perspective« by Peter L. Berger.

1. Auflage: 2011
2. Auflage: 2017

Einbandgestaltung: Atelier Reichert, Stuttgart
Satz und Layout: Bernardo Fernández und Georg Lindinger, Bayreuth
Druck: CPI · Clausen & Bosse, Leck

UVK Verlagsgesellschaft mbH
Schützenstr. 24 · D-78462 Konstanz
Tel.: 07531-9053-0 · Fax: 07531-9053-98
www.uvk.de

UTB-Band Nr. 3495
ISBN 978-3-8252-4832-1

Inhalt

Vorwort zur zweiten Auflage

Peter Bergers »*Einladung zu Soziologie*« erfreut sich derart anhaltender Nachfrage, dass der Verlag sich zu einer weiteren Auflage entschlossen hat. Die Herausgeber sehen sich darin in ihrer Auffassung bestätigt, dass es sich bei dem hier vorliegenden Buch um ein zeitlos klassisches Werk handelt. Auch heute noch vermag es Neugierige in den Bann zu ziehen und für das Fach zu begeistern. Sein Verfasser darf zu den Klassikern des Fachs gerechnet werden. Wen die Lektüre dieses Buches anregt, sich ausführlicher mit dem Œuvre Peter L. Bergers auseinanderzusetzen, der findet in der von Pfadenhauer verfassten und bei UTB 2013 erschienenen Einführung eine vorzügliche Orientierungshilfe.

Wer war Peter L. Berger und wie lässt sich sein Ansatz einer phänomenologisch fundierten Soziologie nachvollziehen? Wiederholt begegnen wir zwei Klassifizierungsversuchen, die ihn entweder als Wissenssoziologen oder als Religionssoziologen einzuordnen versuchen. Als Religionssoziologe interessierte er sich für die »Wahlverwandtschaft« zwischen den von Max Weber als Protestantische Ethik rekonstruierten kulturellen Werten (die sich in je spezifischer Zusammensetzung in vielen Weltreligionen bzw. religiösen Bewegungen auffinden lassen) und der wirtschaftlichen und politischen Entwicklung der dadurch geprägten Weltregionen. Mehr als zwanzig Jahre leitete er dazu das bis heute an der Boston University beheimatete Institute on Culture, Religion and World Affairs (CURA). Die Ergebnisse dieser Forschungen liegen in zahlreichen Veröffentlichungen vor, welche auch außerhalb der akademischen Welt auf große Resonanz gestoßen sind.

Im Fach wurde er jedoch vor allem durch das gemeinsam mit Thomas Luckmann verfasste Buch »*The Social Construction of Reality*« berühmt, mit dem beide eine neue Wissenssoziologie und weitreichender: eine Allgemeine Soziologie begründeten.

Berger diente die Beschäftigung mit der Wissenssoziologie vor allem zur Klärung seiner theoretischen Position, die das Fundament seines soziologischen Denkens bildete. Thomas Luckmann, mit dem ihn eine lebenslange Freundschaft verbandt, ist 2016 nach schwerer Krankheit verstorben. Ihre keineswegs nur intellektuelle Verbundenheit kulminierte in der Aversion gegen jegliche sich in -ismen verkörpernde ideologische Weltgewissheit und richtete sich bis zuletzt auch gegen die Vereinnahmung als Begründer eines sogenannten »sozialen Konstruktivismus«.

Peter L. Berger wollte »*Gesellschaft verstehen*« – so der Titel eines von Manfred Prisching 2001 zu Bergers Werk herausgegebenen Bandes. Weltweit bekannt geworden ist er dadurch, dass er sich nicht nur als Soziologe, sondern auch als politischer Akteur und religiös Gläubiger äußerte – auch in einem Blog: https://www.goodreads.com/author/show/29173.Peter_L_Berger /blog. Für ihn war es kein Problem, zwischen diesen unterschiedlichen Perspektiven auf die Wirklichkeit zu wechseln. Vielmehr reklamierte er für sich eine »doppelte Staatsbürgerschaft«. Er schrieb als Mitglied einer akademischen Welt und als aufmerksamer Bürger sowie politisch wie religiös profilierter Zeitgenosse. Wer Berger liest, mag sich mitunter die Frage stellen, aus welcher der beiden Perspektiven er gerade formulierte. Beide Sichtweisen sowie deren produktive Verklammerung erlaubten ihm jedenfalls, ohne Furcht vor einer Rollenkontamination eine aktive Rolle in der Gesellschaft einzunehmen – eine Gesellschaft, die er als Soziologe *verstehen* wollte.

Vorreden und Vorworte wie das zum Buch »*Auf den Spuren der Engel*« (2001) dienten ihm zur Rahmung der Warte, von der aus er jeweils sprechen möchte. Das tritt deutlich zutage, wenn er folgendermaßen formuliert: »Der Soziologe als Soziologe bleibt immer in der Rolle des Berichterstatters. Er berichtet, dass Leute glauben, sie ›wüssten‹ dieses und jenes, und dass ihr Glaube diese und jene Folgen hat. Sobald der Soziologe sich eine Meinung darüber gestattet, ob der betreffende Glaube letzten Endes gerechtfertigt ist, tritt er aus der Rolle des Soziologen heraus. An diesem Rollenwechsel ist nicht das Geringste auszusetzen, und ich beabsichtige, es in Kürze selbst zu praktizieren. Nur muß man sich klar darüber sein, was man tut, wenn man etwas tut.« Wer sich heute eine lautere Stimme der Soziologie in der Öffentlichkeit wünscht, konnte bei Berger ein Vorbild dafür finden, wie sich ein derartiger Einsatz realisieren lässt, ohne die nötigen Anforderungen an die Strenge und Wertneutralität wissenschaftlicher Aussagen aufzugeben. Für Art und Inhalt der Äußerung ist es hierbei entscheidend, an wen sich die Stimme der Soziologie gerade richtet.

Peter L. Berger war auch im Alter von fast 90 Jahren ein situationspräsenter und selbstironischer Rollenspieler. Im Rahmen seiner Teilnahme an unserem Symposium »Social Constructivism as Paradigm« in Wien war erlebbar, dass ihm dieses Spiel anhaltend großes intellektuelles Vergnügen bereitet. Aber es war ihm immer auch sehr ernst damit, dass es sich bei allem Denkbaren – auch bei dem, was er überlegte, sagte und schrieb – um Positionen handelt, die man einnehmen und verlassen kann, um Standpunkte, auf die man sich stellen und die man wechseln kann, um Paradigmen, zwischen denen man »alternieren« kann – und die man aus Gründen der Mentalhygiene zumindest gelegentlich auch wechseln sollte. Diese Logik des Alternierens beschäftigte ihn auch in seinem 2014 erschienenen Buch »*The Many Altars of Modernity*«. Er meinte damit die Fähigkeit des Bewusstseins, in Sekundenschnelle zwischen verschiedenen Wirklichkeitsbereichen und deren Relevanzstrukturen hin- und herzuwechseln. Für die anhaltend virulente Frage nach der Aktualität der Religion in der Gegenwart hatte Berger dazu unlängst seine Antwort erneut reformuliert und präzisiert: Mit der *Gleichzeitigkeit* von Säkularität und Religiosität postulierte er ein neues Paradigma für Religion und Moderne.

Soziologie, davon war Peter L. Berger überzeugt, ist vor aller Theorie und Methode eine besondere Art und Weise, die Welt zu sehen und Menschen in ihren Lebens-Welten zuzusehen. Diese Überzeugung kommt nirgendwo deutlicher und eleganter lesbar zum Ausdruck als in seiner »*Invitation to Sociology*«, die seit ihrem Erscheinen Anfang der 1960er-Jahre ein Bestseller ist. Beleg dafür ist das Erscheinen der 2011 neuaufgelegten deutschen Fassung, die nunmehr erneut vergriffen, hier eine weitere Auflage erlebt. Bleibt zu wünschen, dass sie mit ihrem ausdrücklichen Ziel, zur Auseinandersetzung mit einer als

»humanistisch« verstandenen Soziologie einzuladen, weitere Generationen von Neugierigen erreichen und zum weiteren Nachdenken verführen mag.

Kurz vor der Drucklegung der zweiten Auflage wurden wir von der Nachricht überrascht, dass Peter L. Berger im Alter von 88 Jahren in seiner Bostoner Wahlheimat verstorben ist. So verwandelt sich der anhaltend bedeutsame Beitrag eines »lebenden Klassiker« – wie es noch in der ersten Fassung dieses Textes hieß – in sein Vermächtnis. Die Herausgeber verneigen sich in Dankbarkeit für diese und viele andere Anregungen, die sie von Peter Berger erhalten haben und wünschen sich, dass sein mit dem für ihn typischen Augenzwinkern klarer sehender analytischer Blick auf die Wirklichkeit, der ganz besondere soziologische Charme seines Denkens und seine einzigartige humorvolle Intellektualität für diejenigen, die sich zu dem Abenteuer der Soziologie einladen und verführen lassen, auf den folgenden Seiten erfahrbar wird.

Die Herausgeber,
Wien und Kulmbach, im Juli 2017

Please, invite me!
Peter L. Berger im Rückblick auf die Entstehung der »Invitation to Sociology« und zum Zustand der Soziologie heute

Es gibt zahlreiche Gründe dafür, die deutsche Ausgabe der »Invitation to Sociology« neu aufzulegen: *Erstens* ist das Buch hier in Deutschland seit Jahrzehnten bedauerlicherweise vergriffen. *Zweitens* ist die »Einladung zur Soziologie« – Manfred Prisching hat zu Recht darauf hingewiesen, dass alle Bücher von Peter L. Berger höchst einladend sind, das vorliegende aber die Leser explizit an die Disziplin als solche heranführt – eine Einführung von zeitlosem Wert. Freilich wird heutigen Rezipienten kaum entgehen, dass das Buch vor einer ganzen Weile geschrieben wurde und vom Duktus einer bestimmen Zeit geprägt ist. Zahlreiche Beispiele geben deutliche Hinweise auf diese historische Verankerung und es ist ebenso wenig zu übersehen, dass es ein damals relativ junger Autor männlichen Geschlechts verfasst hat. Der ausgezeichnete Wert des Buches ist offenkundig: Es versucht von vorneherein nicht, einen aktuellen Überblick über relevante Theorien, Ansätze, Methoden der Soziologie zu geben, sondern vielmehr, auf möglichst leichtfüßige und eingängige Art einen Zugang in die Denk- und Arbeitsweisen unseres Faches zu eröffnen. Dabei vermittelt Berger eine Art des Denkens, die als soziologischer Blick bezeichnet werden kann, die der Autor selbst im Untertitel seines Buches als »humanistische Perspektive« etikettiert. Und *drittens* ist die Neuauflage schließlich auch ein Gedenken an Monika Plessner. Sie hat neben anderen Werken von Peter L. Berger auch dieses in kongenialer Weise ins Deutsche übertragen, ohne dabei die Leichtigkeit der amerikanischen Originalausgabe zu verlieren. Monika Plessner hat uns dankenswerterweise vor einigen Jahren ihre Zustimmung zur Neuauflage erteilt, nachdem wir über Monate vergeblich nach den Rechteinhabern gefahndet hatten. Monika Plessner ist 2008 in Göttingen verstorben. Sie gehört zu denjenigen Personen, deren unbezahlbare Verdienste für die Soziologie dem Schicksal anheim gefallen sind, allzu oft im Schatten sehr viel berühmterer Namen im Verborgenen zu bleiben. Dem Andenken ihres Schaffens widmen wir deshalb diese Neuauflage.

Statt Peter L. Berger um ein neues Vorwort seines vor 45 Jahren verfassten Buches zu bitten, hat Michaela Pfadenhauer am 17. November 2007 in Frankfurt am Main mit dem Autor ein Interview geführt, das erhellende Einblicke in die Hintergründe der Entstehung dieses Werkes erlaubt. Wir drucken eine behutsam redigierte Fassung dieses Interviews hier ab:

MP: Ihre »Einladung zur Soziologie« war mein erstes Soziologiebuch. An der Universität Erlangen, an der ich mich für Soziologie eingeschrieben und in meinem ersten Semester überhaupt eine Übung zur Einführung in die Soziologie belegt hatte, war das Buch Pflichtlektüre. Das Buch ist im Englischen im Jahr 1963 erschienen, da waren Sie 35, wenn ich richtig gerechnet habe, –

PB: [lacht] – jung, jedenfalls! –

MP: [lacht] – was hat Sie in relativ jungen Jahren dazu bewogen, was waren die genauen Beweggründe, dieses Buch zu schreiben?

PB: Ich glaube, es gab zwei Beweggründe: Erstens hat es mir Spaß gemacht, einmal aufzuschreiben, was ich mit Soziologie meine. Unmittelbarer Anlass aber war, soweit ich mich erinnern kann, etwas anderes. Jedenfalls war ein Hintergedanke dabei folgender: Ich war zu der Zeit an der theologischen Fakultät in Hartford, Connecticut angestellt, und zwar als Religionssoziologe. Und da wollte ich raus. Ich wollte an ein Soziologie-Department kommen. Also, das Motiv, der Hintergedanke, war nicht Einladung in die Soziologie, sondern: Bitte, ladet mich ein –

MP: [lacht]

PB: [lacht] also, ladet mich dahin ein, wo Soziologie betrieben wird, und das geschah dann auch. Ich wurde eingeladen von meiner ursprünglichen Universität, von der New School for Social Research. Also, in dem Sinne war es erfolgreich. Aber es war gar nicht viel Arbeit: Ich habe das Buch, soweit ich mich erinnere, in drei Wochen geschrieben. Das war ja keine Forschungsarbeit, sondern einfach ein Zusammenschreiben dessen, was man denkt. Und das ist mein großer Bestseller geworden.

MP: In nur drei Wochen?

PB: In drei Wochen, ja.

MP: Also, ich wusste ja schon immer, dass Sie ein Schnellschreiber sind. Ein Vielschreiber und ein Schnellschreiber. Aber –

PB: Na ja, manche Sachen habe ich gar nicht schnell geschrieben. Aber das war ja keine Forschung, keine Literatur, die bewältigt werden musste, sondern im Grunde nur ein Essay.

MP: Und war es angelehnt an Veranstaltungen in der Soziologie, die Sie gemacht haben zu der Zeit? Oder hatten Sie gar keine Gelegenheit, so etwas wie eine Einführung in soziologisches Denken, in den soziologischen Blick zu geben? Beruht es auf einer Vorlesung, die Sie gehalten haben?

PB: Nein, das hatte damit gar nichts zu tun. Ich habe natürlich schon Vorlesungen gehalten, aber es ging nicht direkt auf eine Vorlesung zurück.

MP: Dieser strategische Grund, den Sie gerade geschildert haben: Wenn das der einzige Beweggrund gewesen wäre, dann wäre bestimmt nicht dieses Buch herausgekommen.

PB: Na, es hat mir auch Spaß gemacht. Es war ein Spaß, das zu schreiben.

MP: Ja, aber es ist auch von der Schreibweise so, dass man merkt, Sie wollen jemanden erreichen. Wen hatten Sie denn genau als Leser im Kopf? Ich habe bei all Ihren Büchern, und bei diesem auch, sehr stark den Eindruck, dass Sie mit einem relativ konkreten Leser im Kopf schreiben.

PB: Es ging vor allem um junge Leute, die daran denken, Soziologie zu studieren, oder die angefangen haben, Soziologie zu studieren. Und im Hinterkopf natürlich war es irgendwo ein Chairman an einem Soziologie-Department. Also –

MP: [lacht]

PB: [lacht] – der Untertitel war: Please, invite me!

MP: [lacht]

PB: Und das geschah dann auch.

MP: Sie schreiben im Vorwort des Buches, dass Sie als Leser auch an die so genannten Bildungsbürger, also an Leute denken, die im Grunde wenig Vorstellung von Soziologie haben. Hatten Sie mit solchen Leuten Kontakt? Also sind Ihnen, wenn Sie Vorträge gehalten haben, solche Leute untergekommen, bei denen Sie dachten: »Schadet nichts, wenn die auch eine Vorstellung von Soziologie kriegen«?

PB: Ja, ich glaube, das ist schon lange her, das Bild der Soziologie in den USA war eng verbunden mit Social Work, das heißt, Soziologie ist dazu da, um, was weiß ich, Behinderten zu helfen oder in der Gesellschaft sich durchzusetzen, oder so was – was natürlich ein Irrtum ist. Und es hatte auch einen biografischen Hintergrund: Als ich, ohne es zu wollen, zur amerikanischen Armee eingezogen wurde, wurde ich als social worker eingestuft –

MP: [lacht] – weil die nichts mit Soziologe anfangen konnten, oder weil es die einzige Kategorie war, die man dort hatte?

PB: Nein, nein, ich wurde eingezogen, mit einem Aufnahmeverfahren und irgendeinem Sergeant, der mich gefragt hat, »Was ist Ihr Zivilberuf«? Und das war gerade nach meinem Doktorat, das heißt, ich hatte noch nicht mal das Doktorat, meine Prüfung stand noch bevor, und ich habe sehr stolz geantwortet: »Ich bin Soziologe«. Und da sagt er »Was ist das«? Ich weiß nicht mehr, was ich geantwortet habe, irgendetwas –

MP: [lacht] – Kompliziertes wahrscheinlich

PB: [lacht] ja, wahrscheinlich! Er darauf: »Ist das so was wie ein social worker«? Darauf ich: »Eigentlich nicht«. Darauf er: »Ist gut genug« und hat »social worker« hinein geschrieben.

MP: [lacht]

PB: Und dadurch habe ich eine sehr schöne Stelle bekommen. Eine größere Zeit meines zweijährigen Militärdienstes war ich social worker an der psychiatrischen Klinik eines Militärspitals im Staat Georgia, und das war ein sehr schöner Job, wenn man schon beim Militär sein muss. Ich bin um neun Uhr in die Klinik gefahren und um fünf Uhr wieder nach Hause –

MP: [lacht]

PB: und musste nicht mit dem Gewehr im Dreck herumkriechen.

MP: Sondern? Was haben Sie gemacht zwischen neun und fünf Uhr?

PB: Psychotherapie.

MP: Also, Sie waren praktizierender Psychotherapeut?

PB: Genau.

MP: Bei der Armee?

PB: Ja.

MP: Als Soziologe? [lacht]

PB: Als social worker.

MP: Als social worker [lacht].

PB: Und das war erstens prinzipiell interessant. Aber vor allem habe ich dadurch, dass das damals ja ein obligatorischer Militärdienst, keine Freiwilligen-Armee war, habe ich Schichten der Gesellschaft kennengelernt, die ich im zivilen Leben nie erlebt hätte, was also auch als Soziologe interessant war. Und ich habe genug gewusst: Wenn jemand wirklich psychotisch war, habe ich ihn einfach zum Psychiater geschickt. Aber die meisten Leute, die in die Klinik kamen, hatten einfach Probleme –

MP: ja

PB: – und ich habe ihnen zugehört, was, glaub ich, manchen geholfen hat. Aber vor allem: Ich habe was gelernt dabei.

MP: Also war die Zeit nicht verloren?

PB: Gar nicht. Aber um wieder auf Ihre Frage zurückzukommen: Ich hatte Erfahrung mit diesem Bild »Soziologie = Sozialarbeit«, und dieses Bild wollte ich auch klarstellen, dass das eben nicht dasselbe ist.

MP: Das erste Kapitel ist im Grunde ja ein Aufräumen mit Missverständnissen, was man halt so annimmt, was die Soziologie sei. Zum Beispiel eben Sozialfürsorge (so hat man Social Work ins Deutsche übersetzt). Sie weisen auch darauf hin, dass die Soziologie keine Sozialreform ist. Und dann folgen ein paar Punkte, die Sie für falsche Interpretationen halten, welche meines Erachtens, und das wäre die zweite Nachfrage, nicht so sehr etwas mit dem Verständnis von Soziologie in der Öffentlichkeit zu tun haben. Auch wenn Sie das im Vorwort nicht so geschrieben haben, habe ich da sehr stark den Eindruck, dass Sie sich eigentlich an die eigene Zunft, also an das eigene Fach, an die Fachvertreter wenden, um denen klar zu machen, welchen Irrtümern sie aufsitzen.

PB: Ich habe vergessen, was ich da geschrieben habe. Sagen Sie mir das.

MP: [lacht] Also, zum einen ist es eine sehr scharfe Kritik an diesem Verständnis von Soziologie als Zahlenspiel oder Zahlenverliebtheit, also statistische Erhebungen menschlichen Verhaltens. Sie weisen darauf hin, dass diese Zahlenverliebtheit und auch die irrige Vorstellung, dass das (schon oder allein) Soziologie sei, und man damit in der Soziologie Punkte sammeln müsse, dazu führe, dass viele soziologische Aufsätze so uninteressant seien.

PB: Na ja, ich würde sagen, das ist auch heute noch relevant. Vielleicht sogar noch relevanter.

MP: Darauf wollte ich hinaus.

PB: Aber inzwischen ist etwas anderes passiert, was damals noch nicht aufgetreten war, nämlich die Ideologisierung der Soziologie. Ende der sechziger Jahre und in den siebziger Jahren ist die Soziologie in USA und genauso in Europa zu einem großen Teil zu einer ideologischen Propagandamaschine geworden für irgendwelche links tendierenden politischen Programme. Und das ist, nun ja, ich würde sagen, Soziologie leidet seit ungefähr dem Zweiten Weltkrieg an zwei Krankheiten: Die erste war schon damals schön entwickelt. Das, was ich etwas später dann methodologischen Fetischismus genannt habe. Und das andere hat sich dann im Lauf der Zeit entwickelt und ist immer stärker geworden: Soziologie als Kampfmittel für eine Ideologie. Und manchmal gehen diese Krankheiten sogar zusammen, das heißt, es gibt quantifizierende Ideologen. Die zweite Krankheit ist zwar nicht ausgestorben, aber sie hat sich halbwegs eindämmen lassen. Die erste hat sich ausgebreitet. Ich würde sagen, die Soziologie ist heute, in den USA bestimmt, in Europa weiß ich es nicht, über weite Strecken so langweilig, weil sie eben einen methodologischen Fetischismus entwickelt hat.

Nicht das Gespräch, aber die Aufzeichnung bricht – getreu Murphys Gesetzen der Feldforschung – aus unerfindlichen Gründen an dieser Stelle ab (zwischenzeitlich sind sie gefunden: der Fehler saß wie so oft vor dem Gerät). Wasser auf die Mühlen eines Soziologen, der sich wie viele Kollegen seiner Generation bei seinen Feldgesprächen lieber auf sein Gedächtnis als auf die Technik verlässt! Um Peter Berger kein zweites Interview zur Rekonstruktion des Gesprochenen im ersten Gespräch zumuten zu müssen, wird der weitere Inhalt, zu fünf Punkten verdichtet, im Folgenden sinngemäß wiedergegeben, wobei dessen Sinnadäquanz von Peter Berger überprüft worden ist:

1. Um keinen falschen Eindruck zu erzeugen: Berger hat keineswegs grundsätzliche Einwände gegen die quantitative Sozialforschung. Er hat vielmehr selber viele Projekte geleitet, in denen standardisiert Daten erhoben und ausgewertet worden sind. Dies geschah aber deshalb, weil es die Fragestellung erforderlich gemacht hat, und nicht, weil alles andere gar nicht mehr als ernstzunehmende Soziologie gelten darf. Was er damals schon kritisiert hat und bis heute bemängelt, ist – wenn man so will – die Überwertung des Zählens gegenüber dem Nachdenken darüber, worüber einem die dergestalt gewonnenen und bearbeiteten Daten nun eigentlich Aufklärung geben können. Kurz: Was er an der Soziologie beanstandet, ist das Übermaß an Quantifizierung zu Lasten theoretisch spannender Fragen.
2. Wertfreiheit – gewissermaßen ein Heilmittel gegen Ideologie – betrachtet Berger als unabdingbare Prämisse einer soziologischen Haltung. Er habe allerdings nie so recht verstanden, warum es für Soziologen problematisch sein sollte, eigene Werthaltungen bei einer Untersuchung hintanzustellen. Denn es gehe doch nicht darum, auf eigene Werthal-

tungen gänzlich zu verzichten, sondern darum, diese für die Dauer der Untersuchung einzuklammern. Wesentlich wichtiger als die eigenen Werthaltungen sei es, den anderen einfach zuzuhören – was den meisten Menschen, und auch Soziologen, aber offenbar sehr schwer fällt.

3. Auch wenn er nichts daran ändern wollte, steht Peter Berger seinem Buch keineswegs unkritisch gegenüber: Zum einen ist ihm zuviel »Ekstase« enthalten. Das Buch ist, so Berger, »im Grunde genommen ja existentialistisch«, was er heute weniger stark machen würde. Und zum anderen hat er es geschrieben, bevor er, so schätzt er das selber ein, eine ausgereifte Theorie entwickelt hatte. Ausgearbeitet hat er diese erst danach im Laufe langer Diskussionen mit Thomas Luckmann, aus denen bekanntlich »The Social Construction of Reality« hervorgegangen ist. In der »Invitation to Sociology« erscheint ihm noch die eine Perspektive überbetont, die hier mit »Mensch in der Gesellschaft« betitelt ist, d.h. der Internalisierungsaspekt. Zwar hat er auch beim Schreiben an der »Einladung« die soziologischen Ansätze von Durkheim und Weber schon nicht (mehr) als unüberbrückbare Widersprüche betrachtet und mit Weber gegen Durkheim die Definitionsmöglichkeiten von Menschen betont. Allerdings erscheinen ihm diese hier noch lediglich als ›Fluchtwege‹ aus der »gigantischen Zwingburg« Gesellschaft. Gegenüber einem übertriebenen Konstruktivismus hält er aber an der »Programmierung« durch Gesellschaft fest, die er (für mich) besonders eindringlich am Beispiel des Liebespaars auf der Parkbank verdeutlicht hat (hier S. 55 f, 109ff.).
4. Den unmittelbar nach seinem Erscheinen einsetzenden Erfolg des Buches, das zwischenzeitlich in 15 Sprachen übersetzt ist, führt Berger auf den darin ausgedrückten »Anti-Institutionalismus« zurück, der dem damaligen Zeitgeist entsprach. Das Buch wurde zuerst 1963 veröffentlicht und die Bürgerrechtsbewegung, der Widerstand gegen den Vietnam-Krieg sowie aufkommende Studentenbewegung prägten das geistige Klima der Zeit. Heute würde er die Vorteile von Institutionen stärker betonen. Den Umstand, dass sich das Buch bis heute gut verkauft, betrachtet Berger

nicht als ein Gegenargument zu seiner Erfolgshypothese, sondern vielmehr als deren Bestätigung, da dieser Zeitgeist heute institutionalisiert ist.

Michaela Pfadenhauer

Vorwort

Dieses Buch ist zur Lektüre, nicht zum Studium bestimmt. Es ist kein Lehrbuch und kein Versuch einer theoretischen Systembildung, sondern nur eine Einladung in eine geistige Welt, die für mich erregend und interessant ist. Ich muss sie schildern, damit meine Gäste kommen. Entschließt sich ein Leser dann, meiner Einladung Folge zu leisten, so wird ihm bald klar werden, dass er viel weiter gehen muss als dieses Buch gehen kann.

So wendet es sich denn an Leute, die nicht ganz ohne Grund wissen möchten, was Soziologie eigentlich ist. Ich denke an Studenten, die mit dem Gedanken spielen, Ernst mit der Soziologie zu machen, aber doch auch an seriöse Bürger jener fast mythisch anmutenden Welt, die man die »gebildete« nennt. Ich bin auch darauf gefasst, dass der eine oder andere Soziologe mein Buch in die Hand bekommt, wenngleich es ihm kaum etwas zu bieten hat, was er nicht schon wüsste. Aber schließlich haben wir alle unsere narzisstische Freude an einem Bilde, das auch uns darstellt. Mit Rücksicht auf einen ziemlich breit gestreuten Leserkreis habe ich nach Kräften unser Fach-Chinesisch vermieden, für das wir Soziologen berühmt-berüchtigt sind. Auch habe ich mich bemüht, nicht von hoher Warte aus zum Leser zu sprechen – weil nämlich die hohen Warten immer die günstigsten Angriffsflächen bieten, aber auch, weil es mir nicht eben viel um Leute geht, die einen in die Versuchung bringen, auf hohe Warten zu steigen. Ich gebe zu, dass unter all den gelehrten Zerstreuungen, die heutzutage geboten werden, die Soziologie für mich das »königliche Spiel« ist. Zum Schachturnier holt man sich niemanden, der nicht begabt genug für Domino ist.

Dass ein solches Unterfangen auch die Vorbelastungen des Autors im Fach enthüllt, ist unvermeidlich. Auch das muss gleich zu Anfang freimütig zugegeben werden. Kenner – besonders in Amerika – nehmen vielleicht Anstoß an meiner Orientierung, missbilligen manche Gedankengänge und vermissen andere, die ihnen wichtig sind. Alles, was ich dazu sagen kann, ist, dass ich mich bemüht habe, einer Überlieferung treu zu bleiben, die bis zu den Klassikern der Soziologie zurückgeht, und an deren bleibende Gültigkeit ich glaube.

Meine eigene Vorbelastung ist die Religionssoziologie. Beispiele und Bilder, die mir am ehesten einfallen, werden das sicher verraten. Bis auf diese lässliche Sünde habe ich dem Tummelplatz meiner Neigungen aber keine Vorzugsstellung eingeräumt. Ich wollte den Leser in ein großes Land einladen, nicht in den Weiler, in dem ich zufällig wohne.

Während des Schreibens stand ich vor der Wahl, tausend oder keine Anmerkung zu machen. Ich entschied mich für das letztere, weil wenig damit gewonnen wäre, meinem Buch das Ansehen teutonischer Gelehrsamkeit zu geben. Im Text werden Namen nur genannt, wo Ideen nicht fachliches Gemeingut sind. Sie werden in den bibliografischen Notizen am Schluss wieder aufgenommen, in denen der Leser einige Anregungen zu weiterer Lektüre findet.

Alles, was ich in der Wissenschaft meiner Wahl je gedacht habe, trägt das Zeichen der Dankbarkeit meinem Lehrer Carl Mayer gegenüber. Ich vermute, dass er, sollte er dieses Buch lesen, gelegentlich die Stirne runzelt. Doch wage ich zu hoffen, dass er die von mir vertretene Auffassung von Soziologie nicht nur als Veralberung dessen ansieht, was er seinen Schülern vermittelt hat. In einem der nun folgenden Kapitel stehe ich dafür, dass Weltanschauungen Ausgeburten von Verschwörungen sind. Man kann das auch von Fachrichtungen in der Wissenschaft sagen. So möchte ich dann zum Schluss drei Mitverschworenen danken: Brigitte Berger, Hansfried Kellner und Thomas Luckmann. Die Früchte des Zorns unserer Diskussionen – aber auch unserer Einmütigkeit – werden sie auf so mancher der folgenden Seiten wieder erkennen.

Bemerkung zur deutschen Ausgabe

Das vorliegende Buch wurde 1963 geschrieben. Seit damals ist [besonders in Amerika, Deutschland und Frankreich] ein neues Phänomen aufgetreten, nämlich die Liaison der Soziologie mit politischen Bestrebungen der radikalen Linken. Die recht interessanten Fragen, die diese Liaison aufwirft, können natürlich hier nicht besprochen werden. Ich möchte aber betonen, dass sich meine Auffassungen über das Verhältnis von Soziologie und politischem Engagement in der Zeit seit 1963 in keiner Weise geändert haben – oft zum Ärger meiner links engagierten Studenten – ja, dass ich die Unfähigkeit der Soziologie, Heilswissen zu vermitteln, heute stärker denn je vertreten möchte.

Übersetzungen sind häufig Ursachen von Entfremdungserlebnissen: Der Autor steht dann dem eigenen Buch wie einem ungeheuerlichen Fremden gegenüber. Es gibt aber auch Übersetzungen, die das Gegenteil herbeiführen: Man findet sich und die eigenen Gedanken wieder in der anderen Sprache, manchmal mit einer neuen Frische. Monika Plessners Übersetzung ist von dieser Art. Ich möchte ihr an dieser Stelle ganz besonders herzlich für ihre verständnisvolle Mühe danken.

Der Leser, der wissen möchte, wie der hier vorgebrachte Blickwinkel auf die Soziologie systematisch entwickelt werden kann, sei verwiesen auf ein Buch, das ich gemeinsam mit Thomas Luckmann [Frankfurt] verfasst habe: *The Social Construction of Reality* [New York 1966]. Eine deutsche Ausgabe, ebenfalls in einer Übersetzung von Monika Plessner, erschien unter dem Titel *Die gesellschaftliche Konstruktion der Wirklichkeit* beim S. Fischer Verlag [Frankfurt 1969]. Meine Vorstellungen über die Religionssoziologie habe ich in einem anderen Buch, *The Sacred Canopy* [New York 1967], systematisch entwickelt. Eine deutsche Ausgabe, auch beim S. Fischer Verlag, wird demnächst erscheinen.

Department of Sociology, Douglass College,
Rutgers University, New Brunswick, New Jersey 08903

Herbst 1970 P. L. B.

1 Soziologie als Fröhliche Wissenschaft

Witze über Soziologen sind spärlich gesät. Eine solche Geringschätzung muss der Soziologe besonders empfinden, sobald er an seinen begünstigteren Vetter im zweiten Glied, den Psychologen denkt, dem eine ziemliche Portion jenes Humors zugefallen ist, dessen Zielscheibe ehedem der geistliche Stand war. Wer in eine gesellige Runde als Psychologe eingeführt wird, ist alsbald das Opfer nahezu einmütiger Aufmerksamkeit und nicht ganz unbefangenen Frohsinns. Ein Soziologe dagegen stößt bei gleichem Anlass etwa auf so viel Entgegenkommen wie ein Versicherungsvertreter. Mühsam wie jedermann muss er sich Beachtung verschaffen. Das ist so ärgerlich wie ungerecht – aber doch auch wohl bezeichnend. Es verrät zwar, dass Psychologen anregender auf die Durchschnittsfantasie wirken als Soziologen. Aber vielleicht beweist der Mangel an Soziologenwitzen auch, dass die gängigen Vorstellungen vom Soziologen nicht eben klar, geschweige denn eindeutig sind. So ist es vielleicht kein überflüssiges Vorspiel zu den kommenden Überlegungen, wenn wir uns diese Vorstellungen zunächst einmal näher ansehen.

Fragt man jüngere Semester, warum sie Soziologie im Hauptfach studieren, bekommt man oft zu hören: »Ich möchte mit Menschen zu tun haben.« Erkundigt man sich nach etwas deutlicheren Zukunftsplänen, so handelt es sich häufig schlicht um soziale Berufe. Wir kommen darauf gleich zurück. Manche Antworten sind noch viel unbestimmter und farbloser. Alle aber verraten, dass es den jungen Leuten eher um die Menschen als um die Sachen geht. Als Betätigungsfelder nennen sie: öffentliche und private Fürsorge, Personalberatung oder Öffentlichkeitsarbeit in Wirtschaft, Verwaltung, Politik, Werbung und Reklame, Siedlungs- und Kulturplanung in den Gemeinden, Nachbarschaftshilfe und Laienhilfe in den Religionsgemeinschaften. Fast alle glauben, dass man auf so ausgetretenen Pfaden der humanitären Mühsal »etwas für die Menschen tun«, »den Menschen helfen« und »zum Wohle der Allgemeinheit« wirken kann. Was hier als Vorstellung von der Soziologie zugrunde liegt, ist gewissermaßen eine säkularisierte Wiederkehr der liberalen protestantischen Seelsorge, wobei der CVJM das Vorbild für das Gemisch aus geistlicher und weltlicher Lebenshilfe abgegeben haben mag. Die Soziologie erscheint als eine zeitgerechte Variation zum klassischen amerikanischen Thema des »Uplift« in jedem Sinne, der Verbesserung und Erbauung sowie des gesellschaftlichen Aufstiegs. Und den Soziologen hält man für berufen, namens und zum Wohle des Einzelnen und der Gesellschaft zu wirken.

Über die bitteren Enttäuschungen, die so viel Edelmut erwarten, müsste endlich ein großer amerikanischer Gesellschaftsroman geschrieben werden. Denn das Los des jugendlichen Menschenfreundes auf dem Schlachtfeld der Realitäten ist wahrlich von epischem Ausmaß. Als der Parteigänger des »Menschen« schlägt er sich auf der einen Seite der rigoros gezogenen Fronten. Er entdeckt, dass die ihm zugedachte Öffentlichkeitsarbeit unter Kennern das »Abrichten von Stimmvieh« genannt wird. Als Siedlungsplaner geht er zunächst durch eine erbarmungslose Lehre in den Praktiken von Grundstücksmaklern. Wir beklagen zwar den Verlust seiner Unschuld, müssen aber doch darauf hinweisen, dass er offenbar einer unter anderen falschen Vorstellungen vom Beruf des Soziologen auf den Leim gegangen ist.

Natürlich stimmt es, dass sich bei den Soziologen ein paar Jugendbewegte tummeln, und selbstverständlich ist Menschenfreundlichkeit und Wohlwollen ein privates Motiv für das Soziologiestudium. Aber Menschenfeindlichkeit tut denselben Dienst, denn soziologische Erkenntnisse nützen jedem, der ein Interesse an sozialem Handeln hat. Man darf soziales Handeln eben nicht mit Humanität verwechseln. Die amerikanische Regierung braucht Soziologen zum Planen lebenswerter Gemeinwesen und Siedlungen im Lande. Aber in ihrem Auftrage planen Soziologen auch, wie man Dörfer und Städte in feindlichen Ländern von der Landkarte verschwinden lassen kann – für den Eventualfall natürlich nur, heißt es dann. Man kann dazu moralisch stehen, wie man will – soziologische Kenntnisse und Erkenntnisse gehören in beiden Fällen dazu. Als ein Sondergebiet der Soziologie deckt zum Beispiel die Kriminalistik die Grundzüge des Verbrecherwesens in der modernen Gesellschaft auf. Ihre Funde sind im Prinzip ebenso interessant für die Gesetzeshüter wie für die Gesetzbrecher. Dass die Polizei vorläufig noch mehr davon profitiert, mag an den unverbesserlichen Vorurteilen der Kriminologen, an besseren Publikumskontakten der Polizei und besonders an der geistigen Genügsamkeit unserer Gauner liegen. Mit dem Wesen kriminalistischer Erkenntnisse hat es jedenfalls nichts zu tun. Beruflich »mit Menschen zu tun« hat man, wenn man sie aus den Elendsquartieren holt oder in die Gefängnisse steckt, mit Propaganda zudeckt, ihnen das Geld aus der Tasche lockt, bessere Autos verkauft oder bessere Bomberpiloten aus ihnen macht. Mit Soziologie als Beruf hat diese Phrase nichts zu tun, auch wenn sie das Motiv vieler junger Leute richtig trifft, warum sie gerade Soziologie studieren.

An dieser Stelle sei noch einiges zu der nicht ganz unähnlichen Vorstellung vom Soziologen als dem Theoretiker der Sozialfürsorge gesagt. Wer die Entwicklung der Soziologie in Amerika kennt, wird gerade dieses Missverständnis begreifen. Mindestens ein Ursprung der amerikanischen Soziologie ist nämlich die industrielle Revolution mit all den Härten, die in ihrer Folge auf die Fürsorge zukamen: das rapide Wachstum der Städte und ihrer Slums, Masseneinwanderung und Massenbewegungen, der Zerfall der überlieferten Lebensformen und die entsprechende Orientierungslosigkeit der Menschen. Alle diese Phänomene haben so manche soziologische Untersuchung inspiriert – ein Grund, weshalb heute noch viele junge Leute, die eigentlich in die Sozialfürsorge wollen, Soziologie studieren.

Eine Art »Theorie« der Sozialfürsorge entstand jedoch tatsächlich nicht so sehr unter dem Einfluss der Soziologie als unter dem der Psychologie, worin sich vielleicht die eingangs erwähnten ungleichen Rollen der beiden Fächer für die Phantasie der Durchschnittsbürger spiegeln. Um endlich als »Beruf« anerkannt zu werden, hat die Fürsorge lange Zeit geradezu Sisyphusarbeit geleistet. Zäh hat sie um Prestige, Macht und nicht zuletzt um Geld kämpfen müssen. Als sie sich nach einem »Berufsbild« umsah, lag das des Psychotherapeuten am nächsten. Seither empfangen moderne Fürsorger ihre »Klienten« in Praxisräumen, unterziehen sie fünfzig Minuten lang »klinischen Interviews«, die in vierfacher Ausfertigung zu Protokoll beziehungsweise auf Platte und Band gehen, um mit einer ganzen Hierarchie von »Assistenten« und »Aufsehern« besprochen zu werden. Mit dem äußeren Zubehör des arrivierten Psychotherapeuten wurde auch die einschlägige Ideologie übernommen, so dass die »Theorie« unserer Fürsorge auf weiten Strecken eine Versimpelung der Psychoanalyse geworden ist, der Freud des kleinen Mannes, der den heißen Wunsch des Fürsorgers erfüllen soll, Menschen »wissenschaftlich« zu helfen. Wir wollen hier nicht etwa die »wissenschaftliche« Tragfähigkeit einer derartig synthetischen Doktrin prüfen. Wir stellen nur fest, dass sie nicht nur kaum etwas mit Soziologie zu tun hat, sondern geradezu mit dem Stigma einzigartiger Blindheit der gesellschaftlichen Wirklichkeit gegenüber behaftet ist. Dass viele Leute heute noch Soziologie und Sozialfürsorge in einem Atemzug nennen, ist ein Relikt aus jener grauen Vorzeit, in der Fürsorger, die über ein »Berufsbild« gelächelt hätten, sich noch mit Armut herumschlugen, statt über Libido- und Potenzschwierigkeiten zu diskutieren – und das ohne die Segnungen des Diktafons.

Aber auch wenn die amerikanische Sozialfürsorge sich nicht an den Triumphzug der Populärpsychologie angehängt hätte, wäre die Vorstellung vom Soziologen als theoretischem Mentor des Fürsorgers mindestens irreführend. Fürsorge nämlich ist und bleibt, allen ihren theoretischen Rationalisierungen zum Trotz, praktische Arbeit in der Gesellschaft und für die Gesellschaft. Die Soziologie dagegen ist ein Versuch, eben diese Gesellschaft zu verstehen. Das, was sie versteht, mag freilich auch für den Praktiker von Nutzen sein. Von daher gesehen, geben wir nur zu gerne zu, hätten etwas mehr soziologische Kenntnisse viele Vorteile auch für Fürsorger. Mindestens würden sie ihnen den Abstieg in die mythischen Tiefen des »Unterbewusstseins« ersparen, wenn sie sich über Vorkommnisse, die meistens höchst bewusst, sehr viel einfacher und wahrlich »sozialer« Natur sind, Klarheit verschaffen wollen. Dem Abenteuer des Verstehens in der Soziologie wohnt jedoch nichts inne, das zu dieser oder irgendeiner praktischen Tätigkeit in der Gesellschaft notwendig hinführen muss. Soziologische Kenntnisse haben ihr Gutes für Fürsorger – aber nicht mehr als für Kaufleute, Krankenschwestern, Missionare, Juristen oder Politiker – das heißt im Grunde für jeden, der Menschen behandeln können muss – zu welchem Zweck oder mit welcher moralischen Rechtfertigung auch immer.

Soziologie als Versuch, die Gesellschaft zu verstehen, meint Max Weber, wenn er von der »Wertfreiheit« der Soziologie spricht. Da wir auf dieses berühmte Wort noch öfter zurückkommen werden, wollen wir es schon jetzt etwas näher erläutern. Ganz gewiss bedeutet es nicht, dass Soziologen keine Wertvorstellungen haben oder haben sollten. Ganz ohne Wertvorstellungen kann kein Mensch leben – wenngleich natürlich unendlich viele Werte zur Auswahl stehen. Normalerweise hält sich auch der Soziologe an mehrere Werte: als Bürger, Privatperson, Anhänger einer Religion oder einfach als Mitglied irgendeines Zusammenschlusses von Menschen. In den Grenzen seiner Tätigkeit als Soziologe gibt es jedoch nur einen fundamentalen Wert: wissenschaftliche Redlichkeit. Um ihretwillen muss er noch auf seinem eigensten Gebiet seine Überzeugungen, Gefühle und Vorurteile in Rechnung stellen. Es gehört zu seiner Ausbildung im Fach, dass er dergleichen als Voreingenommenheiten erkennt, unter Kontrolle hält und so weit wie möglich von seiner Arbeit fernhalten lernt. Dass das nicht leicht ist, versteht sich. Aber es ist nicht unmöglich. Der Soziologe will sehen, was da ist, das Vorhandene, Gegebene, ohne Rücksicht auf seine eigenen Wünsche oder Sorgen. Was er sieht, kann er erhofft oder befürchtet haben. Was er vollzieht, ist jedoch ein Akt lauterer Wahrnehmung, und zwar so ausschließlich, wie die begrenzten Möglichkeiten des Menschen es zulassen.

Das wird vielleicht etwas deutlicher an einem analogen Fall. Bei politischen oder militärischen Auseinandersetzungen pflegt man die Informationen feindlicher Geheimdienste aufzufangen. Das ist jedoch nur sinnvoll, weil jeder gute Geheimdienst unvoreingenommen arbeitet. Wenn ein Spion seine Meldungen dem Wunschdenken oder der Ideologie seiner Auftraggeber anpasst, so sind sie nicht nur für den Feind, der sie auffängt, nutzlos, sondern auch für das eigene Lager. Eine Schwäche totalitärer Staaten ist, dass ihre Spione offenbar nicht immer melden, was sie vorfinden, sondern was ihre Vorgesetzten gerne hören möchten. Eine solche Spionage taugt nichts. Der gute Spion teilt mit, was da ist. Andere entscheiden, was damit anzufangen ist. In genau diesem Sinne ist auch der Soziologe ein Spion. Er hat die Aufgabe, ein bestimmtes gesellschaftliches Terrain so gründlich wie möglich auszukundschaften und darüber zu berichten. Andere – oder er selbst in einer anderen Rolle als der des Soziologen – entscheiden über die Bewegungen, die dann auf diesem Terrain vorgenommen werden. Allerdings ist kein Soziologe damit der Verantwortung enthoben, sich Rechenschaft über die Absichten seiner Auftraggeber oder die Verwendung seiner Arbeitsergebnisse zu geben. Das ist aber keine Frage der Soziologie mehr, sondern der Verantwortung, die jeder Mensch für sein Handeln in der Gesellschaft hat. Auch biologisches Wissen kann heilen oder töten, und auch der Biologe ist nicht frei von der Verantwortung, was aus seiner Arbeit wird. Wenn er sich jedoch im speziellen Fall nach dieser seiner Verantwortung fragt, so stellt er damit keine biologische Frage mehr.

Ein weiteres Bild vom Soziologen, den bisher aufgezählten nicht allzu fremd, ist das des Sozialreformers, das wiederum geschichtlicher Herkunft ist und aus Amerika und Europa stammt. Auguste Comte, der französische Philosoph des frühen 19. Jahrhunderts und Namensgeber der Soziologie, sah in ihr die Lehre vom Fortschritt, eine säkularisierte Tochter der Theologie als der alten Königin der Wissenschaften. Der Soziologe hatte für ihn den Auftrag, Schiedsrichter auf allen Gebieten des Wissens zum Heile des Menschen zu sein. In der Geschichte der französischen Soziologie hat diese Lehre – noch als sie ihre übertriebenen Ansprüche aufgegeben hatte – ein zähes Leben und keinen leichten Tod gehabt. Auch in Amerika fand sie ihren Widerhall. In den Kindertagen der amerikanischen Soziologie forderten einige transatlantische Jünger von Comte zum Beispiel allen Ernstes vom Präsidenten der Brown University, alle Abteilungen der Universität neu aufzubauen und der soziologischen zu unterstellen. Heutzutage fassen nur noch Einzelgänger – und wohl kaum noch ein amerikanischer Soziologe – ihre Rolle so auf. Doch muss wohl etwas davon überlebt haben, wenn der Soziologe immer wieder bei allen möglichen Anlässen mit Reformplänen bei der Hand sein soll.

Dank gewisser Wertbegriffe – zu denen auch der Autor sich bekennt – haben soziologische Kenntnisse das Los von Menschen und Gruppen erleichtern helfen können: Sie haben verheerende moralische Zustände aufgedeckt, Kollektiv-Illusionen zerstört oder bewiesen, dass sich notwendige Neuerungen mit humanen Mitteln erreichen ließen. Die Bedeutung soziologischer Erkenntnisse etwa für den Strafvollzug in westlichen Ländern ist nicht zu unterschätzen. Soziologische Studien lieferten 1954 die Unterlagen für die Entscheidung des Supreme Court gegen die Rassentrennung im öffentlichen Schulwesen und für die Sanierung des städtischen Wohnungswesens. Jeder politisch und moralisch bewusste Soziologe denkt nicht ohne Stolz an diese Fakten. Aber noch einmal: Vergessen wir nie, dass sie nicht selbst Soziologie, sondern nur deren Folgen sind. Aus denselben soziologischen Erkenntnissen kann man genau die entgegengesetzten Schlüsse ziehen. Die soziologische Durchleuchtung der Rassenvorurteile und ihrer Dynamik kann Rassenhass schüren oder Toleranz verbreiten helfen, wie die soziologische Analyse der Grundstrukturen des Zusammenlebens von Menschen im Dienste des Totalitarismus und der Demokratie stehen kann. Man wird nüchtern, wenn man sich klarmacht, dass der Gruppenleiter eines Sommerlagers in den Airondacks und der geschulte Gehirnwäscher in einem chinesischen Gefangenenlager dieselben Reaktionsmechanismen in Gang setzen müssen, um Ruhe und Ordnung zu halten. Dagegen, dass der Soziologe zu Rate gezogen wird, wenn gesellschaftliche Zustände verändert beziehungsweise verbessert werden sollen, ist nichts einzuwenden. Dennoch darf man ihn ebenso wenig als Sozialreformer wie als – mehr oder weniger theoretisch abgesicherten – Fürsorger sehen.

Nach diesen irrigen Vorstellungen von Soziologen, in jedem von dem ein Stück gesunkenen Kulturgutes überdauert, wollen wir uns Missverständnissen neueren Datums zuwenden, die sich geradezu auf moderne Entwicklungen im Fach berufen. Da begegnet uns zunächst der Soziologe als Statistiker des menschlichen Verhaltens. Ein Handlanger der IBM-Maschine, geht er aus, bewaffnet mit einem Fragebogen, und interviewt x-beliebige Leute. Wenn er hat, was er braucht, überträgt er seine Tabellen auf ungezählte Lochkarten und füttert damit seine Maschine. Dabei hat er natürlich einen ganzen Stab von Mitarbeitern und verfügt über ein beneidenswertes Budget. Die stille Voraussetzung der Leute, die ihn so sehen: Was er herausbekommt sind nichts als Bagatellen, ein pedantisches Widerkäuen von Fakten, die sowieso jeder kennt. Ein ganz fixer Kopf hat einmal gesagt: Ein Soziologe ist jemand, der hunderttausend Dollar ausgibt, um den Weg in ein verrufenes Haus zu finden.

An dieser Verzerrung ist die Agilität der ungezählten Meinungs- und Marktforschungsinstitute nicht unschuldig, die man ruhigen Gewissens als parasoziologisch bezeichnen kann. Im amerikanischen Alltag ist der Interviewer eine nur zu wohlbekannte Figur geworden. Bei jeder passenden und unpassenden Gelegenheit kommt er und fragt die Leute nach ihrer Ansicht über schlechthin alles, von der Außenpolitik bis zum Toilettenpapier. Da die Techniken der Meinungsforschung der soziologischen Research-Praxis nicht unähnlich sind, ist es begreiflich, dass Soziologen und Meinungsforscher für eineiige Zwillinge gehalten werden, wozu die Kinsey-Reporte ihr gutes Teil beigetragen haben dürften. Ob es um voreheliche Paarungsspiele, republikanische Stimmen oder Bandenüberfälle geht – die Frage, die den Soziologen quält, ist angeblich immer: wie oft und wie viele. Übrigens operieren die wenigen Witze, die es über Soziologen gibt, mit diesen statistischen Schemen. Wes Geistes Kind sie sind, möge der Leser sich selbst ausmalen.

Wir wollen jedoch der Wahrheit die Ehre geben: Der Soziologe als Statistiker ist keineswegs nur ein Fantasiegebilde. Die Soziologie hat sich nämlich bald nach dem Ersten Weltkrieg entschlossen von der Theorie abgewandt und eng umschriebenen empirischen Studien gewidmet. Im Laufe dieser Interessenverlagerung wurden folgerichtig die Untersuchungsmethoden ausgebaut, verfeinert und spezialisiert. Dabei spielte die Statistik natürlich eine wichtige Rolle. Erst seit Mitte der 1940er-Jahre etwa erobert sich die Theorie langsam wieder ihre verlassenen Stellungen, und die Zeichen für den Schwund eines allzu engen Empirismus stehen günstig. Doch lässt sich nicht ableugnen, dass noch immer viel soziologische Betriebsamkeit in Amerika sich in Miniaturstudien auslebt, deren obskure Gegenstände aus den Trödlerläden des gesellschaftlichen Lebens für jede ernsthaftere theoretische Fragestellung gänzlich irrelevant sind. Ein Blick auf die Inhaltsverzeichnisse soziologischer Fachblätter oder die Vortragslisten bei Soziologentagen genügt, um diese Behauptung zu bestätigen.

Die politische und wirtschaftliche Struktur des akademischen Lebens ermutigt allerdings zu solchem Kunstgewerbe – und keineswegs nur in der Soziologie. Colleges und Universitäten werden meistens von überbeschäftigten Leuten geleitet, die wenig Zeit und Neigung haben, sich in die Elaborate ihrer gelehrten Schützlinge zu vertiefen. Aber sie sind gehalten, über Kommen und Gehen, Beförderung und feste Anstellung in ihren Fakultäten zu entscheiden. Nach welchen Kriterien sollen sie sich richten? Um zu lesen, was ein Professor geschrieben hat, fehlt ihnen außer der Zeit auch oft – besonders in den technischen Disziplinen – die entsprechende Vorbildung. Das Urteil der professoralen Kollegen im engeren Fachbereich ist von vornherein suspekt, denn die amerikanische Durchschnittsuniversität ist ein wahrer Dschungel an Richtungskämpfen. Wenn es um die objektive Beurteilung von Anhängern der eigenen oder gar einer gegnerischen Richtung geht, ist auf keine Gruppe Verlass. Fragte man die Studenten, so käme ein neuer Unsicherheitsfaktor hinzu. So bleibt den Häuptern der Verwaltung nur die Wahl zwischen Scylla und Charybdis. Sie können so tun, als wäre die Universität eine einzige glückliche Familie, in der jeder Verwandte ohne Ansehen des Verdienstes stetig auf der Leiter von Rang und Würde emporsteigt. Das hat man oft und lange versucht. In unserem Zeitalter eines rigorosen Wettbewerbs um die Gunst der Öffentlichkeit und die Gelder der Stiftungen wird es jedoch immer schwieriger. Eine andere Möglichkeit wäre, sich auf eine nach mehr oder weniger rationalen Erwägungen gekürte Beratergruppe zu stützen. Das bringt jedoch den Sachwalter einer Einrichtung, die chronisch ihre Unabhängigkeit verteidigen muss, nur allzu oft in politisch heikle Situationen. Am häufigsten geht man heute nach Kriterien der Produktivität vor, wie sie im Geschäftsleben gang und gäbe sind. Wie aber will man die Produktivität eines Gelehrten beurteilen, dessen Gebiet einem verschlossen ist? So versucht man herauszubekommen, wie ihn die Kollegen vom Fach außerhalb der eigenen Campusgrenzen beurteilen. Mit ziemlicher Sicherheit wird sein Wert nach der Zahl der Bücher und Aufsätze bemessen, die Verleger und Zeitschriftenredakteure von ihm drucken. Ein Akademiker, der weiterkommen will, hält also klüglich nach Themen Ausschau, aus denen sich schnell und leicht ein ansehnlicher, kleiner Aufsatz kreiren lässt, der einer Fachzeitschrift genehm ist. Für den Soziologen bedeutet das: irgendeine kleine empirische Studie über ein ganz begrenztes Thema. Meistens braucht er dazu statistische Daten. Da vielen einschlägigen Zeitschriften ein Aufsatz ohne Statistik sowieso verdächtig ist, steigt die statistische Fieberkurve unserer Jungsoziologen, die irgendwo in der Provinz gestrandet sind. Voller Sehnsucht nach den fetten Weiden der großen Universitäten versorgen sie uns mit einem stetigen Strom kleiner statistischer Studien: über Flirtallüren ihrer Studenten, politische Einsteilungen im Hinterwald oder die Klassenstruktur eines Nestes in Pendlerentfernung von ihrem Campus. Ganz so fürchterlich, wie sie Grünschnäbel im Fach zunächst vorkommen müssen, sind diese rituellen Handlungen übrigens nicht, da sie allen Beteiligten bekannt sind und jedermann ihre Spielregeln augenzwinkernd befolgt. Die traurige Konsequenz ist aber, dass ein empfindsamer Mensch soziologische Zeitschriften nur wegen der Buchbesprechungen und Todesnachrichten aufschlägt und zu Soziologentagen nur geht, wenn er sich ein bisschen verändern und die Intrigen und Querelen an seiner Universität mal gegen die an einer anderen austauschen möchte.

Das Ansehen der statistischen Praktiken in der heutigen amerikanischen Soziologie hat also durchaus rituelle Funktionen, die bei der Machtkonstellation, unter der die meisten Soziologen ihren Weg machen müssen, nur zu verständlich sind. In Wirklichkeit beherrschen sie kaum mehr als das Küchenlatein der Statistik und gehen damit ungefähr ebenso schüchtern, ungeschickt und ehrfürchtig um wie ein schlichter Landpastor mit den gewaltigen lateinischen Wälzern des heiligen Thomas. Hat man sich diese Situation einmal klar gemacht, so hört man auf, die Wissenschaft seiner Wahl nach diesen ihren Äußerlichkeiten zu beurteilen. Man wird gewissermaßen soziologisch mündig und sucht hinter den Enthüllungen die verborgenen Reize der Soziologie.

Statistische Daten allein sind keine Soziologie. Sie können Soziologie werden, wenn man sie soziologisch interpretiert und in einen theoretischen Zusammenhang bringt, der soziologisch ist. Das simple Zählen, das Koordinieren von gezählten Fakten, ist keine soziologische Tätigkeit. Der Kinsey-Report ist für sich genommen kein soziologisches Produkt, was nicht heißt, dass seine Daten soziologisch nicht relevant wären. Aber sie sind erst das Rohmaterial für eine eigentliche soziologische Verarbeitung, die über bloße Gegebenheiten hinausgreifen muss. Sie darf sich nicht von Häufigkeitstabellen für voreheliche Intimitäten oder außereheliche Päderastie in Ketten legen lassen. Diese dankenswerten Zahlenspiele sind nur im Sinne ihrer tieferen Bedeutung für das Verständnis von Institutionen und Werten in der Gesellschaft von Belang. Um dazu vorzudringen, muss sich auch der Soziologe oft zum Zählen bequemen, besonders wenn er sich mit modernen Massenphänomenen herumschlägt. Aber Soziologie ist so wenig Statistik wie klassische Philologie Konjugation unregelmäßiger Verben oder Chemie der Gestank im Reagenzglas.

Damit nähern wir uns schon bedenklich dem nächsten Missverständnis des Soziologen: der Mann, dessen Erfüllung eine bis zur Vollkommenheit entwickelte wissenschaftliche Methode ist, die sich auf menschliche Phänomene anwenden lässt. Dieses Gespenst geistert besonders durch die schönen Wissenschaften als willkommener Beweis dafür, dass Soziologie nun einmal eine verkappte Barbarei sei. Wer ein rechter Literat sein will, stürzt sich von Zeit zu Zeit mit zünftigem Behagen auf das eigenartige Kauderwelsch, in dem viele Soziologen schwelgen. Ihr Kritiker hat es leicht, den Wächter der humanistischen Gelehrsamkeit herauszukehren. Man kann dem Tadel aus diesem Lager ohne weiteres von Mann zu Mann ins Auge sehen. Über die Publikationen – gleich welcher fachlichen Provenienz –, die sich mit dem Phänomen des »Menschen« beschäftigen, ist barbarischer Umgang mit der Sprache ziemlich gleichmäßig verteilt. Aber der literarische Nahkampf ist keine seriöse Form der Auseinandersetzung. So geben wir denn zu, das dass, was heute als Soziologie durchgeht, vielfach zu Recht Barbarei genannt wird, besonders, wenn damit auch Ignoranz gegenüber Geschichte und Philosophie, horizontloses Spezialistentum, Methodenfetischismus und literarische Hilflosigkeit gemeint sind. Alle diese Mängel sind jedoch bezeichnend für das gesamte akademische Leben heute, indem die Jagd nach Position und Prestige auf Gebieten, die sich mehr und mehr komplizieren und spezialisieren, geradezu einen deprimierenden Provinzialismus der Interessen zeitigen muss. Das immer weiter um sich greifende Übel der Soziologie allein in die Schuhe schieben zu wollen, wäre ungerecht.

Seit ihren Anfängen hat sich die Soziologie als exakte Wissenschaft verstanden. Über die genaue Bedeutung dieses Selbstverständnisses ist so manche Kontroverse entbrannt. Die deutschen Soziologen haben zum Beispiel den Unterschied zwischen Natur- und Geisteswissenschaften stärker betont. Aber wie alle anderen haben auch sie sich dem Ethos wissenschaftlicher Exaktheit verschrieben und damit an bestimmte Axiome gebunden. Jeder Soziologe, der ernst genommen werden will, muss seine Thesen auf eine Evidenz stützen, die anderen ermöglicht, sie prüfen, nachvollziehen und weiterentwickeln zu können. Ein wohlerzogener Soziologe greift auch – mit und ohne wehmütigen Seitenblick – nach dem soziologischen Wälzer, statt nach dem Gesellschaftsroman, der denselben Stoff viel eindrucksvoller behandelt. Um die Eigenart der gesellschaftlichen Evidenz artikulieren und formulieren zu können, blieb den Soziologen auch gar nichts anderes übrig, als in methodische Probleme einzusteigen, und die Methodologie ist und bleibt notwendig und legitim in der Soziologie.

Einige Fachwissenschaftler sind allerdings derartig methodologisch fixiert, dass die gesellschaftliche Wirklichkeit sie kaum noch interessiert. So lässt sich natürlich kein Bereich des sozialen Lebens in den Griff bekommen. Konzentration auf die Technik führt eben in der Wissenschaft wie in der Liebe zu beklagenswerter Impotenz. Eine gewisse Entschuldigung für unsere besessenen Methodologen ist der Eifer eines jungen Faches, das sich seinen Platz auf der akademischen Bühne mit allen Mitteln erkämpfen will. Wissenschaft ist nun einmal eine heilige Kuh in Amerika. Das bestärkt die Neulinge in ihrem Drang, mit den älteren Methoden der Naturwissenschaften in Gleichschritt zu kommen. Die experimentelle Psychologie hat diesen Wettstreit so weit getrieben, dass ihre Studien oft kaum noch etwas mit Menschen und menschlichem Treiben zu tun haben. Die Ironie der Geschichte ist, dass die Naturwissenschaftler selbst eben ihren positivistischen Übereifer aufgeben, so dass ihre Bewunderer einmal mehr hinterherhinken.

Nach diesem kurzen Hinweis auf die Flecken anderer Sterne dürfen wir ruhig behaupten, dass die Soziologie cum grano salis doch die allzu grotesken Auswüchse des Methodenfetischismus vermieden hat. Da sich ihr akademischer Status allmählich doch herumgesprochen hat, bleibt zu hoffen, dass die methodologischen Minderwertigkeitskomplexe ihrer Jünger mit der Zeit ganz verschwinden.

Wir sind auch bereit, den Tadel, dass viele soziologische Bücher schlecht geschrieben sind, mit einigen Vorbehalten hinzunehmen. Jede neue Wissenschaft muss die ihrem Gegenstand gemäße Terminologie finden. In einem Fach wie der Nuklearphysik, deren Gegenstand gewöhnlichen Sterblichen verschlossen ist, ja für den die Sprache noch keine Worte hat, gibt sich jeder damit zufrieden. Dabei ist die richtige Terminologie für die Sozialwissenschaften fast noch wichtiger, gerade *weil* ihr Gegenstand bekannt ist – oder für bekannt gehalten wird –, und weil es Worte gibt, die ihn bezeichnen. Gerade weil uns die Institutionen der Gesellschaft umgeben und vertraut sind, nehmen wir sie nur ungenau und nicht selten falsch wahr, etwas ganz Ähnliches übrigens wie die bekannte Crux, Eltern und Ehegatten, Kinder und nächste Freunde nicht genau beschreiben zu können. Die Sprache selbst ist – vielleicht zum Glück – verschwommen und unsicher vor der gesellschaftlichen Wirklichkeit. Denken wir zum Beispiel an das in der Soziologie so wichtige Wort »Klasse«. In der Umgangssprache hat es wohl ein Dutzend Bedeutungen: Schulklasse, Eisenbahnklasse, Steuerklasse, Ordensklasse, aber auch Sorte, Grad, Rang, Schicht und schließlich gar Volksgruppe oder Machtclique. Dass die Soziologie eine unzweideutige Begriffsdefinition nötig hat, um exakt arbeiten zu können, ist danach selbstverständlich, und man sollte sich nicht wundern, wenn immer wieder versucht wird, die semantischen Fallen des täglichen Gebrauchs durch die Einführung neuer Wörter zu umgehen. Einige Wortschöpfungen waren also sicher notwendig für die Soziologie. Dennoch könnten die meisten soziologischen Bücher in schlichtem Englisch, Französisch, Deutsch usw. geschrieben werden – und das zeitgenössische »Soziologesisch« ist im Grunde nichts als versnobte Wichtigtuerei. Aber auch dieser Unart befleißigt sich beileibe nicht nur die Soziologie. Vielleicht besteht dabei übrigens ein Zusammenhang mit dem großen Einfluss, den das deutsche Universitätswesen auf eine entscheidende Entwicklungsperiode der amerikanischen Universitäten hatte: Die Tiefe des Gedankens jedenfalls wurde – wie heute noch häufig in Deutschland – an der Schwerfälligkeit der Sprache gemessen. Und wenn ein gelehrter Text nur für einen kleinen Kreis von Eingeweihten verständlich war, so bewies das eo ipso schon seinen geistigen Rang. So manche gelehrte Schrift eines Amerikaners liest sich heute noch wie eine Übersetzung aus dem Deutschen. Die zähflüssige Sprache der Soziologie hüben und drüben soll man nicht verteidigen. Aber mit der Legitimität der Soziologie selbst hat sie nicht das Geringste zu tun.

Zum Schluss noch ein paar Worte zu einer – zum Glück nicht allzu verbreiteten – Vorstellung vom Menschen, den gewisse Leute hinter der Berufsrolle des Soziologen vermuten: einem kaltherzigen, hämischen oder mindestens innerlich unbeteiligten Betrachter, der andere Menschen manipuliert. So ironisch triumphiert also die Mühsal über den Mühseligen, der unbedingt vollwertiger Wissenschaftler sein will. Er hat es erreicht. Aber dafür sieht man in ihm nun den anmaßenden Herrenmenschen, der den warmen Stallgeruch der Normalität meidet und sich nicht als Lebendiger unter Lebendigen bewegt, sondern als eiskalter Beobachter seine Mitmenschen in kleine und kleinste Kategorien einteilt, wobei er ihr wirkliches Wesen natürlich nicht erkennen kann. Eine besondere Nuance dieser Karikatur ist noch, dass der Soziologe, das kalte Herz, seine Kunst in den Dienst der herrschenden Mächte stellt und so als kühler Techniker auf Bewegungen der Macht in der Gesellschaft Einfluss nimmt.

Einer solchen Einstellung begegnet man vor allem bei Leuten, die aus Gründen der politischen Moral einen Missbrauch der Soziologie in der modernen Gesellschaft verhindern wollen. Als allgemeines Bild vom Soziologen ist das natürlich eine grobe Verzerrung, gegen die man aber mit bloßer Zurückweisung kaum ankommt. Nicht nur in Amerika gibt es ja tatsächlich Soziologen, denen die Rolle des Seelenverkäufers auf den Leib geschnitten ist, und das Verhältnis von Sozialwissenschaften und Politik kann zu einem wirklichen Problem werden. Was Soziologen in gewissen Industriezweigen und Dienststellen der Regierungen treiben, wirft moralische Fragen auf, denen man heute nicht mehr ausweichen darf. Sie betreffen jedoch schließlich alle, die Schlüsselstellungen in der modernen Gesellschaft innehaben. Der Soziologe als Menschenbehandler ohne Gewissen und Drahtzieher der Macht ohne Gefühl beunruhigt uns schon deshalb nicht allzu sehr, weil die Geschichte nun einmal nicht alle Tage einen Talleyrand hervorbringt. Zu einer solchen Figur fehlen den meisten Sterblichen dann doch die geistigen und seelischen Voraussetzungen, auch wenn sich so mancher harmlose Träumer gelegentlich zu ihr berufen fühlt.

Wer ist nun aber dieser Soziologe wirklich, von dem bisher nur in Missverständnissen die Rede war? Nachdem wir die Verzeichnungen seiner verschiedenen Bilder hervorgehoben haben, können wir nun die richtigen Elemente, die jedes enthält, zusammenfügen. Aus diesem Puzzle entsteht etwas, das in der Soziologie »Idealtypus« genannt wird. Das bedeutet, dass es in der Wirklichkeit in reiner Form nicht vorkommt. Aber in Annäherungen und Abweichungen verschiedensten Grades ist es lebendig. Unser Idealtypus darf auch nicht etwa als so etwas wie der empirische Durchschnitt verstanden werden. Niemandem sei das Recht bestritten, sich in ihm zu erkennen oder nicht und sich doch für einen Soziologen zu halten. Wir exkommunizieren keinen, glauben aber, dass unser Entwurf dem Selbstverständnis der soziologischen Kerntrupps in der Geschichte, wenigstens unseres Jahrhunderts, aber auch der Gegenwart entspricht.

Der Soziologe also ist jemand, der die Gesellschaft verstehen will, und zwar mit der Hilfe und den Mitteln einer wissenschaftlichen Disziplin. Diese seine Disziplin gehört zu den exakten Wissenschaften. Das bedeutet, dass die Entdeckung, Untersuchung und Formulierung von gesellschaftlichen Phänomenen sich in den klar festgelegten Grenzen einer spezifischen Systematik bewegen müssen. Eine Hauptforderung dieser Systematik ist das Regulativ der Evidenz. Als exakter Wissenschaftler muss der Soziologe persönliche Vorlieben und Abneigungen objektivieren und kontrollieren. Er muss sich zum Wahrnehmen statt zum Urteilen erziehen. Das hat natürlich nichts mit seinem Privatleben zu tun, sondern beschränkt sich auf sein wissenschaftliches Vorgehen als Soziologe. Ein vernünftiger Soziologe würde auch niemals so anspruchsvoll sein, seine Wissenschaft für den einzigen Zugang zur Gesellschaft zu halten. Heutzutage behauptet wohl kaum noch eine Wissenschaft, sie allein sei zum Weltverständnis berufen. Der Botaniker gönnt seine Blumen dem Dichter mit den anderen Augen. Es gibt so viele Spiele auf der Welt wie Weisen, sie zu spielen. Wer nur anderen Leuten das Spiel verderben will, hat selbst keine großen Gewinnchancen. Gewinnen kann man nur, wenn man die Spielregeln genau kennt. Für das Gesellschaftsspiel, das sich Soziologie nennt, gelten die allgemeinen Spielregeln der exakten Wissenschaften und einige methodische Sonderbestimmungen. Deshalb müssen Soziologen sich über methodologische Fragen klar werden. Aber die Methodologie ist noch nicht das gewonnene Spiel, sondern ein Teilgewinn, wie jedes gut beherrschte Hilfsmittel. Das gewonnene Spiel wäre erst der gelungene Versuch, die Gesellschaft oder einen ihrer Ausschnitte zu verstehen. So weit kann man jedoch nur kommen, wenn man alle seine Hilfsmittel erprobt und die geeigneten anwendet. Auch die Statistik ist ein oft sehr nützliches Hilfsmittel, macht aber beileibe noch nicht die Soziologie aus. Der gute Soziologe setzt sich sodann auch mit der genauen Bedeutung der Wörter, die er sagt und schreibt, auseinander. Er ist sorgfältig im Umgang mit der Sprache. Das heißt nicht, dass er eine neue Sprache erfindet. Aber ganz ungeprüft darf er die Alltagssprache nicht durchgehen lassen. Schließlich und endlich ist der Soziologe in erster Linie Theoretiker. Zwar braucht er nicht um des Verstehens willen zu verstehen, sondern kann durchaus auch den praktischen Nutzen und die Konsequenzen seines Verstehens im Auge haben oder gar beabsichtigen. Damit aber verlässt er den soziologischen Zauberkreis und begibt sich in die Regionen der Werte, des Glaubens, der Ideen, wo er Mensch unter Menschen ist wie jeder andere.

Diese unsere Vorstellung vom Soziologen findet heutzutage wohl ziemlich allgemein Zustimmung im Fach, so dass wir wagen, noch etwas weiter zu gehen und eine persönlichere – und daher wahrscheinlich strittigere – Frage zu stellen. Wir gehören zu den unverbesserlich Neugierigen und wollen nicht nur wissen, was der Soziologe tut, sondern was ihn treibt, das zu tun, was er tut. Max Weber hat in ähnlichem Gedankenzusammenhang vom »Dämon« des Soziologen gesprochen. Damit allerdings beschwören wir nun ein Bild, das nicht mehr idealtypisch ist, sondern fast ein Bekenntnis. Wieder wollen wir niemanden exkommunizieren. Spielhölle und Himmel der Soziologie haben Kammern für viele Spieler. Wir beschreiben nur die, die wir gerne in unserer Runde hätten.

So erklären wir, dass unsere Gäste Personen sind, die ein unstillbares, grenzenloses, schamloses Interesse für alles haben, was Menschen tun. Ihr Ort sind alle Plätze der Welt, wo Menschen mit Menschen zusammentreffen. Unser Soziologe darf sich für alles Erdenkliche sonst interessieren. Aber das Interesse, das alle anderen in sich einschließt, gilt der Menschenwelt, ihren Einrichtungen, ihrer Geschichte, ihren Leidenschaften. Nichts, was Menschen treiben, ist ihm zu hoch oder zu gering, zu langweilig oder zu lästig. Er ist an den letzten Dingen interessiert, um die der menschliche Glaube kreist, an der Tragödie, der Größe, der Ekstase – aber auch am Alltag, am Gemeinplatz, am öden Einerlei. Er hat Respekt vor der Würde der Person und will dennoch alles wissen, alles verstehen. Auch er hat natürlich seine Neigungen, liebt oder verachtet. Aber das befreit ihn nicht vom Drang zu fragen und Antwort haben zu wollen. Ohne Rücksicht auf die gängigen Wertmaßstäbe bewegt er sich unter den Menschen auf der Suche nach ihnen. Vornehm und gering, Macht und Ohnmacht, Geist und Narrheit – alles ist gleich wichtig für den Soziologen in ihm, einerlei ob er es als Person ablehnt oder befürwortet. Seine Fragen führen ihn in alle Schichten und auf alle Ebenen der Gesellschaft, an begehrte und gemiedene, gepriesene und geächtete Orte. Und wenn er ein Soziologe von echtem Schrot und Korn ist, dann trifft er überall sein Spiegelbild, weil seine Fragen so Besitz von ihm genommen haben, dass keine Wahl bleibt als dort zu sein, wo er die Antworten finden kann.

Übrigens braucht man das gar nicht so hochtrabend auszudrücken. Es klingt dann allerdings nicht so schmeichelhaft. Der Soziologe ist nämlich auch jemand, der zur Zierde seines akademischen Ranges etwas auf Klatsch geben muss. Er ist nicht abgeneigt, durch Schlüssellöcher zu gucken, anderer Leute

Post zu lesen und verschlossene Zimmer und Schränke zu öffnen. Sollten tatenlüsterne Psychologen sich dadurch bemüßigt fühlen, einen Fähigkeitstest für Soziologen auf der Grundlage des sublimierten Voyeurs zu entwerfen, so sei ihnen mitgeteilt, dass wir hier nur in Metaphern reden. Dass auch ein kleiner Junge, den die Neugier verzehrt, seine jungfräuliche Tante im Badezimmer zu beobachten, später ein tüchtiger Soziologe werden kann, tut nichts zur Sache. Uns geht es um die verzehrende Neugier, die jeden Soziologen vor einer verschlossenen Tür packt, hinter der menschliche Stimmen ertönen. Ein richtiger Soziologe will sie öffnen, die Stimmen verstehen. Er vermutet hinter jeder Wand ein Stück menschliches Leben, das noch kein anderer entdeckt und verstanden hat. Er kümmert sich um Angelegenheiten, die anderen sakrosankt oder zu profan sind. Die Gesellschaft von Priestern oder Prostituierten ist ihm gleich lohnend. Welche er wählt, hängt nicht von seiner privaten Neigung, sondern von den Fragen ab, die ihn gerade beschäftigen. Ihn interessiert menschliches Zusammen- und Gegeneinanderwirken im Krieg, bei Entdeckungszügen im Urwald oder im Laboratorium, aber auch unter Kellnern, Gästen und kleinen Mädchen, die mit Puppen spielen. Das eigentliche Objekt seiner Leidenschaft ist dabei nicht der Sinn des menschlichen Handelns, sondern das Handeln selbst, als Fall unter Fällen aus dem unendlichen Reichtum der menschlichen Möglichkeiten. So viel über das Bildnis unseres begehrten Spielgefährten.

Auf seinen Kreuzfahrten durch die Menschenwelt begegnet er, ob er will oder nicht, manchem anderem professionellen Topfgucker und Naseweis, der meistens gleich meint, der Soziologe wildere in seinen Gehegen. Hier trifft er den Ökonomen, dort den Politologen, Psychologen oder Ethnologen. Aber zum Glück sind seine Fragen anders als die der übrigen Eindringlinge. Er fragt ja im Grunde immer dasselbe: Was treiben die Menschen hier miteinander? In welchen Beziehungen stehen sie zueinander? Wie sind diese Beziehungen institutionell festgelegt? Und welche Kollektivvorstellungen beherrschen Menschen und Einrichtungen? Um im speziellen Fall Antworten zu finden, muss er natürlich auch ökonomische und politische Umstände berücksichtigen, aber doch in ganz anderem Sinne als der Ökonom und der Politologe. Die Szene, die er vor sich hat, mag dieselbe sein, aber sein Standort und sein Gesichtswinkel unterscheiden sich von denen der anderen. Wer das einsieht, der beansprucht keine Sperrzone eigenen Rechts für die Soziologie. Wie Wesley kann der Soziologe sagen: Die ganze Welt ist mein Sprengel. Im Unterschied zu so manchem Wesleyaner der letzten Tage teilt er diesen Sprengel gerne mit anderen Leuten. Einen Wandersmann gibt es allerdings, dessen Pfade der Soziologe besonders oft kreuzt oder wenigstens kreuzen sollte. Diese – mindestens von deutschen Historikern und amerikanischen Soziologen – nicht immer freudig begrüßte Weggenossenschaft wollen wir uns für später aufheben. Die soziologische Reise um die Welt wäre jedenfalls nur halb so spannend, wenn das Zwiegespräch mit dem Historiker fehlte.

Jede geistige Tätigkeit ist erregend, sobald sie zum Entdeckungspfad wird. Es gibt Forschungsgebiete, in denen man in Welten vorstößt, die vorher unausdenkbar waren. Der Astronom und der Nuklearphysiker greifen nach polaren Grenzen der Wirklichkeit, wie sie der Mensch überhaupt nur zu begreifen fähig ist. Auch der Bakteriologe oder der Geologe kennt solche unerhörten Abenteuer. In anderer Weise kann der Linguist neue Möglichkeiten menschlichen Ausdrucks finden, und der Kulturanthropologe erlebt das Staunen über menschliche Sitten in fernen Ländern. Wenn solche gelehrten Entdeckungen von der gehörigen Leidenschaft getragen werden, können sie das Wahrnehmungsvermögen bis zu einer Transformation des Bewusstseins ausweiten. Das Universum ist so viel wunderbarer, als man je geträumt hat. Die Erregung, die die Soziologie zu bieten hat, ist von anderer Art. Manchmal dringt allerdings auch der Soziologe in Welten ein, die er früher nicht gekannt hat: das Verbrechen zum Beispiel oder die wunderlichsten religiösen Sekten, und – nicht zuletzt: die Exklusivwelten der Spezialisten – Mediziner, Militärs, Werbefachleute. Den größten Teil seiner Zeit verbringt er jedoch in Erfahrungszonen, die ihm und den meisten Leuten in der Gesellschaft, zu der auch er gehört, vertraut sind oder zu sein scheinen. Er untersucht Gruppen, Einrichtungen und Tätigkeiten, von denen man alle Tage in der Zeitung liest. Aber gerade dabei wartet ein anderes Entdeckerglück auf ihn: nicht die aufregende Begegnung mit dem völlig Unvertrauten, sondern das unheimliche Staunen, das sich einstellt, wenn das Vertraute plötzlich ein anderes Gesicht bekommt. Die Faszination der Soziologie liegt darin, dass ihre Scheinwerfer uns die Welt, in der wir leben, plötzlich in einem anderen Lichte zeigen. Auch auf diese Weise entsteht eine Transformation des Bewusstseins, ja diese Transformation ist radikaler als bei vielen anderen geistigen Erlebnissen, weil sie sich nicht so leicht auf einen Teilbereich des Bewusstseins ableiten lässt. Schließlich lebt der Astronom nicht in fernen Milchstraßen, und der Kernphysiker isst und liebt und lacht außerhalb – wenn nicht gar innerhalb – des Laboratoriums, ohne über das Innere des Atomkerns nachzudenken. Der Geologe sieht sich seine Felsen nur zu besonderen Zeiten an, und der Linguist spricht mit Frau und Kind seine Muttersprache. Der Soziologe aber lebt vor, während und nach der Arbeit inmitten der Gesellschaft, und sein eigenes Leben ist unausweichlich ein Teil seiner Wissenschaft. Da auch er ein Mensch wie alle anderen ist, müht er sich um die säuberliche Trennung von Arbeit und Leben. Wenn er dabei sein gutes Gewissen behalten will, so ist das ein Kunststück, um das er nicht zu beneiden ist.

In der allgemeinsamen Menschenwelt bewegt sich der Soziologe da, wo die Menschen ihre Welt Wirklichkeit nennen. Die Kategorien seiner Analysen sind nur Verfeinerungen jener Einteilungen, mit deren Hilfe andere Menschen ihr Leben bewältigen: Macht, Klasse, Status, Rasse, Volkszugehörigkeit usw. Täuschende Einfachheit und scheinbare Selbstverständlichkeit mancher soziologischer Forschungsergebnisse sind die Folge. Man liest sie, erkennt Bekanntes wieder und begrüßt die vertraute Szene. Man findet, dass man all das ja schon vorher gewusst hat und meint: Haben die Soziologen denn nichts Besseres zu tun, als ihre Zeit mit Binsenwahrheiten zu vergeuden? Bis man plötzlich auf etwas stößt, das alles radikal in Frage stellt, was man je über das allzu Bekannte gedacht hat. Auf einmal wird die Soziologie aufregend.

Stellen wir uns zum Beispiel ein soziologisches Universitätsseminar in den Südstaaten vor. Fast alle Studenten sind Weiße. Sie hören eine Vorlesung über das System der Rassentrennung in den Südstaaten. Der Professor spricht von lauter Tatsachen, die ihnen von Kindheit an bekannt sind, ja mit deren verwickelten Details sie sogar vertrauter sind als er. Sie sind also zunächst gelangweilt. Er braucht offenbar nur etwas anspruchsvollere Ausdrücke, um zu sagen, was sie längst wissen, so etwa das Wort »Kaste«, mit dem amerikanische Soziologen gewöhnlich das Rassensystem im Süden bezeichnen. Um dieses Wort zu erklären, wechselt er über zu den alten Überlieferungen der Hindu-Gesellschaft. Er analysiert die magischen Vorstellungen, die dort hinter Kastentabus stecken, die gesellschaftliche Dynamik des Kommensalismus und des Konnubiums, die verborgenen wirtschaftlichen Machtinteressen im Kastensystem, die Beziehungen zwischen Glauben und Tabu, die Wirkungen des Kastensystems auf die industrielle Entwicklung und der industriellen Entwicklung auf das Kastensystem. Er spricht nur von Indien. Aber plötzlich ist Indien nicht mehr fern, und wenn die Vorlesung zurückkehrt zur südstaatlichen Szene, ist das Vertraute gar nicht mehr ganz so vertraut. Neue Fragen tauchen auf, vielleicht peinliche Fragen. Aber sie werden gestellt. Und plötzlich dämmert einigen Studenten, dass im Alltag der Rassenbeziehungen daheim einiges am Werk ist, worüber sie nichts in den Zeitungen lesen können, jedenfalls nicht in den Zeitungen ihrer Heimat, dass es um handfeste Interessen geht, von denen ihre Eltern nichts erzählen – vielleicht, weil weder die Eltern noch die Zeitungen überhaupt davon wissen.

Man kann wohl sagen, dass die erste Stufe der Weisheit in der Soziologie ist, dass die Dinge nicht sind, was sie scheinen; eine Behauptung übrigens von verführerischer Einfachheit. Aber nach einer Weile ist auch sie nicht mehr einfach. Man entdeckt, dass die gesellschaftliche Wirklichkeit viele Bedeutungsschichten hat. Jede neue Schicht, durch die man stößt, verändert den Blick auf das Ganze. In der Kulturanthropologie spricht man vom »Kulturschock«, um den Eindruck einer völlig neuen Kultur auf den Fremden zu bezeichnen. Man stelle sich einen Weltenbummler aus dem zivilisierten Teil der Welt vor, der beim Mittagessen hört, dass er gerade eine nette ältere Dame verspeist, mit der er sich gestern unterhalten hat. Die psychischen, physischen, wenn nicht gar moralischen Folgen eines solchen Schocks kann man sich nach Belieben ausmalen. Heutzutage stoßen Entdeckungsreisende nur noch selten auf Kannibalismus. Aber auch die ersten Begegnungen mit Polygamie oder Pubertätsriten, ja sogar mit den eigenartigen Sitten mancher Nationen beim Autofahren, können zu einem Schock bei einem Amerikaner in der Fremde führen. Zu dessen Begleiterscheinungen gehören nicht nur Missbilligung oder Ekel, sondern auch eine eigentümliche Erregung darüber, dass die Dinge wirklich so anders sein können als daheim. Das ist – unter anderem – das Aufregende an jeder ersten Auslandsreise. Das entsprechende soziologische Erlebnis kann man als einen »Kulturschock« minus Ortsveränderung bezeichnen. Der Soziologe reist bescheiden zu Hause – aber mit schockierenden Erlebnissen. Wahrscheinlich verspeist er keine nette ältere Dame zum Mittagessen. Dass aber seine gute alte Kirche ganz hübsche Summen in die Raketenindustrie steckt oder dass ein paar Häuser weiter rituelle Orgien gefeiert werden, ist für den unschuldsvollen Entdecker kaum ein geringerer Kulturschock. Damit wollen wir keineswegs andeuten, dass soziologische Entdeckungen abschreckend auf das moralische Empfinden wirken müssen. Was sie aber mit Entdeckungen in fernen Ländern gemeinsam haben, ist die plötzliche Erhellung neuer, unerwarteter Seiten des menschlichen Daseins in der Gesellschaft. Das ist die erregende und zugleich – wie wir später beweisen wollen – auch die humanistische Rechtfertigung für die Soziologie.

Junge Leute, die peinliche Entdeckungen fürchten, die sich ihren Kinderglauben an die Gesellschaft ihrer Sonntagsschule bewahren wollen, die die Sicherheit der Regeln und Maximen dessen, was Alfred Schütz die »Welt der Gewissheit« genannt hat, brauchen, sollten die Finger von der Soziologie lassen. Wer vor verschlossenen Türen nicht in Versuchung gerät, wer nicht neugierig auf Menschen ist, wer zufrieden eine Landschaft bewundert, ohne gespannt darauf zu sein, was für Menschen auf der anderen Seites des Flusses wohnen, studiere besser nicht Soziologie. Er wird das Fach weder amüsant noch interessant finden. Auch Leute, die sich für Menschen nur interessieren, um sie verändern, bessern oder bekehren zu können, seien gewarnt. Ihnen würde die Soziologie viel weniger bieten, als sie hoffen. Und schließlich soll, wer sich gerne Theorien ausdenkt, besser kleine weiße Mäuse beobachten. Die Soziologie wird auf die Dauer nur denjenigen befriedigen, der sich nichts Herrlicheres vorstellen kann, als Menschen zuzusehen und ihr Treiben zu verstehen.

Vielleicht wird jetzt deutlich, warum wir uns – nicht ohne Zögern – auf das teure Kleid des Titels für dieses Kapitel eingelassen haben. Soziologie ist eine unter allen Wissenschaften, die manche Leute interessiert und manche langweilt. Der eine beobachtet gerne Menschen, der andere experimentiert lieber mit kleinen weißen Mäusen. Die Welt ist groß genug für alle, und kein Interesse hat eine logische Priorität. Aber das Wort Wissenschaft ist allein zu schwach für das, was wir meinen. Soziologie ist eine Leidenschaft. Ihre Möglichkeiten sind ein Dämon, von dem man besessen ist, so dass man immer solche Fragen stellt, die seines Geistes sind. Eine Einladung zur Soziologie kann daher nur an diese Leidenschaft appellieren. Es gibt keine Leidenschaft ohne Gefahren. Wenn sich also schon ein Soziologe zu dieser Einladung ermächtigt fühlt, so schreibt er – und das sei hiermit getan – ein deutliches »Cave Canem« an das Tor zur Soziologie.

2 Soziologie als Bewusstsein

Sollten die Darlegungen des vorigen Kapitels überzeugt haben, so kann man der Soziologie nun zugestehen, mindestens für gewisse Leute ganz besonders interessant zu sein. Sich damit begnügen zu wollen, wäre jedoch ausgesprochen unsoziologisch. Allein die Tatsache, dass Soziologie als Wissenschaft zu einem bestimmten Zeitpunkt in der Geschichte des Abendlandes aufkam, drängt die Frage auf: Unter welchen Umständen und Bedingungen kann es dazu kommen, dass man sich ihr verschreibt? Mit anderen Worten: Soziologie ist weder ein zeitloses noch ein unabdingbares Unterfangen des menschlichen Geistes. Gibt man das zu, so stellt sich die Frage nach den zeitlichen Faktoren, die sie für gewisse Leute dennoch zu einer Notwendigkeit werden ließen, ganz von selbst. Möglicherweise ist überhaupt nichts Geistiges zeitlos oder notwendig. Die Religionen haben den menschlichen Geist zwar durch seine gesamte Geschichte hindurch zu fesseln vermocht. Auch Denkfiguren zur Lösung wirtschaftlicher Daseinsprobleme gehören in den meisten Kulturen in den Bereich der Notwendigkeit. Das besagt freilich nicht etwa, dass Theologie oder Volkswirtschaftslehre im modernen Sinne allumfassende, allgegenwärtige kulturelle Phänomene wären. Aber wir können doch mit Sicherheit behaupten, dass das menschliche Denken sich von jeher mit Fragen abgegeben hat, die heute Gegenstand eben dieser Wissenschaften sind. Nicht einmal so wenig lässt sich von der Soziologie sagen. Ihr Gedankengut ist vielmehr ausgesprochen modern und abendländisch, und sie gründet sich, wie wir in diesem Kapitel darlegen möchten, auf eine spezifisch moderne Form vom Bewusstsein. Die Eigenheit der soziologischen Perspektive gibt sich bei einigem Nachdenken über den Sinn des Wortes »Gesellschaft« zu erkennen, mit welchem Terminus der zentrale Gegenstand der Soziologie bezeichnet wird. Wie die meisten Ausdrücke, die Soziologen verwenden, kommt auch dieser aus der Umgangssprache, in der seine Bedeutung keineswegs eindeutig ist. Manchmal bezeichnet er den organisierten Zusammenschluss von Personen, die ein bestimmter Zweck vereint [»die Gesellschaft der Naturfreunde« u.a.], manchmal auch nur einen Personenkreis, der besonders angesehen ist und gewisse Vorrechte genießt [»die Damen der Bostoner Gesellschaft« etwa]. In anderem Zusammenhang ist mit dem Wort nur so etwas wie Umgang oder Verkehr mit Menschen gemeint [»er litt damals sehr darunter, dass er keine Gesellschaft hatte«]. Dazu kommen noch andere, weniger geläufige Bedeutungen. Der Soziologe nun gibt dem Wort einen ganz präzisen Sinn, wenngleich natürlich auch im Fach noch Unterschiede gemacht werden. »Gesellschaft« ist für den Soziologen ein großer Komplex menschlicher Beziehungen oder, um es fachgerechter zu sagen: ein System menschlicher Interaktion. Das Wörtchen »groß« lässt sich in diesem Zusammenhang nur schwer quantitativ festlegen. Der Soziologe kann von einer »Gesellschaft« sprechen, die Millionen von Menschen umfasst [»die amerikanische Gesellschaft«], aber er kann auch ein numerisch viel kleineres Kollektiv meinen [»die Gesellschaft des Studentenheimes«]. Zwei Leute, die an einer Straßenecke schwatzen, bilden schwerlich eine »Gesellschaft«, aber drei Leute, die auf einer einsamen Insel gestrandet sind, bilden sicher eine. Ob der Ausdruck »Gesellschaft« angebracht ist, kann also kaum allein an Hand von Zahlen entschieden werden. Er passt vielmehr erst dann, wenn ein Komplex menschlicher Beziehungen fassbar genug ist, um als solcher einer Untersuchung stand zu halten, und zwar als autonome Wesenheit, die sich von anderen ihrer Art isolieren und unterscheiden lässt.

Die Adjektive »gesellschaftlich« und »sozial« [im Deutschen übrigens keineswegs Synonyme] müssen für die Soziologie ähnlich präzisiert werden. Im Alltag der Sprache bezeichnet »gesellschaftlich« mancherlei: den inoffiziellen Charakter einer Veranstaltung [»wir sind hier auf rein gesellschaftlicher Basis zusammengekommen, weshalb vom Geschäft nicht die Rede sein sollte«]. Das Fremdwort »sozial« kann für die uneigennützige Einstellung eines Menschen stehen [in dieser Angelegenheit hatte er ein rein soziales Interesse] oder, allgemeiner, für irgendetwas, das sich aus Kontakten mit anderen ergibt: »ein sozialer

Missstand«, aber auch: »eine gesellschaftliche Unannehmlichkeit«. Der Soziologe muss beide Worte enger und präziser fassen, um das Wesen einer Interaktion, Interrelation oder Wechselseitigkeit zu bezeichnen. So bilden zwar die beiden Leute, die an einer Straßenecke schwatzen, keine »Gesellschaft«, was sich jedoch zwischen ihnen begibt, ist zweifelsohne »gesellschaftlich«. »Gesellschaft« besteht immer aus einem ganzen Komplex solcher »gesellschaftlicher« Vorkommnisse. Was das »Gesellschaftliche« ist, hat niemand klarer definiert als Max Weber. Nach ihm ist eine »soziale Situation« jede, in der Menschen ihr Handeln aufeinander ausrichten. Das Gewebe aus Bedeutung, Erwartung und Verhalten, das sich aus solch wechselseitiger Orientierung ergibt, ist das Material der soziologischen Analyse.

Terminologische Differenzierungen allein genügen jedoch nicht, um das Besondere der soziologischen Erkenntnisweise zu bezeichnen. Näher kommen wir ihr schon, wenn wir sie mit der anderer Fächer, deren Gegenstand ebenfalls soziales Handeln ist, vergleichen. Auch der Nationalökonom untersucht Vorgänge, die man durchaus gesellschaftlich nennen kann. Ihm geht es dabei um das Kardinalproblem allen wirtschaftlichen Handelns: die Weisen der Ver- und Zuteilung knapper Güter und Dienste in einer beziehungsweise an eine Gesellschaft. An ökonomischen Prozessen interessiert ihn, ob und wie sie ihre fundamentale Funktion erfüllen. Wenn der Soziologe eben dieselben Vorgänge aufs Korn nimmt, so muss zwar auch er ihren ökonomischen Zweck berücksichtigen. Aber sein eigenes Erkenntnisziel steht mit diesem Zweck als solchem nur in mittelbarer Beziehung. Ihm geht es um die Vielzahl menschlicher Interaktionen, die für die wirtschaftlichen Belange im engeren Sinne völlig irrelevant sein mögen. Auch wirtschaftliches Handeln bewegt sich schließlich inmitten von Macht- und Prestige-Konstellationen, hat mit Vorurteilen, ja sogar mit Spielverhalten zu tun, deren Analyse ihre eigentliche wirtschaftliche Funktion nur nebenbei berücksichtigen muss. Der Gegenstand der Soziologie steckt in allen Arten und Weisen menschlichen Verhaltens. Aber nicht alle Aspekte menschlichen Verhaltens sind ihr Gegenstand. Gesellschaftliche Interaktion ist kein Ausschnitt von dem, was Menschen miteinander tun. Sie ist ein bestimmter Aspekt von allem, was sie tun. Man kann auch sagen: Der Soziologe nimmt eine besondere Art von Abstraktion vor. Das Gesellschaftliche als Gegenstand der Forschung ist kein isolierter Bereich menschlichen Handelns. Es ist vielmehr – um eine Anleihe bei der lutherischen Sakramentaltheologie zu machen – »in, mit und inmitten« vieler verschiedener Bereiche menschlichen Handelns zugegen. Der Soziologe sieht keine Phänomene, die andere nicht auch sähen. Er sieht nur, was auch andere sehen, mit eigenen Augen.

Weiter als die des Nationalökonomen reicht die Perspektive des Juristen. Nahezu jede menschliche Handlung kann irgendwann einmal unter seine Zuständigkeit fallen – was offenbar ein besonderer Reiz an der Jurisprudenz ist. Auch hier stoßen wir auf eine eigene Art von Abstraktion. Aus der ganzen bunten Vielfalt menschlichen Getriebes pickt der Jurist die Aspekte heraus, die in sein Bezugssystem hineinpassen, die, wie er sagen würde, sein »Material« sind. Wie jeder weiß, der einmal in die Mühlen des Gesetzes geraten ist, sind die Kriterien für das, was juristisch relevant ist, gelegentlich überraschend für die Betroffenen. Das kümmert uns hier aber nicht. Was wir festhalten wollen, ist vielmehr, dass das juristische Bezugssystem aus sorgfältig durchdachten Modellen für menschliches Handeln besteht. Die Modelle für Pflicht, Verantwortlichkeit, Vergehen sind unmissverständlich. Bevor ein empirischer Fall einer solchen Rubrik zugeteilt werden kann, müssen klare Zustände herrschen, die durch Statuten und Präzedenzfälle markiert sind. Werden diese Zustände nicht betroffen, nicht in Frage gestellt, so ist der empirische Fall nichts für den Juristen. Seine Kunst besteht darin, Formeln und Regeln der Rechtsmodelle zu kennen und richtig anzuwenden. Im Rahmen seiner Kompetenz weiß er genau, wann ein Kaufvertrag bindend, ob ein Fahrer in die Verkehrssünderkartei gehört oder eine Frau Meier vergewaltigt worden ist.

Das Bezugssystem des Soziologen angesichts derselben Fälle ist völlig anders. Der wichtigste Unterschied ist, dass er sich weder an Statuten noch an Präzedenzen halten kann. Sein Interesse an den menschlichen Beziehungen bei einem Geschäftsvorgang gilt nicht dem Legalitätscharakter eines Vertrages, und soziologisch interessante Sonderlichkeiten im Sexualverhalten werden nicht unbedingt nach der juristischen Elle gemessen. Für den Juristen und seine Denkweise ist der Soziologe nie ganz geheuer, und seine Tätigkeit nimmt sich vor dem wohlgegliederten Bau des Rechtes gelegentlich wie Wühlarbeit im Untergrund aus. Den Juristen geht nur die offizielle Version einer Situation an. Soziologen dagegen müssen sich häufig um höchst inoffizielle Versionen kümmern. Ausschlaggebend für den Juristen ist, wie das Auge des Gesetzes einen bestimmten Verbrechertyp sieht. Für den Soziologen ist mindestens so wichtig, wie das Auge des Verbrechers das Gesetz sieht.

Soziologisch zu fragen bedeutet demnach, dass man über die allgemein akzeptierten oder offiziell definierten Ziele menschlichen Handelns hinausblicken kann. Es verlangt eine gewisse Offenheit für die verschiedenen Sinnschichten menschlicher Begebenheiten, deren einige sich vor dem Bewusstsein der Alltagswelt verborgen halten, Vielleicht gehört sogar einiges Misstrauen gegenüber offiziellen Lesarten von Vorkommnissen unter Menschen dazu, einerlei ob sie von religiösen oder politischen Instanzen ausgehen. Ist man erst einmal bereit, so weit zu gehen, zeigt sich in aller Deutlichkeit, dass nicht jede historische Konstellation soziologisches Denken gleichermaßen begünstigt. Die besten Chancen hat es offenbar in historischen Situationen, die der Selbstauffassung einer Kultur, vor allem der offiziellen, autoritativen, allgemein akzeptierten Selbstauffassung, schwere Stöße versetzen. Wahrscheinlich bringen überhaupt nur solche Situationen Menschen dazu, die Sicherheiten einer offiziellen Selbstauffassung hintan zu setzen und die herrschende Autorität, die Autorität überhaupt, in Frage zu stellen. Albert Salomon hat überzeugend bewiesen, wie der Begriff »Gesellschaft« erst entstehen konnte, als die normative Struktur des Christentums und später des Ancien regime zerbrach. »Gesellschaft« ist offenbar das verborgene Gerüst eines Gebäudes, hinter dessen Fassade es vor Allerweltsblicken verborgen bleibt. Für die mittelalterliche Christenheit war »Gesellschaft« schlechthin unsichtbar hinter der religiös-politischen Fassade der gemeinsamen europäischen Menschenwelt. Nach Albert Salomon erfüllte die säkularisierte politische Fassade des absolutistischen Staates dieselbe Funktion, da die Reformation die Einheit der Christenheit nun einmal zerstört hatte. Erst mit der Auflösung des absolutistischen Staates wurde das darunter liegende Gerüst der »Gesellschaft« sichtbar: eine Welt von Motiven und Kräften, zu der die offiziellen Lesarten der gesellschaftlichen Wirklichkeit keinen Zugang eröffnen. Was soziologische Perspektive ist, verraten am ehesten Allerwelts-Redensarten wie: »das Spiel durchschauen«, »hinter die Kulissen sehen« usw., mit anderen Worten: sich von niemandem und nichts etwas vormachen lassen.

Soziologisches Denken ist – mindestens zum Teil – nicht allzu fern von dem, was Nietzsche »die Kunst des Misstrauens« genannt hat. Wer allerdings annimmt, diese Kunst sei eine Erfindung der Neuzeit, macht es sich entschieden zu leicht. Bis hin zu den Primitiven ist das Hinter-die-Dinge-Sehen offenbar eine ziemlich verbreitete Funktion der Intelligenz. Paul Radin, ein amerikanischer Anthropologe, hat den Typus des Skeptikers in der primitiven Kultur beschrieben. Aus räumlich und zeitlich fernen Zivilisationen sind Bewusstseinsformen bezeugt, die man durchaus als proto-soziologisch bezeichnen kann. Man denke zum Beispiel an Herodot oder gar an Ibn-Khaldun. Sogar aus dem alten Ägypten besitzen wir Schriftquellen, aus denen tiefe Enttäuschung an der politischen und gesellschaftlichen Ordnung spricht, einer Ordnung, die als eine der in sich geschlossensten der Geschichte gilt. Wie dem auch sei: Seit Beginn der Moderne nimmt diese Art von Bewusstsein ständig an Schärfe, Konzentration und Systematik zu und wird symptomatisch für den Geist von immer mehr und mehr Menschen. Der Vorgeschichte des soziologischen Denkens – ein Gebiet übrigens, das besonders Albert Salomon durchforscht hat – im Einzelnen nachzugehen, ist hier nicht der Ort. An der Ahnengalerie der Soziologie mit ihren Verstrebungen bis zu Macchiavelli, Erasmus, Bacon, ihren Vorläufern in der Philosophie des XVII. und den belles-lettres des XVIII. Jahrhunderts, haben Kompetentere gezimmert als der Schreiber dieser Zeilen. Worauf es ihm ankommt, ist nur der Hinweis, dass das entwickelte soziologische Denken unserer Zeit viele Wurzeln hat, dass in ihm manches erst zum Tragen kommt, was längst der Geschichte, und zwar ganz besonderen Strömungen der Geschichte, angehört.

Ziehen wir uns also mit diesem Hinweis getrost auf unsere Behauptung zurück, dass das Auge des Soziologen die Fassaden gesellschaftlicher Strukturen »durchschauen« muss. Menschen, die in großen Städten leben, machen manchmal eine Erfahrung, die in diesem Zusammenhang aufschlussreich ist. Zu den Faszinationen der Großstadt gehört die von Geheimnis umwitterte Unsichtbarkeit menschlichen Tuns und Treibens, das sich hinter den unendlich gleichförmigen Häuserreihen verbirgt. Wer in der Großstadt lebt, kennt das Erstaunen, ja den Schock, plötzlich etwas von den Absonderlichkeiten aufgedeckt zu sehen, denen manche Leute, ohne alles Aufsehen, in Häusern frönen, die von außen ganz genauso wie alle anderen in der Straße aussehen. Ein paar solcher Erlebnisse genügen, und man geht immer wieder durch die Straßen, vielleicht spät am Abend, und fragt sich, was sich wohl unter den hellen Lampen abspielen mag, deren Schein durch die geschlossenen Vorhänge dringt. Ein harmloses Familienfest mit lieben Gästen? Ein Verzweiflungsausbruch im Angesicht von Krankheit oder Tod? Verderbte Freuden? Eine Orgie? Eine geheime Kulthandlung? Oder eine finstere Verschwörung? Die Fassaden verraten nichts. Sie drücken nichts aus als die Versteinerung des Geschmacks einer Gesellschaftsschicht, die die Straße vielleicht längst verlassen hat. Die Mysterien der Gesellschaft liegen hinter den Fassaden. Der Drang, sie zu enträtseln, ist schon so etwas wie soziologische Neugier. Manchmal, wenn ein Unglück die Stadt befällt, geht der Wunsch plötzlich in Erfüllung. Wenn man den Bombenkrieg erlebt hat, weiß man von den unerwarteten Begegnungen mit eigenartigen Nachbarn im Luftschutzkeller der eigenen Mietskaserne. Man erinnert sich des unheimlichen Anblicks eines Hauses am Morgen, das in der Nacht von einer Bombe mitten durchgerissen und seiner Fassade beraubt worden war. Erbarmungslos enthüllt das Tageslicht sein verborgenes Innere. Da man aber normalerweise in heilen Städten wohnt, muss die allmächtige Neugier die Fassaden durchsichtig machen. Auch die Geschichte kennt Situationen, in denen Gewalt die Fassaden einriss, Situationen, die noch den Gleichgültigsten die Einsicht aufdrängten, dass es von jeher die Wirklichkeit hinter den Fassaden gab. Im täglichen Einerlei kommt dergleichen nicht vor, und die Fassaden täuschen uns mit ihrer steinernen Scheinewigkeit. Wer dennoch die Wirklichkeit hinter ihnen erkennen will, muss sich schon auf einige nicht unbeträchtliche geistige Anstrengungen gefasst machen.

Einige Beispiele mögen erläutern, wie die Soziologie »hinter die Fassaden« gesellschaftlicher Strukturen sieht. Nehmen wir die politische Ordnung einer Gemeinde. Wer wissen will, wie eine moderne amerikanische Stadt regiert wird, kann sich darüber verhältnismäßig leicht offiziell informieren. Die Gemeindeordnung fügt sich in die Gesetze des jeweiligen Staates. Mit fachmännischer Hilfe kann man sich in ihre Statuten vertiefen. Man stellt etwa fest, dass an der Spitze dieser speziellen Stadt ein geschulter Verwaltungsbeamter stehen muss oder dass die Parteizugehörigkeit der Kandidaten bei den Gemeindewahlen nicht auf dem Stimmzettel erscheint oder dass die Wasserversorgung an ein überregionales Netz angeschlossen ist. Mit Hilfe einiger Zeitungslektüre kann man die offen zugegebenen Probleme der Stadt kennenlernen: Eine Vorstadt soll eingemeindet werden, durch Änderung der Bebauungsvorschriften soll die Entstehung von Industriebetrieben in einem bisher dafür nicht freigegebenen Stadtteil gefördert werden. Ja man kann sogar in der Zeitung lesen, dass ein honoriger Stadtvater des Amtsmissbrauches zu privatem Vorteil beschuldigt wird. Das alles spielt sich noch auf offiziell zugänglicher Ebene, sozusagen unter den Augen der Öffentlichkeit, ab. Wer jedoch glaubte, durch diese Art von Information ein abgerundetes Bild der politischen Wirklichkeit dieser Stadt zu gewinnen, wäre ein reichlich naiver Zeitgenosse. Den Soziologen interessiert in erster Linie die »informelle Machtstruktur« – der Ausdruck stammt von dem amerikanischen Soziologen Floyd Hunter –, das heißt, die für diese Stadt spezifischen Zusammenhänge von Männern und Mächten, über die nichts in Statuten und Zeitungen steht. Mag der Politologe oder der Jurist die Gemeindeordnung mit der anderer, ähnlicher Städte vergleichen. Der Soziologe will vor allem wissen, ob und wie mächtige Interessengruppen die Entscheidungen der gewählten Stadtväter beeinflussen beziehungsweise gar kontrollieren. Die Vertreter dieser Interessengruppen sitzen nicht im Rathaus, sondern in den Stäben von Konzernen, die nicht einmal ortsansässig sind, in den Privathäusern einer Handvoll einflussreicher Männer, in den Büros gewisser Gewerkschaften oder vielleicht sogar in den Generalstabsquartieren von Verbrecherorganisationen. Der Soziologe, der städtische Machtkonstellationen untersucht, muss »hinter« das Räderwerk sehen, das angeblich die Macht in der Stadt reguliert. Das heißt nicht ohne Weiteres, dass er die offiziellen Dinge als völlig unwirksam oder ihren Legalitätscharakter als reines Täuschungsmanöver abtun muss. Mindestens besteht er jedoch darauf, noch eine andere Wirklichkeitsebene dieses speziellen Machtgefüges kennenzulernen. Und dann kommt er gelegentlich zu dem Schluss, dass auf öffentlichen Plätzen nach der wirklichen Macht zu suchen ein aussichtsloses Unterfangen ist.

Ein anderes Beispiel: Protestantische Denominationen in Amerika weichen in ihrer sogenannten »Kirchenverfassung« weitgehend voneinander ab, das heißt: in der offiziell verbrieften Art und Weise, wie sie verwaltet werden. Wenn man von einer episkopalen, presbyterianischen oder kongretionalistischen »Kirchenverfassung« spricht, so sind damit nicht die Denominationen selbst, sondern eine kirchliche Organisationsform gemeint, die mehreren gemeinsam ist. Die episkopale Form gilt etwa auch für die Methodisten, die kongretionalistische für Kongretionalisten und Baptisten usw. Fast immer ist die »Verfassung« einer Denomination das Ergebnis einer langen geschichtlichen Entwicklung und geht auf eine fundamentale theologische Frage zurück, über die sich die Schriftgelehrten aller Richtungen nach wie vor uneinig sind. So tut denn ein Soziologe, der das Wirken der Kirchen von innen her kennenlernen möchte, gut daran, sich nicht allzu lange von ihren offiziellen Selbstauffassungen fesseln zu lassen. Die wahren Macht- und Organisationsfragen nämlich haben, so wird er bald ausfindig machen, wenig mit »Kirche« im theologischen Sinne zu tun. Bei allen Denominationen von nennenswerter Größe ist die Grundform der Organisation schlicht bürokratisch. Die Verwaltung läuft in geölten bürokratischen Bahnen, und das episkopalische oder kongregationalistische Grundprinzip hat nur selten auf ihre Wirksamkeit Einfluss. Ein geschulter Soziologe sieht bald »hinter« dem bombastischen Wust der Namen von

Ämtern und Würden in der kirchlichen Bürokratie die wirklichen Inhaber der Macht, einerlei, ob sie Bischöfe, Ratsbevollmächtigte oder Synodalpräsidenten heißen. Wenn er die kirchliche Bürokratie nur als einen Fall von Bürokratie – einen unter vielen – ansieht, weiß er schon, was intern vor sich geht und welchem Druck von innen und außen die vermeintlich Mächtigen ausgesetzt sind. Hinter der Fassade einer episkopalen Kirchenverfassung zum Beispiel verbirgt sich ein bürokratischer Apparat, nicht viel anders als bei den Methodisten, einer Bundesbehörde, General Motors oder der Automobilarbeiter-Gewerkschaft.

In der Wirtschaft ist es nicht anders. Der Personalchef eines großen Werkes mag sein Wohlgefallen an hübsch kolorierten Tabellen des Organisationsschemas haben, nach dem der Produktionsprozess angeblich verläuft. Jeder einzelne Mann an seinem Platz weiß, von wem er Anweisungen entgegennehmen und an wen er sie weitergeben muss. Jedes Arbeitsteam spielt im großen Schaustück der Produktion die ihm aufgetragene Rolle. In Wirklichkeit vollziehen sich die Dinge schwerlich so reibungslos, und der Personalchef weiß das natürlich auch. Kaum sichtbar breitet sich über den offiziellen Plan ein feinmaschigeres Netz der Beziehungen von Einzelnen und Gruppen mit ihren Sympathien und Antipathien und vor allem mit ungeschriebenen, aber ehernen Verhaltens-Codices. Die Industriesoziologie hat eine Fülle von Daten über das Wirken dieser informellen Struktur, deren Grad an Übereinstimmung oder Konflikt mit dem offiziellen Schema jeweils anders ist. Wo immer viele Menschen unter einem Kommando zusammen leben oder arbeiten, besteht ein solches Nebeneinander von formeller und informeller Organisation: beim Militär, in Gefängnissen, Hospitälern und Schulen bis hin zu den merkwürdigen Kinderbünden, in die Eltern nur selten Einblick gewinnen. Auch dabei versucht der Soziologe den Dunstschleier der offiziellen Wirklichkeitsversionen von Vorarbeitern, Offizieren, Lehrern – zu zerreißen und die Signale aus der »Unterwelt« – von Arbeitern, Rekruten, Kindern aufzufangen und zu dechiffrieren.

Und noch ein Beispiel: In westlichen Breiten, besonders in Amerika, herrscht die Vorstellung, dass Männer und Frauen aus Liebe heiraten. Über das Wesen dieser ungestümen, unwiderstehlichen Macht, die trifft, wohin sie will, ein Mysterium, nach dessen Weihen sich Junge und minder Junge inbrünstig sehnen, gibt es eine ganze Mythologie, deren Kenntnis sich weiter Verbreitung erfreut. Forscht man aber nach, wer wen heiratet, so zeigt sich, dass Cupidos glitzernder Pfeil sein Ziel in ballistisch wohl berechneten Bahnen von Klasse, Rasse, Einkommen, Erziehung und Konfession ansteuert. Wenn man dann noch den holden Schleier lüftet, der verhüllt, was der Ehe unter der zwielichtigen Bezeichnung »Werbung« vorausgeht, so entdeckt man zementene Kanäle einer Interaktion, die kaum noch vom Ritual zu unterscheiden ist. Und der Argwohn regt sich, dass es oft nicht so sehr die Liebe sei, die eine gewisse menschliche Beziehung stiftet, sondern gewisse Beziehungen – genau festgelegte, oft sorgfältig geplante – stiften offenbar umgekehrt die Liebe. Mit anderen Worten: Wenn gewisse Umstände vorhanden sind oder hergestellt werden, so gestatten wir uns den Luxus der Liebe. Hinter den Konfektionsmodellen von Liebeswerbung und Liebesheirat wartet auf den Soziologen ein verfilztes Gewebe aus Motiven, die zur institutionalen Struktur, in der wir leben, zu Klasse, Karriere, Besitz, Prestige und Macht in komplizierten Verbindungen stehen. Nicht dass der Soziologe die Liebe als romantische Illusion entlarven müsste. Er sieht nur wieder einmal hinter gebrauchsfertige und allzu anerkannte Auffassungen. Wenn er unartigerweise ein Liebespaar beobachtet, das den Mond anhimmelt, so zweifelt er nicht einmal an der Gefühlsseligkeit der himmlisch beleuchteten Szene. Aber er sieht auch, wie die irdische Beleuchtungsmaschine ihr wohl abgestimmtes Programm absolviert: die Automarke der Verliebten und den gesellschaftlichen – und natürlich auch taktischen – Stellenwert ihrer Kostümierung. An vielen kleinen Anzeichen in Sprache und Benehmen errät er, wohin sie gehören und wie ernst sie es miteinander am Ende meinen.

Inzwischen dürfte dem Leser klar geworden sein, dass Probleme, die den Soziologen interessieren, nicht unbedingt das sind, was andere Leute Probleme nennen. Die Art, wie öffentliche Dienststellen und Zeitungen – und leider auch einige Lehrbücher der Soziologie – über »gesellschaftliche Probleme« sprechen, verdunkelt diese Tatsache. Von einem »gesellschaftlichen Problem« spricht man im Allgemeinen nur, wenn ein Zustand oder ein Ereignis nicht im Einklang mit seiner offiziellen Interpretation steht. Dann erwarten die Leute, dass der Soziologe das »Problem«, wie sie es sehen, untersucht und vielleicht gar eine Lösung bei der Hand hat, die die Sache zur allgemeinen Befriedigung regelt. Ganz entgegen solcher Erwartung ist ein soziologisches Problem jedoch etwas völlig anderes als ein gesellschaftliches oder auch ein soziales. Das Verbrechen zum Beispiel als Problem anzusehen, nur weil es so im Strafvollzug heißt, oder die Scheidung, nur weil sie für die Gralshüter der Ehe ein Problem ist, wäre ziemlich naiv. Seien wir noch deutlicher: Die »Probleme« eines Vorarbeiters, der seine Leute strammer an die Kandare nehmen, oder des Infanterieoffiziers, der seine Truppe mit Hurra in die Schlacht treiben soll, brauchen für den Soziologen nichts Problematisches an sich zu haben – wobei wir für den Augenblick einmal die Möglichkeit, dass er von Firma oder Armee zur Untersuchung solcher »Probleme« eingestellt wird, ausschließen. Das soziologische Problem ist in jedem Falle das, zu verstehen, was an gesellschaftlicher Aktion hier und dort vor sich geht. Es handelt sich also nicht so sehr darum, zu erkennen, warum die Dinge vom Standpunkt der Behörden oder anderer Regisseure der öffentlichen Bühne aus »schief gehen«, sondern wie ein ganzes System als solches funktioniert, was für Voraussetzungen es hat und mit welchen Mitteln es intakt gehalten wird. Das eigentliche Problem der Soziologie ist also nicht das Verbrechen, sondern das Recht, nicht die Scheidung, sondern die Ehe, nicht die Rassendiskriminierung, sondern die auf Rassenzugehörigkeit fußende gesellschaftliche Schichtung, nicht die Revolution, sondern die Regierung.

Ein Beispiel mag das deutlicher machen: Ein Sanierungsunternehmen in einem Slum versucht, Jugendliche von einer gefürchteten Rowdy-Bande fernzuhalten. Die Vorstellungen, nach denen Sozialfürsorger und Polizeibeamte die »Problematik« der Situation beurteilen, stammen aus einer mittelständischen, honorigen, allgemein respektierten Welt der Werte. Ein »Problem« ist, wenn Jugendliche in gestohlenen Autos herumfahren, und eine »Lösung«, wenn sie stattdessen im Jugendheim Gesellschaftsspiele spielen. Wechselt man jedoch die

Vorstellungen aus und betrachtet die Situation vom Standpunkt des jugendlichen Bandenführers, so ordnen sich die »Probleme« in umgekehrter Folge. Für die Solidarität der Bande ist es ein Problem, dass ihre Mitglieder von Tätigkeiten fortgelockt werden, die ihr Prestige in der eigenen gesellschaftlichen Binnenwelt ausmachen. Und es wäre eine »Lösung«, wenn die Sozialfürsorger wieder in die Hölle der feinen Leute zurückführen, aus der sie gekommen sind. Das Problem des einen sozialen Gebildes ist die Routine des anderen, und umgekehrt. Zuverlässigkeit und Unzuverlässigkeit, Treue und Untreue werden von den Repräsentanten beider im Gegensinne festgelegt. Der Soziologe mag natürlich je nach eigenem Geschmack die honorige Mittelstandswelt bevorzugen und lieber im Jugendheim, einem Außenposten »in partibus infidelium«, arbeiten. Damit hat er jedoch nicht das Recht, die Kopfschmerzen des Herrn Direktors mit soziologischen Problemen zu verwechseln. Die Probleme, die er lösen muss, betreffen die gesamte soziale Situation, das Verständnis der Werte und Handlungen beider sozialer Gebilde und ihrer Möglichkeit, in Raum und Zeit nebeneinander zu bestehen. Die Fähigkeit, eine soziale Situation von konkurrierenden Wertsystemen aus verstehen zu können, ist, wie wir später noch sehen werden, eines der Gütezeichen für soziologisches Bewusstsein.

So gehört also zum soziologischen Bewusstsein die Neigung zu entlarven. Die innere Logik seiner Wissenschaft drängt den Soziologen immer wieder dazu, die gesellschaftlichen Gebilde, an denen er forscht, zu demaskieren. Dieser böse Trieb muss ihm nicht in die Wiege gelegt worden sein. Es kommt nur zu oft vor, dass jemand freundlichen Gemütes und keineswegs willens, die Annehmlichkeiten des eigenen Daseins infrage zu stellen, dennoch durch das, was er als Soziologe einfach tun muss, allem, was um ihn herum als Gewissheit gilt, ins Gesicht schlägt. Die Entlarvungskomponente der Soziologie ist also nicht psychologisch, sondern methodologisch begründet. Durch das von der Soziologie unabtrennbare Suchen nach anderen Wirklichkeitsschichten als den offiziellen der Gesellschaft, wird der logische Imperativ gesetzt, die vielen Vermeintlichkeiten und Vorgeblichkeiten, mit denen Menschen ihre Handlungen voreinander bemänteln, zu stellen und zu entlarven. Mit diesem für sie typischen Imperativ ist die Soziologie eine typische Wissenschaft unserer heutigen Zeit.

Der Sinn für das Demaskieren in der Soziologie spiegelt sich in den Fachrichtungen. Eines der Hauptthemen Max Webers sind zum Beispiel die unbeabsichtigten, unvorhergesehenen Folgen menschlichen Handelns in der Gesellschaft. Seine Kritiker mussten sein berühmtestes Werk: »Die protestantische Ethik und der Geist des Kapitalismus« schon deshalb missverstehen, weil sie diesen Faktor unterschätzten. Ihr Argument war, dass die zitierten protestantischen Denker die spezifisch wirtschaftlichen Auswirkungen ihrer Lehre ja nie beabsichtigt hätten. Weber behauptet nämlich, dass die Prädestinationslehre des Calvinismus die Menschen zu dem, was er »innerweltliche Askese« nennt, disponiert habe, das heißt zur intensiven, systematischen und uneigennützigen Beschäftigung mit den Dingen dieser Welt, vor allem mit den wirtschaftlichen. Seine Kritiker haben dem entgegengehalten, dass dem Geiste Calvins und anderer calvinistischer Reformatoren nichts ferner gelegen habe. Nun hatte Weber nie behauptet, die Calvinisten hätten die Absicht gehabt, das entsprechende wirtschaftliche Handeln hervorzurufen. Ganz im Gegenteil. Er wusste sehr wohl, dass ihre Intentionen völlig andere waren. Die Folgen stellten sich vielmehr ohne Rücksicht auf die Intentionen ein. Max Webers gesamtes Werk – nicht nur dieser zentrale Aufsatz seiner Religionssoziologie – ist ein Bikini der Ironie des menschlichen Handelns. Seine Soziologie steht in radikalem Gegensatz zu jeder Auffassung von Geschichte als einer Verwirklichung individueller Ideen oder einer Frucht kollektiver Leistungen. Das soll nicht etwa heißen, dass Ideen überflüssig oder nebensächlich seien. Nur die Folgen sind meistens etwas anders als das, was ihre Erfinder geplant oder erhofft hatten. Das Wissen um die Ironie der Geschichte ist übrigens ein gutes Mittel gegen naiven revolutionären Optimismus.

Jede soziologische Theorie, die den autonomen Charakter gesellschaftlicher Prozesse hervorhebt, enthält eine Komponente der Entlarvung. Emile Durkheim, Begründer der wichtigsten französischen Schule der Soziologie, versteht die Gesellschaft als Wirklichkeit sui generis, die nicht auf psychologische oder sonstige Faktoren zurückgeführt werden könne und dürfe. Die Folge seiner großartigen Einseitigkeit war eine souveräne Blindheit für individuelle Motive und Sinngebungen. Am deutlichsten wird das in seiner berühmten Studie über den Selbstmord, in der die persönlichen Beweggründe von Selbstmördern oder solchen, die es werden wollten, völlig hinter der Statistik ihrer gesellschaftlichen Merkmale verschwinden. Für Durkheim ist Leben in der Gesellschaft Leben unter dem Gesetz ihrer Logik. Die Menschen verhalten sich dieser Logik gemäß, oft ohne sie auch nur zu ahnen. Der Soziologe, der dieser inneren Dynamik auf die Spur kommen will, muss häufig die Antworten der Akteure selbst auf seine Fragen außer Acht lassen und Motivationen aufdecken, deren sie sich gar nicht bewusst sind. Diese für Durkheim bezeichnende Auffassung von der Gesellschaft ist von der theoretischen Richtung übernommen worden, die sich Funktionalismus nennt. In der Funktionsanalyse wird die Gesellschaft daraufhin untersucht, wie sie als System funktioniert, wobei ihr Funktionieren für die Handelnden innerhalb des Systems oft rätselhaft und undurchsichtig bleibt. Robert Merton, ein amerikanischer Soziologe, hat ein solches analytisches Vorgehen mit seinen Begriffen der »manifesten« und »latenten« Funktionen gut verdeutlicht. Die ersten sind bewusste und gewollte soziale Vorgänge, die letzteren unbewusste und ungewollte. Die »manifeste« Funktion eines Gesetzes gegen Glücksspiele mag zwar ihre Verhinderung sein. Die »latente« Funktion desselben Gesetzes jedoch ist die Entstehung illegaler Spielsyndikate. Oder: Christliche Missionare in Afrika haben »manifest« versucht, Afrikaner zu Christen zu machen. »Latent« haben sie jedoch dazu beigetragen, die eingeborenen Stammeskulturen zu zerstören und damit einen Beweggrund für eine rapide gesellschaftliche Transformation geliefert. Und weiter: In Russland sollte die Kontrolle der Partei über alle Bereiche des gesellschaftlichen Lebens dem revolutionären Ethos »manifest« Beständigkeit sichern. »Latent« hat sie eine neue Klasse geschaffen, eine Bürokratie, die es sich wohl sein lässt und entwaffnend bourgeoisen Neigungen frönt, weit entfernt von der alten Selbstverleugnung und Hingabe an die kommunistische Idee. In Amerika andererseits sind Wohltätigkeit und Dienst am Menschen »manifeste« Funktionen vieler Vereine und Stiftungen auf freiwilliger Basis. Ihre »latente« Funktion ist dann allerdings, dass sie den Bevorzugten, die zu ihnen gehören, Status und Prestige verleihen.

Auch der für manche soziologischen Theorien entscheidende Begriff »Ideologie« beleuchtet die Tendenz zur Entlarvung, von der wir gesprochen haben. Damit sind in der Soziologie Gedanken oder Auffassungen gemeint, die den Zweck erfüllen, höchst reale und eigennützige Gruppeninteressen zu »rationalisieren«. Ideologien verzerren die gesellschaftliche Wirklichkeit oft so gründlich und systematisch, wie wenn ein einzelner Mensch gewisse Episoden seines Lebens, die ihm nicht angenehm sind, neurotisch verleugnet, ummodelt oder uminterpretiert. Der italienische Soziologe Vilfredo Pareto räumt diesem Phänomen einen beachtlichen Platz in seinem Werk ein, und in einem unserer späteren Kapitel werden wir sehen, welche entscheidende Rolle der Ideologiebegriff für die sogenannte Wissenssoziologie spielt. Ihre Analysen demaskieren Ideen und Ideale, mit denen Menschen ihre Taten gerne verbrämen, als Selbstbetrug, als Beschwatzen und Sich-Beschwatzen-Lassen durch jene Art der »Aufrichtigkeit«, von der David Riesman sagt, sie entspräche dem Geisteszustände eines Menschen, der seiner eigenen Propaganda auf den Leim geht. Ideologie sind zum Beispiel die heiligsten Überzeugungen gewisser amerikanischer Ärzte, die Barhonorare für genesungsfördernd halten und bei ihrem Ausfall um den Gesundheitszustand der Nation fürchten. Ideologie sind auch die Klagen der Beerdigungsunternehmer, die billige Begräbnisse für den Beweis mangelnder Liebe für den jeweils Verschiedenen halten. Ideologie ist, wenn der Quizmaster im Fernsehen sich als »Erzieher« auffasst, der Versicherungsvertreter als väterlicher Ratgeber junger Familien, die Striptease-Tänzerin als »Künstlerin«, der Propagandaredner als Gemeinschaftsstifter, der Henker als Diener der Gerechtigkeit. Diese und viele andere gesellschaftliche Vermeintlichkeiten sollen nicht nur persönliche Schuldgefühle oder Status-Unsicherheiten beschwichtigen, sondern stehen vielmehr für die Selbstauffassung ganzer sozialer Gruppen, für deren Mitglieder sie bei Androhung der Ausstoßung verpflichtend sind. Der Soziologe, der ihre gesellschaftliche Funktion aufdeckt, darf es nicht jenen Geschichtsschreibern gleichtun, von denen Marx gesagt hat, jeder Grünkramhändler an der Straßenecke könne besser als sie unterscheiden zwischen dem, was ein Mann ist und was er zu sein behauptet. Das Vordringen zu den uneingestandenen und oft unangenehmen Urgründen der Handlung durch den ganzen Schall und Rauch der Worte hindurch ist der eigentliche Sinn jeder Entlarvung in der Soziologie. Das soziologische Bewusstsein bildet sich am ehesten aus, wenn – so hatten wir oben gesagt – allgemein anerkannte oder autoritativ gesetzte Interpretationen der Gesellschaft ins Wanken geraten. Viel spricht dafür, die Anfänge der Soziologie in Frankreich, ihrem Mutterlande, mit der geistigen Anstrengung in Verbindung zu bringen, die Folgen der Französischen Revolution aufzufangen, und zwar nicht nur die Folgen der einen großen Sintflut von 1789, sondern – um einen Gedanken Toquevilles aufzunehmen – der fortzeugenden Revolution des ganzen 19. Jahrhunderts. Im Falle Frankreichs ist es nicht schwer, die Soziologie vor dem Horizont einer unaufhaltsamen Umformung der Gesellschaft auf die Neuzeit hin zu sehen, vor zerbröckelnden Fassaden und dem drohenden Auftritt neuer Mächte auf der gesellschaftlichen Bühne, In Deutschland, dem anderen Land in Europa, das im 19. Jahrhundert bedeutende soziologische Schulen hervorbrachte, hat die Sache ein anderes Gesicht. Um Marx noch einmal zu bemühen:

Die Deutschen hatten die Neigung, Revolutionen, die Franzosen auf Barrikaden austrugen, auf professorale Katheder zu verlegen. Mindestens eine derart akademische Revolution – wahrscheinlich die wichtigste – ist jene geistesgeschichtlich von langer Hand vorbereitete Richtung, die schließlich die Bezeichnung »Historismus« erhielt. Ihrer Geschichte nachzugehen, ist hier nicht der Ort. Der Hinweis mag genügen, dass es sich um einen Versuch handelte, philosophisch mit der überwältigenden Erkenntnis der Relativität aller Werte in der Geschichte fertig zu werden. Der Sinn für eben diese Relativität war das nahezu zwangsläufige Resultat des immensen Reichtums an aufgehäuftem historischem Wissen auf jedem nur möglichen Gebiet in Deutschland. Soziologische Gesichtspunkte ergaben sich mindestens unter anderem auch aus dem Bedürfnis, Ordnung in das Chaos zu bringen, das Schlachtfeld der Geschichte und ihrer Zeugnisse wenigstens einigermaßen überschauen zu können. Um den Soziologen in Deutschland herum wandelte sich dabei die Gesellschaft selbstverständlich in eben dem Sinne wie für seinen französischen Kollegen, nachdem auch Deutschland in der zweiten Hälfte des 19. Jahrhunderts den Weg zu Industrialisierung und Nationalstaatlichkeit beschritten hatte. Diese Entwicklung können wir ebenfalls nicht weiter verfolgen. In Amerika, dem Lande, das die Soziologie schließlich am weitesten vorantrieb, kamen ihr wiederum andere Umstände entgegen, allerdings abermals vor dem Hintergrunde schnellen und tiefgreifenden sozialen Wandels. Bei aufmerksamer Betrachtung der amerikanischen Situation enthüllt sich uns ein weiterer Beweggrund für die Soziologie – dem Drang zu entlarven wohl verwandt, aber nicht identisch mit ihm: jene eigenartige Faszination, die von den, sagen wir vorsichtig, weniger »feinen« Seiten der Gesellschaft ausgehen kann. Freilich hat jede Gesellschaft ihre mehr und weniger respektablen Bereiche. Das ist nichts Einzigartiges an der amerikanischen Gesellschaft. Aber Amerikas Wohlanständigkeit hat eine ganz besondere, unverwechselbare Penetranz. Es mögen ihr noch immer Nachwirkungen des Puritanismus zugrunde liegen. Wahrscheinlich spielt auch die tragende Bedeutung des Bürgertums für die Entwicklung zur Nation eine Rolle. Wie auch immer die historischen Ursachen sein mögen: In Amerika ist es ein leichtes, gesellschaftliche Phänomene nach ihrer Respektabilität zu scheiden. Das offizielle, anständige Amerika repräsentieren Handelskammern, Kirchen, Schulen und andere bürgerliche Kultstätten. Aber in jeder beliebig großen Stadt steht hart neben dieser Welt des Wohlgefallens vor Gott und den Menschen ein »anderes Amerika«, mit anderen Sinnbildern und einer anderen Sprache. Seine Sprache ist wahrscheinlich sein untrüglichstes Kennzeichen. Es ist die Sprache der Wettstuben und Pokerspiele, der Bars, der Bordelle und der Kasernen – aber auch die Sprache, zu der zwei Handlungsreisende mit einem Seufzer des Behagens heimfinden, wenn sie am Sonntagmorgen im Speisewagen einen Drink nehmen, während ihr

Schnellzug durch den Mittelwesten rast, vorbei an kleinen, sauberen Dörfern, in denen kleine, saubere Dörfler in ihre weißgewaschene Kirche stapfen. Es ist die Sprache, die man in Gesellschaft von Damen und Geistlichen tunlichst vermeidet, eine Sprache, die ihre Zählebigkeit im Wesentlichen mündlicher Überlieferung von einer Generation unsterblicher Huckleberry Finns zur nächsten verdankt – wenngleich sie seit geraumer Zeit auch in gewissen, nur scheinbar anspruchslosen Romanen literarisch zu Ehren gekommen ist, die vermutlich verfasst wurden, damit Damen und Geistliche erschauerten. Dieses »andere Amerika« der »anderen Sprache« ist da, wo immer Menschen aus der Welt mittelständischen Besitzbürgertums ausgeschlossen sind oder sich ausgeschlossen haben. Von Arbeitern, die die Leiter der Verbürgerlichung noch nicht allzu hoch erklommen haben, wird sie gesprochen, in Slums und Laubenkolonien und Stadtvierteln, die Gemeindesoziologen euphemistisch »Durchgangsgebiete« zu nennen belieben. Machtvoll kommt sie in der Welt der Afroamerikaner zu Wort. Aber man trifft sie auch in den Sub-Welten der Leute, die freiwillig den Rückzug aus »Mainstreet« und »Madison Avenue« angetreten haben – bei den Hippies und den Schwulen, bei Landstreichern und anderen Existenzen »am Rande« der Gesellschaft, in Kreisen, die sorglich fern von den Straßen gehalten werden, in denen die »feinen« Leute unter sich sind, bei der Arbeit und beim Vergnügen – was nicht verhindert, dass die sorglich ferngehaltene Welt mindestens dem männlichen Teil der Spezies »feine Leute« großes Vergnügen bereitet, besonders wenn sie für eine Weile glückliche Strohwitwer sind.

Die amerikanische Soziologie – bei Akademikern wie bei Wohltätigkeitsaposteln seit ihren Anfängen wohlgelitten –, hatte sich sehr früh schon an die Seite des offiziellen Amerika gestellt, in eine Welt, die in Stadt, Staat und Nation den Ton angab. Auch heutzutage hält sie an Universität, Wirtschaft und Regierung, kurzum, der guten Gesellschaft, fest. Spricht man von ihr, so runzelt kein Würdenträger etwa die Stirn, es sei denn, ein Rassist aus den Südstaaten, sofern seine Schulbildung zum Studium der Fußnoten unter der Entscheidung des Obersten Gerichtshofes gegen die Rassentrennung aus dem Jahre 1954 ausreicht. Wir wollen aber zugeben, dass es auch einen unterirdischen Kanal gab, der zum »anderen Amerika« hinüber floss, zur Sprache der Gosse und der enttäuschten Hoffnungen, eine Soziologie jenes Geistes, die es ablehnt, sich von Ideologien beeindrucken, rühren oder gar den Kopf verdrehen zu lassen.

Ein solches, alles andere als »feines« Panorama der amerikanischen Gesellschaft verdanken wir vor allem dem alten, großen Thorstein Veblen, einem der wichtigen Frühsoziologen in Amerika. Sein eigenes Leben war ein Musterbeispiel des Außenseitertums: Ein schwieriger, verdrossener Charakter, war er geboren auf einer norwegischen Farm an der Grenze von Wisconsin zum Wilden Westen, hatte Englisch wie eine Fremdsprache gelernt und hielt sein Leben lang Kontakt zu moralisch und politisch nicht einwandfreien Leuten – ein akademischer Zugvogel und unverbesserlicher Verführer von Frauen anderer Männer. Die Einstellung zu Amerika, die er auf diese Weise gewonnen hatte, zieht sich als satirische Demaskierung wie ein Purpurfaden durch sein Werk, dessen Höhepunkt die »Theory of the Leisure Class« ist, eine erbarmungslose Bloßstellung des amerikanischen Großbürgertums und seiner Anmaßungen aus der Perspektive der Hinterhäuser. Veblens Bild der Gesellschaft ist eine Art Dokumentarfilm eines überzeugten Anti-Rotariers. Was er mit seiner berühmten Formulierung »Conspicuous Consumption« meint, richtet sich gegen typische Mittelstandsidole, gegen alles, was »fein« macht und zu »feinen« Leuten gehört. Seine Durchleuchtung wirtschaftlicher Prozesse stellt rüde Manipulation und Verschwendung gegen das amerikanische Produktivitätsethos, raffinierte Grundstücksspekulation gegen die amerikanische Gemeinschaftsideologie. Am bittersten ist wohl seine Anklage gegen das akademische Leben – in »The Higher Learning in America« –, in der er den vielfachen geistigen Diebstahl und die hohle Aufgeblasenheit am amerikanischen Erziehungskult bloßlegt. Wir sind keineswegs Anhänger eines gewissen Neo-Veblenismus, der unter jüngeren amerikanischen Soziologen Mode geworden ist und halten auch Veblen nicht etwa für eine überdimensionale Figur in der Soziologie. Worum es uns geht, ist seine vor nichts zurückscheuende, respektlos-unersättliche Neugier und jene soziologische Hellsichtigkeit, die als Standortseigentümlichkeiten aus Gegenden einer Kultur kommen, wo man am Sonntag eben gerade zum Rasieren aufsteht, und das erst, wenn die Kirchgänger längst am Mittagstisch sitzen. Wir behaupten nun nicht, der klare Blick in der Soziologie müsse notwendig mit »Unfeinheit« gekoppelt sein. Dummheit und Denkfaulheit sind ziemlich gleichmäßig über das gesellschaftliche Spektrum verteilt. Aber wo Intelligenz ist und wo es ihr gelingt, sich von den Scheuklappen der feinen Leute freizumachen, ist das Auge offener für die Gesellschaft als da, wo hohle Deklamationen für bare Wirklichkeit genommen werden.

Eine Reihe schon klassisch gewordener empirischer Studien zeugen von der Faszination, die die Nachtseite der Gesellschaft für Generationen amerikanischer Soziologen gehabt hat. Denkt man etwa zurück an den kraftvollen Aufschwung der Gemeindesoziologie in den 1920er-Jahren an der Universität von Chicago, so ist man geradezu verblüfft, wie unwiderstehlich die Schattenzonen der großen Stadt junge Soziologen damals angezogen haben. Wenn Robert Park, eine der wichtigsten Figuren in diesem Forschungsgebiet, seinen Studenten geraten hat, sich nur ja oft genug die Hände schmutzig zu machen, so wollte er die Metapher durchaus beim Worte genommen wissen: als wissenschaftliche Passion für all das, was die Bewohner der eleganten Nordküste des Michigansees »schmutzig« finden. Noch heute spürt man die Schauer der Entdeckung räuberischer Kehrseiten der Weltstadt in Untersuchungen über das Leben im Slum, die Melancholie der Absteigequartiere, der Schlupfwinkel des Verbrechens und der Prostitution. Ein Ausläufer dieser sogenannten Chicago-Schule ist eine große berufssoziologische Untersuchung, die Pionierarbeit von Everett Hughes und seinen Schülern. Auch sie verrät die ganze Hingenommenheit von jeder nur möglichen Welt, in der Menschen ihren Lebensunterhalt verdienen, und zwar nicht nur mit »anständigen« Beschäftigungen, sondern als Eintänzer oder Hauswart im Kellergeschoß einer Mietskaserne, als Berufsboxer oder Jazz-Musiker. Auch die Studien im Kielwasser der berühmten »Middletown«-Arbeit von Robert und Helen Lynd atmen dasselbe ambivalente Entdeckerglück. Offizielle Auffassungen vom Zusammenleben in Stadt und Gemeinde mussten bei solchen Untersuchungen natürlich vorsichtig umschifft werden, um die gesellschaftliche Wirklichkeit eben nicht nur aus dem Fenster des Rathauses, sondern auch aus der vergitterten Luke des städtischen Gefängnisses sehen zu können. Ein solches Vorgehen ist eo ipso die Widerlegung der »anständigen« Vorstellung, dass nur auserwählte Ansichten von und über die Welt ernstlich in Betracht zu ziehen sind.

Wir wollen die bewusstseinsbildende Kraft dieser Art von Untersuchungen für Soziologen keineswegs überschätzen und sind uns durchaus über das Mitschwingen von Sensationslust und Abenteuerromantik klar, das einige unter ihnen erkennen lassen. Auch wissen wir wohl, dass viele Soziologen sich uneingeschränkt zu einer »anständigen« Weltanschauung bekennen, genau wie die vielen anderen braven Bürger in ihrem Block. Nichtsdestoweniger sind wir überzeugt, dass das soziologische Bewusstsein eine Geneigtheit für die Wahrnehmung von Welten mit sich bringt, die anders sind als mittelmäßige Wohlanständigkeit sich träumen lässt, eine Wahrnehmung, in der intellektuelle »Unanständigkeit« im Kern schon vorhanden ist. In ihrer zweiten »Middletown«-Studie bringen die Lynds eine geradezu klassische Geistesanalyse des amerikanischen Mittelstandes: mit der Liste von Aussagen, die das Wörtchen »natürlich« enthalten, also das Element eines so starken Consensus, dass die Antwort auf eine entsprechende Frage automatisch mit »natürlich« eingeleitet wird. »Ist die Gewerbefreiheit die Grundlage der amerikanischen Wirtschaft?« »Natürlich.« »Kommen politische Entscheidungen bei uns auf demokratische Weise zustande?« »Natürlich.« »Ist die gottgewollte Form der Ehe Monogamie? « »Natürlich.« Der Soziologe, wie konservativ und konformistisch er auch als Privatmann sein mag, weiß genau, dass ernsthaftes Fragen erst jenseits dieser »Natürlichkeitsschwelle« beginnt, und schon dieses Wissen stellt ihn vor das Schlüsselloch der »Unanständigkeit«.

Das unanständige Element des soziologischen Bewusstseins setzt keine revolutionäre Einstellung voraus. Ja wir glauben sogar, dass soziologisches Verständnis sich lähmend auf revolutionäre Ideologien auswirkt, nicht etwa, weil es so etwas wie ein konservatives Vorurteil enthielte, sondern weil es nicht nur Illusionen über den Status quo, sondern auch über zukünftige

Möglichkeiten durchschaut, von denen die Revolutionäre leben. Den Wert der allem Revolutionären abholden, mäßigenden Nüchternheit der Soziologie setzen wir ziemlich hoch an. Für Wertmaßstäbe, wie unsereiner sie hat, ist es allerdings schmerzlich, dass soziologisches Verständnis nicht notwendig von sich aus Toleranz der menschlichen Schwäche gegenüber fördert. Man mag die gesellschaftliche Wirklichkeit mitleidig oder verächtlich sehen – und das in beiden Fällen mit offenen Augen. Ob der Soziologe aber Phänomenen, die er untersucht, Sympathie entgegenbringt oder nicht: Bis zu einem gewissen Maße muss er sich von den Gewissheitsinhalten seiner Gesellschaft lösen. Auch das Gewissheitswidrige, das »unanständige« eben, muss, wenn nicht für Gefühl und Willen, so doch für den Verstand des Soziologen eine konstante Möglichkeit sein. Sie mag sich von seinem sonstigen Leben völlig unterscheiden, überlagert von der Routine-Mentalität des Alltags, ja sie kann sogar aus Gründen der Ideologie verleugnet werden. Schrankenlose Eindeutigkeit des Denkens ist jedoch allemal der Tod der Soziologie. Das ist einer der Gründe dafür, warum sie in totalitären Staaten alsbald von der Bühne verschwindet, wie wir an Hitler-Deutschland gesehen haben. Für die Köpfe von Polizisten und für sonstige Hüter der öffentlichen Ordnung ist soziologisches Denken per definitionem immer gefährlich, weil es immer dahin tendiert, jenen Anspruch auf absolute Rechtlichkeit, mit dem sich solche Geister zufrieden geben, zu relativieren.

Auf dieses Element des Relativieren-Könnens, das wir schon ein paarmal berührt haben, möchten wir, ehe wir dieses Kapitel abschließen, noch einmal zurückkommen. Wir sind jetzt nämlich so weit, ausdrücklich erklären zu können, dass die Soziologie der heutigen Zeitstimmung entgegenkommt, weil sie das Bewusstsein einer Welt repräsentiert, deren Wertbegriffe durch die Bank relativ geworden sind. Dieser moderne Relativismus ist ein so fester Bestandteil unserer Vorstellungen, dass wir uns kaum mehr in die absolut verbindliche Geschlossenheit der Weltanschauungen anderer Kulturen in Vergangenheit und Gegenwart hinein versetzen können. Der amerikanische Soziologe Daniel Lerner hat in einer Studie über den modernen Mittleren Osten [»The Passing of Traditional Society«] plastisch geschildert, was »Modernität« als völlig neue Form von Bewusstsein für diese Länder bedeutet. Nach traditioneller Weise ist man, was und wo man ist, und kann sich nicht einmal vorstellen, dass man auch anders und anderswo sein könnte. Der moderne Geist dagegen ist mobil, nimmt stellvertretend am Leben anderer teil, deren Platz ein anderer ist als der eigene, und hält es ohne Weiteres für möglich, Beruf und Wohnsitz wechseln zu können. Bei Lerners Interviews haben Analphabeten die Frage, was sie anstelle ihres Herrschers tun würden, mit schallendem Gelächter quittiert und die nach den Umständen, unter denen sie bereit wären, ihr Heimatdorf zu verlassen, nicht einmal einer Erwägung gewürdigt. So könnte man wohl auch sagen, dass traditionelle Gesellschaften ihren Angehörigen endgültige und dauerhafte Identität sichern. In modernen Gesellschaften dagegen ist Identität als solche ungewiss und in ständigem Fluss. Niemand weiß wirklich, was von ihm erwartet wird, als Herrscher oder Vater, als gebildeter Mann oder als schlichter erotischer Normalverbraucher. So wendet man sich denn an den Experten. Der Geschäftsführer der Buchgemeinschaft weiß, was Bildung, der Innenarchitekt, was Geschmack ist, und der Psychoanalytiker weiß sogar, wer man selber ist. In der modernen Gesellschaft zu leben, bedeutet, dass man sich im Mittelpunkt eines Kaleidoskops befindet, in dem die gesellschaftlichen Rollen einander in buntem Wechsel ständig überblenden.

Der Versuchung, uns darauf näher einzulassen, müssen wir auch hier widerstehen, um nicht ganz von unserem Thema auf sozialpsychologische Probleme der modernen Gesellschaft abgedrängt zu werden. Aber wir möchten auf die Erkenntniserweiterung durch diese moderne Situation hinweisen, als auf eine der typischen Dimensionen des soziologischen Bewusstseins. Das nie dagewesene Ausmaß an geografischer und sozialer Mobilität heute bedeutet, dass der moderne Mensch auch eine nie dagewesene Vielzahl an Weltansichten haben kann. Kunde von fremden Kulturen, die früher nur auf strapaziösen Reisen erworben wurde, wird heute von den Massenmedien in jedes Wohnzimmer gebracht. Irgendjemand hat von der Blasiertheit des Großstädters gesagt, sie sei die Fähigkeit, ungerührt zu bleiben, wenn auf der anderen Straßenseite ein Fremder in Turban und Lendenschurz vorbeigeht, dem sich eine Schlange um den Hals ringelt, während er die Trommel schlägt und einen Tiger an der Leine führt. Freilich gibt es Abstufungen solcher Blasiertheit. Aber etwas davon muss heute jedes Kind haben, das vor dem Fernsehschirm sitzt. Im Allgemeinen ist die Weltoffenheit des modernen Menschen allerdings nur oberflächlich und reicht nicht zu ernsthafter Auseinandersetzung mit alternativen Lebensweisen. Aber in den unbegrenzten Reisemöglichkeiten unserer Zeit steckt mindestens latent schon die Einsicht, dass die eigene Kultur mitsamt ihren fundamentalen Werten in einem relativen Verhältnis zu Raum und Zeit steht. Soziale Mobilität, der Wechsel also von einer Gesellschaftsschicht zur anderen, verstärkt den Relativierungseffekt. Wo überhaupt Industrialisierung stattfindet, erhält die Gesellschaft eine neue Dynamik. Massen von Menschen, in Gruppen oder als Einzelne, machen sich auf, um ihre gesellschaftliche Position zu verändern, und gewöhnlich führt der Weg »aufwärts«. Der Lebenslauf des Einzelnen wird auf diese Weise zur Lebensreise, nicht nur durch verschiedene gesellschaftliche Schichten und Gruppen, sondern auch durch die Sinnwelten, die diesen anhängen. Der baptistische Postbeamte, dessen geistige Kost Readers Digest war, wird als stellvertretender Postdirektor Episkopaler und liest nun den New Yorker – und die kleine Professorenfrau, deren Mann es zum Dekan bringt, macht einen Salto von der Bestsellerliste zu Proust und Kafka.

Wenn alle Weltansichten derartig ins Schwimmen geraten, so überrascht es nicht mehr, dass unser Zeitalter als eines der Konversionen angesehen wird. Und dass Intellektuelle besonders dazu neigen, ihre Weltanschauung radikal umzustellen – und zwar ziemlich häufig –, ist auch nicht weiter verwunderlich. Die Anziehungskraft von theoretisch geschlossenen Gedankensystemen, die noch dazu mit Glanz und Macht ausgestattet sind, wie Katholizismus oder Kommunismus, ist oft beschworen worden. Auch die Psychoanalyse in allen ihren Varianten ist ein institutionalisierter Konversionsapparat, durch den der moderne Mensch nicht nur seine Selbstauffassung, sondern auch seine Weltanschauung verändern kann. Und die Popularität, die viele neue Sekten und Kulte heute genießen – ihr geistiges Niveau spiegelt übrigens den jeweiligen Bildungsgrad ihrer Anhänger –, ist ebenfalls ein Beweis für den Drang der Zeitgenossen zu Konversionen. Fast scheint es, als sei der moderne Mensch, besonders der gebildete, unaufhörlich im Zweifel über sein eigenes Leben und über das Wesen der Welt. Mit anderen Worten: Der Sinn für Relativität, von jeher ein Geheimtipp hauchdünner Schichten von Gebildeten, ist heute eine Allerweltsangelegenheit unserer Kultur bis hin in die untersten Ränge der Gesellschaft.

Wir möchten nun nicht den Eindruck erwecken, als hielten wir den modernen Relativismus und mit ihm das rasche An- und Ablegen von Weltanschauungen für den Ausdruck geistiger oder seelischer Unreife. Gewisse Stars der Verwandlungskunst darf man dabei natürlich nicht allzu ernst nehmen. Nicht ganz dasselbe, aber ein doch wesensverwandtes Phänomen scheint uns allerdings geradezu als Schicksal noch über die seriösesten geistigen Anstrengungen unserer Zeit verhängt zu sein. Es ist schlechthin unmöglich, mit wachem Bewusstsein in der heutigen Zeit zu leben, ohne zu erkennen, wie relativ alle sittlichen, politischen und philosophischen Überzeugungen geworden sind. Die Wahrheit auf der einen Seite der Pyrenäen ist die Häresie auf der anderen, hat schon Pascal gesagt. Wer sich einmal ernsthaft in die geschlossenen, bis ins Kleinste durchdachten Weltanschauungssysteme, die unser Zeitalter noch zu bieten hat, vertieft, der bekommt es mit der Angst vor dem Totalitätsanspruch ihrer Wirklichkeitsinterpretationen zu tun, die die gewünschte Lesart des gegnerischen Systems und sogar des Überwechselns vom einen zum anderen von vorneherein mit einbeziehen. Der Katholizismus hat seine Theorie über den Kommunismus, und der Kommunismus bleibt ihm nichts schuldig und wartet seinerseits mit einer Theorie über den Katholizismus auf. Für einen katholischen Denker ist der Kommunist von der Finsternis seines materialistischen Trugs über den eigentlichen Sinn des Lebens umgeben. Für den Kommunisten ist umgekehrt der Katholik heillos im »falschen Bewusstsein« seiner bourgeoisen Mentalität befangen. Der Psychoanalytiker weiß, dass Katholik und Kommunist den unbewussten Impulsen, von denen sie eigentlich getrieben werden, nur auf der Ebene des Bewusstseins gehorchen. Dabei kann die Psychoanalyse für den Katholiken Flucht vor der Allgegenwart der Sünde und für den Kommunisten der

Ausweg aus der Realität der Gesellschaft sein. Auf diese Weise bestimmt die Wahl seines Standortes, wie der Mensch auf sein bisheriges Leben zurückblickt. Amerikanische Kriegsgefangene, die eine kommunistische Gehirnwäsche chinesischer Observanz über sich ergehen lassen mussten, hatten nachher ganz andere politische und gesellschaftliche Ansichten. Wer von ihnen nach Amerika zurückkehrte, empfand später diesen Gesinnungswandel wie eine ihm von außen eingeimpfte Krankheit, an die er wie ein Genesender an überstandene Fieberträume zurückdenken konnte. Für seine ehemaligen Gefangenenwärter dagegen war das veränderte Bewusstsein ihrer Opfer ein kurzer Lichtblick der Vernunft in langen Finsternissen. Und wer von den Gefangenen aus freiem Entschluss nicht wieder nach Amerika zurückkehrte, empfand schließlich womöglich seine »Konversion« als den endgültigen Sieg des Lichtes über die Finsternis.

Da das Wort Konversion theologisch zu sehr befrachtet ist, möchten wir den neutraleren Terminus »Alternation« einführen, um das soeben angesprochene Phänomen besser in den Griff zu bekommen. Die geistige Situation, um die es dabei geht, bietet theoretisch die Möglichkeit, zwischen einander logisch ausschließenden Sinnsystemen hinüber und herüber zu wechseln. Steigt man in das eine ein, so wird man mit einer Interpretation der eigenen Existenz versehen, die auch das andere, soeben aufgegebene Sinnsystem mit einkalkuliert. Hilfsmittel gegen aufkommende Zweifel werden vom jeweils neuen Sinnsystem gleich mitgeliefert. Die katholische Beichte, die kommunistische Selbstkritik und die Methoden der Analyse, mit »Resistenz« fertig zu werden, dienen dem gleichen Zweck: dem Adepten die Möglichkeit zu geben, seine Zweifel im Sinne des Systems zu verstehen und ihm so erhalten zu bleiben. Auch auf bescheidenerem geistigem Niveau wird mit entsprechenden Mitteln gearbeitet, um unbequeme Fragen, die eine dauerhafte Bindung an das Sinnsystem gefährden, abzuwehren. Man braucht nur an die Rabulistik geistig so anspruchsloser Sekten wie die Zeugen Jehovahs oder die Black Muslim zu denken.

Widersteht man jedoch allen dialektischen Versuchungen und stellt sich dem Abenteuer der Relativität, das jede Alternation mit sich bringt, so gelangt man zu einer weiteren, wichtigen Dimension des soziologischen Bewusstseins: der Einsicht, dass nicht nur konkrete Identitäten, sondern auch abstrakte Ideen, je nach ihrem gesellschaftlichen Ort, relativ sind. Wie wichtig für soziologisches Denken diese Erkenntnis ist, werden wir in einem späteren Kapitel sehen. Für jetzt mag genügen, zu wissen, dass auch der Sinn für Relativität ein fundamentales Movens der Soziologie ist.

Wir haben in diesem Kapitel drei Kriterien für soziologisches Bewusstsein vorgestellt: Das Bedürfnis, zu demaskieren, ein gewisses Interesse auch für die weniger »anständigen« Seiten der Gesellschaft und die Fähigkeit, relativieren zu können. Zum Schluss wollen wir noch ein viertes Motiv erwähnen, begrenzter in seinen Möglichkeiten, aber doch nötig zur Abrundung unseres Bildes: das Element des Kosmopolitismus. Seit uralten Zeiten waren es immer die Städte, in denen Weltoffenheit, der Sinn für andere Weisen des Denkens und Tuns, zu Hause war. Ob wir an Athen oder Alexandria, an das mittelalterliche Paris oder das Florenz der Renaissance denken, aber auch an die rastlosen Metropolen der modernen Zeit – immer stoßen wir auf ein gewisses kosmopolitisches Flair, das typisch für jede Stadtkultur ist. Ein Mensch, der nicht nur zufällig in der Stadt wohnt, sondern den sie geprägt hat, ein wirklicher Städter also, reist im Geiste um die ganze, große Erde, wie sehr er auch an der Heimatstadt hängen mag. Seine Fantasie, wenn nicht gar Körper und Seele, sind überall zu Hause, wo Menschen denken. Dieses Vagantentum des Geistes ist ein besonders fruchtbares Lebenselement für das soziologische Bewusstsein, während der enge Kirchturmhorizont immer Gefahr für die Soziologie bedeutet. Leider steht das Zeichen dieser Gefahr heute auch über so mancher soziologischen Studie in Amerika. Die Perspektive der Soziologie ist die weite, offene, unbegrenzte Überschau. Und der echte Soziologe ist ein Mensch mit Gespür für andere Länder, offen für den unermesslichen Reichtum menschlicher Möglichkeiten, begierig auf neue Horizonte und neue Sinnwelten. Dass dieser Menschentyp heute ein Treffer im ewig unentschiedenen Spiel der Gesellschaft sein kann, bedarf kaum noch einer Erwähnung.

3 Exkurs: Lebenslauf und Lebensläufe oder: Vergangenheit nach Maß und von der Stange

Im vorigen Kapitel wollten wir dem Leser deutlich machen, dass das soziologische Bewusstsein vornehmlich in Kultursituationen auftaucht, deren Merkmal das ist, was wir – um den Ausdruck »Konversion« zu vermeiden – »Alternation« genannt haben. Diese Möglichkeit, zwischen verschiedenen, häufig gegensätzlichen, Sinnsystemen zu wählen, wollen wir von nun an aus Gründen besserer Verständlichkeit mit einigen theoretischen Vorbehalten »Verwandlung« nennen. Bevor wir uns im Hauptteil anheischig machen werden, einige Grundzüge der menschlichen Existenz in soziologischer Sicht darzustellen, wollen wir noch etwas bei dem Phänomen der Verwandlung verweilen und der Frage nachgehen, welche Bedeutung es für einen einzelnen Menschen haben kann, der sein eigenes Leben begreifen möchte. Vielleicht zeigt erst dieser Exkurs in aller Deutlichkeit, dass das soziologische Bewusstsein nicht nur ein besonderes Ereignis der Geschichte ist, das zu erforschen höchst lohnend sein dürfte, sondern auch ein Wegweiser für jemanden, der versucht, die Fakten seines Lebens sinnvoll zu ordnen.

Nach gängiger Auffassung haben wir alle eine Menge Erlebnisse, wichtige und unwichtige in buntem Wechsel, deren Summe dann unser Lebenslauf ist. Wer seine Biografie schreibt, müsste also, das was sich ereignet hat, entweder in zeitlicher Aufeinanderfolge oder nach Maßgabe seiner Wichtigkeit berichten. Aber selbst bei einer schlichten chronologischen Darstellung erhebt sich das Problem, was unbedingt mitgeteilt werden sollte, da offenbar nicht alles, was der Biograf beziehungsweise Autobiograf je getan hat, so einfach wiedergegeben werden kann. Mit anderen Worten stellt sich selbst für einen simplen Tatsachenbericht in zeitlicher Reihenfolge die Frage nach einer relativen Bedeutung von Ereignissen. Dies wird besonders deutlich bei Entscheidungen über das, was Historiker »Periodisierung« nennen. Wann genau setzt man den Beginn des Mittelalters in Europa an? Und wann im Leben des einzelnen das Ende seiner Jugend? Historiker und Biografen halten sich bei so heiklen Fragen gerne an sogenannte »Wendepunkte« – die Krönung Karls des Großen, den Tag, an dem Schulze beschloss, wieder zur Kirche zu gehen und seiner Frau treu zu bleiben. Aber noch die unbekümmertsten Historiker und Biografen – und die Autobiografen erst recht – haben Augenblicke des Zweifels, ob denn die zu Wendepunkten ernannten Ereignisse wirklich gar so ausschlaggebend gewesen sind. Sollte man nicht statt der Krönung Karls des Großen den Sieg über die Sachsen als den großen Einschnitt ansehen? Brach nicht vielleicht an dem Morgen, da Schulze dem Ehrgeiz entsagte, ein großer Schriftsteller zu werden, sein Mittelalter an? Ob man sich schließlich für das eine oder andere entscheidet, hängt ganz offenbar jeweils vom eigenen Bezugsrahmen ab.

Selbst für gängige Auffassungen ist diese Tatsache nicht gänzlich verborgen geblieben. Ihr wird durch die Vorstellung Rechnung getragen, dass eine gewisse Reife vorhanden sein muss, wenn jemand wirklich begriffen haben will, was es mit seinem eigenen Leben denn eigentlich auf sich hatte. Ein reifes Bewusstsein von der eigenen Person wäre demnach dasjenige, das sozusagen eine erkenntnistheoretisch bevorzugte Position einnimmt. Ein alternder Schulze, der sich damit abgefunden hat, dass seine Frau nicht jünger und seine Stellung als stellvertretender Abteilungsleiter des Reklamebüros nicht aufregender wird, blickt auf seine Vergangenheit zurück und beschließt, dass seine Wünsche von ehedem, sehr viele, sehr hübsche Frauen sein Eigen zu nennen und den Roman des Jahrhunderts zu schreiben, denn doch ziemlich unreif waren. Reife ist jener gesetzte Zustand der Seele, in dem man sich mit dem Status quo abfindet und die Träume von großer Leidenschaft und großem Ruhm endlich Schäume sein lässt. Es dürfte nicht schwer sein, die psychologische Funktion einer solchen Auffassung von Reife zu erkennen, die dem Individuum die Rationalisierung dafür liefert, seine Ansprüche niedriger hängen zu können. Andererseits kann man sich leicht ausmalen, wie ein jugendlicher Schulze, hätte er die Gabe, die Zukunft vorauszusehen, sich von seinem dereinstigen Selbst, einem Bilde der Unfähigkeit und des Jammers, schaudernd abwendet. Wir möchten damit nur darauf aufmerksam machen, dass gerade diese Auffassung von Reife eine Entscheidung darüber, was in einem Leben wichtig oder nicht ist, herausfordert. Denn was vom einen Standpunkt aus wie milde Reife erscheint, nimmt sich von einem anderen her als Schwächlichkeit und Selbstaufgabe aus. Älter werden heißt leider nicht immer weiser werden. Und der Standpunkt von heute hat erkenntnistheoretisch keinen Vorrang gegenüber dem vom vorigen Jahr. Nebenbei gesagt ist es genau diese Binsenwahrheit, die so manchen Historiker heutzutage so sehnsüchtig nach irgendeinem Anzeichen des Fortschritts oder der Evolution in Sachen des Menschen Ausschau halten lässt. Es ist eben doch zu einfach, glauben zu wollen, unser eigenes Zeitalter sei der Gipfel all dessen, was menschenmöglich ist, und alles Vergangene sei nur eine Leiter des stetigen Fortschritts, deren Sprossen je nach Nähe oder Ferne von dem Punkte, an dem wir heute stehen, der Rückbetrachtung würdig sind. Hat sich das einzig Entscheidende in der Geschichte des Menschen auf diesem Planeten nicht vielleicht an einem stillen Nachmittag des Jahres zweitausendundvier v. Chr. ereignet, als ein ägyptischer Priester aus dem Schlaf erwachte und urplötzlich der Antwort aller Antworten auf die Frage nach dem Menschen inne war – nur um sofort seinen Geist aufzugeben, ohne sie noch irgendeinem Zeitgenossen weitergeben zu können. Vielleicht ist alles, was sich seither abgespielt hat, nichts als ein verworrenes Nachspiel. Darüber kann niemand urteilen außer vielleicht den Göttern, und deren Verlautbarungen scheinen doch ziemlich dunkel zu sein. Um aber nun den Weg aus metaphysischen Spekulationen zurück zu den Problemen der Biographie zu finden: Es sieht doch jedenfalls so aus, als ob der Lauf der Dinge, die unser Leben bilden, recht widersprüchlich interpretiert werden könne. Und zwar nicht nur durch den Betrachter von außen, und damit, wenn wir gestorben sind, sich die Biographen über den Sinn dessen, was wir getan und unterlassen haben, streiten können. Wir selbst sind es, die unser Leben immer wieder neu und uminterpretieren. Henri Bergson hat von der Erinnerung als von einem unaufhörlichen Akt der Interpretation gesprochen. Indem wir uns der Vergangenheit erinnern, interpretieren wir sie schon, und zwar in Übereinstimmung mit unseren jeweils aktuellen Auffassungen von dem, was wir für wichtig halten oder nicht. Das ist es, was die Psychologen »selektive Wahrnehmung« nennen, welchen Begriff sie allerdings im Wesentlichen auf die Gegenwart beziehungsweise das Gegenwärtige beziehen. Gemeint ist damit, dass wir in jeder Situation mit ihrer schier unbegrenzten Zahl von wahrnehmbaren Dingen, tatsächlich nur die wahrnehmen, die etwas bedeuten für das, was wir gerade im Sinn haben. Alles Übrige ignorieren wir. In einer gegenwärtigen Situation kann uns nun aber jemand etwas, das wir übersehen haben, nachträglich zum Bewusstsein bringen, indem er darauf hinweist. Dinge der Vergangenheit, die wir zu ignorieren belieben, sind wehrloser gegenüber unserer auslöschenden Nicht-Erinnerung. Sie sind nicht mehr da, und gegen unseren Willen kann uns niemand auf sie hinweisen – außer in so seltenen Fällen, wie wenn ein Verbrechen uns einen Augenschein lehrt, den wir nicht ableugnen können. Die gängige Auffassung, dass die Vergangenheit im Unterschied zum ewig strömenden Fluss der Gegenwart fest stehe, starr und unveränderlich sei, ist also falsch. Ganz im Gegenteil, sie ist geschmeidig, biegsam und dauernd im Fluss für unser Bewusstsein, je nachdem wie die Erinnerung sie umdeutet und neu auslegt, was sich ereignet hat. Wir haben also so viele Leben, wie wir Lebenseinstellungen haben. Wir mögen nicht davon lassen, unsere Biografie umzuschreiben, so wie die Stalinisten die sowjetische Enzyklopädie immer wieder umschreiben, indem sie bestimmte Tatsachen in den Vordergrund rücken, um andere schmählicher Vergessenheit anheim zu geben.

Ziemlich sicher ist diese Umgestaltung der Vergangenheit – die wahrscheinlich schon mit der menschlichen Sprache gegeben ist – so alt wie der Homo sapiens, wenn nicht gar wie seine hominiden Vorläufer, und hat schon mitgeholfen, die Langeweile von Millennien zu vertreiben, in denen die Menschheit kaum mehr tun konnte, als starr mit Faustäxten um sich zu schlagen. Jeder Übergangsritus in jeder Kultur ist ein Akt historischer Interpretation, und jeder weise alte Mann ist ein Geschichtsphilosoph. Ausgesprochen modern bei diesem Spiel mit der Neuschöpfung der Welt sind nur die Häufigkeit und Hast der Uminterpretationen im Leben des Einzelnen und die zunehmende Selbstverständlichkeit, mit der heute zwischen verschiedenen Weltverständnissen gewählt wird. Wir hatten schon im vorigen Kapitel gesagt, dass ein Hauptgrund dafür die wachsende geografische und soziale Mobilität sei. Einige Beispiele mögen das nun erhärten.

Wenn Menschen äußerlich in Bewegung geraten, so verändert sich häufig auch ihr Selbstverständnis. Man denke nur an die erstaunliche Transformation von Selbstbild und Identitätsgefühl, die die Folge einer simplen Wohnsitzveränderung sein kann. Es gibt Orte, die für Transformationen dieser Art im Fließbandverfahren geradezu klassisch geworden sind. Greenwich Village etwa kann man gar nicht verstehen, wenn man Kansas City nicht kennt. Seit seiner Erfindung als Sammelplatz von Leuten, die ihrer Identität überdrüssig sind, ist es eine sozialpsychologische Institution, in die Männlein und Weiblein wie in eine magische Retorte fließen. Wer als artiger Normalverbraucher aus dem Mittelwesten hineingeht, kommt als garstiger Eigenbrötler wieder heraus. Was vorher richtig war, ist jetzt falsch und umgekehrt. Was früher tabu, ist jetzt Ehrensache, was natürlich war, ist lächerlich, und was einem früher die ganze Welt bedeutete, ist nun nur noch ein überwundener Standpunkt. Selbstverständlich verlangt eine solche Transformation auch eine Neuinterpretation der Vergangenheit, und zwar eine radikale. Man überzeugt sich davon, dass die großen Gefühle der Vergangenheit nur infantile Regungen sein konnten, und die Menschen, die einem teuer waren, einer wie der andere nur provinzielle Einfaltspinsel sind. Erlebnisse, auf die man stolz war, sind nur noch peinliche Episoden einer Art privater Prähistorie. Wenn sie zu stark im Widerspruch mit dem sind, was man jetzt von sich denken möchte, kann man sie sogar aus der Erinnerung verdrängen. Der strahlende Tag, an dem man einst Klassensprecher wurde, muss in der erneuerten Biografie einem ganz farblosen Abend weichen, an dem man zum ersten Mal einen Pinsel in die Hand nahm, und anstatt die Zeitrechnung mit jenem Sommertage zu beginnen, an dem man im Ferienlager der Kirchgemeinde zu seinem Jesus hinfand, legitimiert man sich heute vor sich selbst und der Epoche damit, dass man doch recht früh – und mit längst vergessener Scham – auf dem Rücksitz eines parkenden Autos seine Unschuld verloren hat. Wir gehen durchs Leben und bringen unseren Feiertagskalender auf den neuesten Stand. Wir errichten Denkmäler zu Ehren unseres Fortschritts in der Zeit, die immer neu erreichte Vollendungen verewigen – und reißen sie wieder nieder. Denn es dürfte allmählich klar sein, dass kein Zauberelixier stark genug ist, um nicht von einer neuen Marke verdrängt zu werden. Greenwich Village ist später vielleicht nur eine unter anderen Lebensphasen, ein Experiment, ein Fehlschlag mehr. Auch neu errichtet werden können die alten Denkmäler aus den Trümmern der abgelebten Biografie. Das Erweckungserlebnis im Jugendlager gibt sich viel später als erstes, noch unsicheres Tasten nach der einen Wahrheit zu erkennen, deren man erst teilhaftig wurde, seit man katholisch ist. An ein und dieselbe Vergangenheit können völlig verschiedene Maßstäbe gelegt werden. In der Psychoanalyse lernt man zum Beispiel, dass Konversion und Liebeserwachen, auf die man einst so stolz war, wie man sich dann ihrer schämte, mitsamt ihren Kommentaren erster und letzter Hand zu ein und demselben neurotischen Syndrom gehören. Und so geht es weiter, ohne Unterlass und bis zum Überdruss.

Damit sich das alles nicht wie ein Stück aus einem viktorianischen Roman ausnimmt, haben wir uns bisher die Anführungsstriche versagt. Aber dem Leser wird doch nicht entgangen sein, dass wir, was da »entdeckt« wurde, und wovon man sich »überzeugt« hat, gar so ernst nicht nehmen. Das »wirkliche« Verständnis der eigenen Vergangenheit ist eine Sache des jeweiligen Gesichtspunktes. Und Gesichtspunkte, Blickwinkel, Ansichten verändern sich. »Wahrheit« und »Wirklichkeit« in diesem Sinne sind also nicht nur abhängig von der Landkarte, sondern auch von den Jahr- und Tag-Zeiten, und die »Einsicht« von heute wird zur »Rationalisierung« von morgen – und umgekehrt.

Auch die soziale Mobilität – das Hinüberwechseln von einer Gesellschaftsschicht zur anderen hat für die Umdeutung des eigenen Lebens ähnliche Konsequenzen. Nehmen wir die Veränderung, die mit der Selbstauffassung eines Menschen vor sich geht, der die soziale Leiter empor klettert. Das Tristeste daran ist die Art und Weise, wie er die Beziehungen zu Angehörigen und Erlebnissen, die ihm einst am Herzen lagen, umdeutet. Das Miniatur-Italien der Kindheit so mancher Amerikaner italienischer Abstammung nimmt sich nicht eben vorteilhaft aus, wenn man aus dem Feine-Leute-Vorort, in dem man sich mühsam ein Haus zusammengekratzt hat, darauf zurückblickt. Das Mädchen glühender Jugendträume verwandelt sich in ein hübsches, aber dummes Bauerntrampel, und Knabenfreundschaften von einst mahnen peinlich an ein Selbst, das man längst abgeworfen hat mitsamt den überkommenen Vorstellungen von Ehre, bösem und gutem Zauber und Makkaroni-Patriotismus. Sogar die »Mamma«, einst der Erdball, um den das All kreiste, ist nur noch eine komische alte Italienerin, der zuliebe man manchmal den alten Peppino spielen muss, den es schon lange nicht mehr gibt. In dieser Skizze gibt es Partien, die so alt sein mögen wie die Menschheit. Das Ende der Kindheit war wohl seit eh und je eine Götterdämmerung. Neu ist nur, dass in unserer Gesellschaft nicht nur aus Kindern Leute werden, sondern dass diese vielen Leute in soziale Welten eintreten, die völlig außerhalb des geistigen Fassungsvermögens ihrer Eltern liegen: eine unvermeidliche Folge unserer exzessiven sozialen Mobilität. Da die amerikanische Gesellschaft diese schon seit geraumer Zeit exerziert, verbringen viele von uns vermutlich Jahre mit der Umdeutung ihres persönlichen Werdegangs und werden nicht müde, die Geschichte, wer sie waren, und wie sie was geworden sind, immer wieder anders zu erzählen, und zwar nicht nur den anderen Leuten, sondern auch sich selbst. Dabei morden sie ihre Eltern nach einem strengen spirituellen Ritual. Kein Wunder, dass Amerika Freud und seinen Mythos vom Elternmörder in jeder Brust treuherzig beim Worte nimmt, besonders in Kreisen, bei denen die umgeschriebene Biografie eine conditio sine qua non ist, um den gesellschaftlichen Status zu rechtfertigen, zu dem man sich mühsam empor gerackert hat.

Dieses Zubehör geografischer und sozialer Mobilität wirft nur ein besonderes Licht auf Vorgänge, die sich in der ganzen Gesellschaft und in unzähligen Situationen unaufhörlich begeben. Der bekenntnishungrige Ehemann, der alle seine Junggesellenliebschaften in seiner Ehe kulminieren lässt, die geschiedene Frau, für die ihre Ehe von Anfang an nur ein Leidensweg war, der von Station zu Station zur großen Krise führen musste, der notorische Schwätzer, der virtuos auf der Mundharmonika seiner guten Beziehungen spielt – A gegenüber gibt er sich als intimer Freund von B aus, um, wenn es opportun ist, mit A über B herziehen zu können –, der Neunmalkluge, den ein einstiger Vertrauter an der Nase herumgeführt hat und der nun sich und anderen vormacht, er habe von jeher einen Verdacht gegen ihn gehegt: Sie alle spielen mit der Geschichte »Corrigez la Fortune«, ein Zeitvertreib, dessen man offenbar nie müde wird. In den meisten Fällen handelt es sich allerdings dabei nur um einen partiellen und allenfalls halbbewussten Vorgang. Man retuschiert die Vergangenheit und lässt, was man für sein gerade bevorzugtes Selbstbild brauchen kann, unangerührt. Diese ständigen Retuschen und Korrekturen werden nur selten zu einer abgerundeten, deutlichen Selbstvorstellung integriert. Nur wenige Menschen malen in voller Absicht an einem großformatigen Selbstporträt. Die meisten torkeln eher wie Betrunkene an der Leinwand ihres Lebens vorbei, bringen hier ein paar Farbtupfen an, radieren dort ein paar Striche aus und halten nie inne, um die Ähnlichkeit des Bildnisses zu prüfen. Mit anderen Worten: Der existentialistische Gedanke, dass der Mensch sich selbst erschafft, hat unsere volle Zustimmung, wenn wir hinzufügen dürfen, dass die Erschaffung größtenteils zufällig und allenfalls halbbewusst zustande kommt.

Nun gibt es allerdings Fälle, in denen eine Uminterpretation der Vergangenheit absichtlich und vollbewusst vorgenommen wird und ein integrierter Bestandteil eines umfassenderen Vorganges ist – wenn es sich nämlich um die Konversion zu einer anderen religiösen oder politischen Weltanschauung handelt, das heißt zu einem neuen Sinnsystem, in dessen übergreifendes Ganzes sich die eigene Biografie einbeziehen lässt. Der Konvertit kann sein ganzes bisheriges Leben als von der Vorsehung gewollten Weg ansehen – bis hin zu dem Augenblick, da der Nebel vor seinen Augen sich lichtete. Augustins »Confessiones« und Newmans »Apologia pro Vita Sua« sind klassische Dokumente dafür. Die Konversion setzt eine neue Zeitrechnung: vor und nach Christus, präkatholisch und katholisch. Und die Zeit vor dem Ereignis, das nun so einschneidend erscheint, wird ganz von selbst zu einer langen Vorbereitung. Die Profeten des alten Bundes werden zu Vorläufern und Kundschaftern des neuen ernannt. Konversion ist mit anderen Worten eine dramatische Form der Transformation von Vergangenheit.

Die Erleuchtung im Zen Buddhismus, Satori genannt, wird von Kennern als Sehen wie mit neuen Augen beschrieben. Etwas Derartiges trifft erwiesenermaßen auf religiöse Konversionen und mystische Verwandlungserlebnisse zu. Aber auch die säkularisierten Glaubenskomplexe der Neuzeit bieten ihren Anhängern ähnliche Erlebnisse. Kommunist zu werden bedeutet zum Beispiel, dass man sein bisheriges Leben in recht drastischer Weise umkomponieren muss. Wenn der jüngst bekehrte Christ sein Vorleben als eine lange Nacht der Sünde und der Entfremdung von der erlösenden Wahrheit ansieht, so erscheint dem frisch gebackenen Kommunisten die Vergangenheit als Gefangenschaft im »falschen Bewusstsein« bourgeoiser Mentalität. Frühere Ereignisse bedürfen der radikalen Umdeutung. Was einmal harmloses Vergnügen war, gehört nun in die Rubrik Sünde der Hoffart, oder was persönliche Integrität war, ist nun bürgerliche Sentimentalität. Auch menschliche Beziehungen aus der Vergangenheit müssen entsprechend umbewertet werden. Unter Umständen muss man sogar die Liebe zu den eigenen Eltern abtun können – als Versuchung zum Abfall oder Verrat an der Partei.

In der amerikanischen Gesellschaft sowie in einigen westeuropäischen Ländern verhilft auch die Psychoanalyse vielen Menschen zu einer sinnvollen Neu- und Umordnung biografischer Fragmente. Der Weg, den sie weist, ist besonders bequem für eine wohlhabende Mittelstandsgesellschaft, die für Mut und Hingabe, wie Religion und Revolution sie fordern, zu »reif« geworden ist. Mit ihrer angeblich systematischen und »wissenschaftlichen« Methode der Erhellung alles menschlichen Verhaltens garantiert sie denen, die ihr anhängen, den Luxus eines glaubwürdigen Selbstbildes, ohne moralische Ansprüche zu stellen oder am gesellschaftlichen und wirtschaftlichen Bestand zu rütteln. Im Vergleich zu Christentum und Kommunismus ist das ein deutlicher technologischer Fortschritt für Bekehrer und

Bekehrte. Davon abgesehen verläuft jedoch die Uminterpretation der Vergangenheit ganz analog zu den älteren Institutionen. Väter und Mütter, Brüder und Schwestern, Ehefrauen und Kinder werden der Reihe nach in den brodelnden Kessel der Theorie geworfen und kommen als metaforische Wesen im psychoanalytischen Pantheon wieder heraus, Ödipus geht mit Jokaste ins Kino, regiert als Göttervater am Frühstückstisch, und alles wird wieder gut…

Die Bekehrung zu einem Sinnsystem, das Ordnung in die verstreuten Daten unserer Biografie zu bringen vermag, ist ein beglückendes und befreiendes Erlebnis. Vielleicht liegt das an einem tief menschlichen Bedürfnis nach Ordnung, Zweckhaftigkeit, Verständlichkeit. Umgekehrt ist die dämmernde Ahnung, dass eine Bekehrung nicht notwendig endgültig sein muss, dass in der Heilsgewissheit von heute schon der Keim des Zweifels und Abfalls von morgen steckt, eine der beklemmendsten Vorstellungen, deren unser Verstand fähig ist. Was wir »Alternation« genannt hatten, ist als Erlebnis so etwas wie der kein Ende findende Weg durch eine Spiegelgalerie, in der man immer wieder anderen Entstellungsmöglichkeiten seines Ebenbildes begegnet. Ist man in der verkehrten Richtung gegangen? Hat man sich im Kreise gedreht? Umgeben von vielen Horizonten, die sich beliebig überschneiden und alle eine Möglichkeit, man selbst zu sein, spiegeln, befällt einen Schwindel, eine metaphysische Platzangst. Welch eine Genugtuung wäre es für die Soziologie, die Zauberpille zu sein, nach deren Genuss sich auf einmal alle Horizonte decken. Aber damit wäre sie nur noch ein Mythos mehr zu all den anderen, die Heilung von den metaphysischen Leiden der »Verwandlungs-Krankheit« versprechen. In seiner Eigenschaft als Soziologe kann kein Soziologe heilen oder erlösen. Sollte er in seinem Privatleben ein indischer Guru sein, so geht uns das nichts an. Aber als Soziologe in dieser Zeit und Welt ist er genauso dran wie jeder andere Mensch und muss sich abfinden mit einer Situation, in der die Auskünfte über den eigentlichen Sinn des Lebens spärlich, ein bisschen sonderbar und nicht gerade umwerfend sind. Auch die Soziologie ist keine erkenntnistheoretische Wunderwaffe. Ihre Denkwege führen nur zu einigen Möglichkeiten mehr, das Dasein zu ergründen. Was dabei herauskommt, kann man genau so gut beiseitelegen wie alles andere, sobald sich ein neuer Leitfaden zur Hermeneutik von Lebensgeschichten bietet.

Trotz alledem kann der Soziologe seinen Mitmenschen mit einer schlichten und daher umso nutzbringenderen Wahrheit helfen, den Weg durch den Dschungel konkurrierender Weltanschauungen zu finden. Es ist dies die Erkenntnis, dass auch Weltanschauungen, eine wie die andere, gesellschaftlich begründet sind. Anders und respektloser ausgedrückt: Jede Weltanschauung ist eine Verschwörung. Die Verschwörer sind dabei immer diejenigen, die für eine gesellschaftliche Situation verantwortlich sind, in der eine bestimmte Weltanschauung als Gewissheit hingenommen wird. Jeder Mensch in dieser Situation wird täglich und stündlich empfänglicher für ihre Axiome. Das bedeutet, dass wir unsere Weltanschauungen – und mit ihnen Deutungen und Umdeutungen unserer Biografie – auswechseln, wenn wir aus einer sozialen Welt in eine andere eintreten. Nur die Verrückten und die Genies, die der Menschheit gelegentlich beschert werden, wohnen in Sinnwelten eigener Fabrikation. Die meisten Menschen übernehmen ihre Überzeugungen von anderen Menschen und beanspruchen auch noch, um sich einen Glauben aus zweiter Hand erhalten zu können, ständige Unterstützung. Kirchen und Religionsgemeinschaften sind Unternehmen zur Bestätigung von Sinngebungen auf Gegenseitigkeit. Der Beatnik kommt nicht ohne eine Beatnik-Subkultur aus, und nicht anders geht es dem Pazifisten, Vegetarier, Anthroposophen. Aber auch der normale, reife, gesunde, verständige Eigenheimbesitzer in der Vorstadtsiedlung, dessen Uhr immer die genaue Zeit des Jahrhunderts zeigt, braucht einen gesellschaftlichen Sinnzusammenhang, der seine Lebensform bestätigt. Genau besehen weisen ja schon Attribute wie »normal«, »reif«, »gesund«, »verständig« auf gesellschaftlich relative Situationen hin, ohne die sie ihren Sinn verlören. Normal ist man gemessen an der Norm einer bestimmten Gesellschaft. Mit wachsender Anpassung und Gewöhnung an seine Gesellschaft gelangt man zur Reife. Und gesund ist und bleibt man, wenn man ihre kognitiven und normativen Voraussetzungen für seine eigenen hält.

Menschen, die eine Sinnwelt um einer anderen willen aufgeben, müssen deshalb auch ihren gesellschaftlichen Umgang überprüfen. Ein Mann, der sich durch Heirat gesellschaftlich neu platziert, muss seine alten Freunde verlassen, wenn sie in seine neue Selbstauffassung nicht hineinpassen. Der Katholik, der eine Andersgläubige heiratet, gefährdet sein Glaubensbekenntnis, nicht anders als der Beatnik seine Ideologie, wenn er häufiger mit seinem Agenten in einem guten Hotel frühstückt. Sinnsysteme sind gesellschaftliche Konstruktionen. Der chinesische »Gehirnwäscher« konspiriert mit seinem Opfer, dem er eine neue Lebensgeschichte fabriziert, nicht anders als der Psychoanalytiker mit seinem Patienten. In beiden Fällen glaubt das Opfer beziehungsweise der Patient natürlich, er habe erst jetzt Wahrheiten über sich »entdeckt«, die schon lange vorher da waren. Der Soziologe ist mindestens sehr skeptisch angesichts solcher Bekehrungen. Er hegt begründeten Verdacht, dass, was sich da als »Entdeckung« ausgibt, schlecht und recht Erfindung ist. Die Überzeugungskraft solcher Erfindungen steht in direktem Verhältnis zur Macht der gesellschaftlichen Situation, in der sie zusammengebraut werden.

Wir wollen uns in einem späteren Kapitel noch näher auf dieses peinliche Verhältnis von dem, was wir denken, zu dem, mit dem wir zu Abend gegessen haben, einlassen. In diesem Exkurs wollten wir lediglich zeigen, dass Relativität und »Verwandlung« nicht nur allgemeine historische Phänomene sind, sondern höchst problematische Ereignisse im Leben des einzelnen. Die Erkenntnisse der Soziologie über die gesellschaftlichen Ursprünge derartiger Erlebnisse sind für jemanden, der eine philosophische oder theologische Antwort auf die verzweifelten Fragen haben will, die sich daraus ergeben, nur ein schwacher Trost. Aber in einer Welt, in der Offenbarungen selten geworden sind, sollte man auch für kleine Gefälligkeiten dankbar sein. Wenn die Soziologie in den Sängerkrieg der Weltanschauungen mit der delikaten Frage hineinplatzt: »Wer ist der Komponist? «, so bringt sie in eine verworrene Situation ein ernüchterndes Element der Skepsis. Der unmittelbare Nutzen dieser Skepsis ist, dass sie einen gewissen Schutz vor allzu leicht gemachten Bekehrungen bietet. Das soziologische Bewusstsein stellt unsere Biografie in einen Rahmen der Theorie, in dem man sie sieht, wie sie ist: Ein unaufhörliches Auf und Ab und Hin und Her zwischen sozialen Welten, deren jede ihr eigenes Sinngefüge hat. Die Frage des Pontius Pilatus ist damit natürlich nicht beantwortet. Aber man läuft wenigstens nicht dem ersten besten Missionsklüngel in die Arme, der auf den Weiden der Gesellschaft nach Kühen sucht, die er melken kann.

4 Soziologische Perspektive I: Mensch in der Gesellschaft

Kinder in einem gewissen Alter entdecken eines Tages, wie aufregend eine Landkarte sein kann. Dass ihr gewohntes, persönliches Leben sich wirklich da abspielen soll, wo ihm auf ihrer Oberfläche ganz unpersönliche – und bis dato unbekannte – Koordinaten seinen Ort zuweisen, erscheint ihnen zunächst höchst sonderbar. Ausrufe wie: »Da bin ich gewesen« und »Jetzt bin ich hier« verraten ihr Staunen darüber, dass der Schauplatz der vorigen Sommerferien, ein Ort, mit dem für die Erinnerung so ausnehmend persönliche Erlebnisse verbunden sind wie, dass man seinen ersten Hund bekam oder sich heimlich eine Würmersammlung zulegte, nach Längen- und Breitengraden bestimmbar sein soll, die fremde Leute einem selbst, dem Hund und den Würmern vorgeschrieben haben. Dieses »Orten« der eigenen Person nach Gestaltprinzipien, die sich Unbekannte ausgedacht haben, ist eine der wichtigsten Stationen auf dem Wege, den man, vielleicht allzu euphemistisch, »erwachsen werden« nennt. Man tritt in die Wirklichkeitswelt der Erwachsenen ein, wenn man weiß, dass man eine Adresse hat. Das Kind, das neulich noch einen Brief »an meinen Großpapa« adressierte, teilt nun einem Mitwisser in Sachen Würmersammlung seine richtige Adresse mit – Straße, Stadt, Staat usw. – und sieht diesen Versuch, sich auf die Weltanschauung der Erwachsenen einzulassen, dramatisch bestätigt durch die Tatsache, dass sein Brief ankommt.

Mit zunehmender Anpassung an die Wirklichkeit dieser erwachsenen Welt-Ansicht mehren sich ihm die »Adressen«: »Ich bin sechs Jahre alt«, »Ich heiße Braun, genau wie mein Vater. Meine Eltern sind nämlich geschieden. « »Ich bin Presbyterianer«, »Ich bin Amerikaner« und schließlich vielleicht: »Ich bin in der Klasse für besonders begabte Kinder, weil mein Intelligenzquotient 130 ist. « Ferne Landkartenzeichner mit ihren Koordinaten haben der Welt, so, wie die Erwachsenen sie haben wollen, die Horizonte eingestellt. Das Kind kann sich ruhig mal für ganz jemand anderen ausgeben: Indianerhäuptling, Robinson oder Freitag, Puppendoktor. Es weiß ganz genau, dass es dergleichen nur spielt, dass Tatsache ist, was im Schulregister unter seinem Namen steht. Wir haben wieder einmal weitgehend auf Anführungszeichen verzichtet und uns damit verraten. Denn auch wir sind als Kinder auf den gesunden Menschenverstand hereingefallen. Kennworte wie »wissen«, »wirklich«, »Tatsache« gehören von Rechts wegen in Anführungszeichen. Wenn ein Kind glaubt, was im Schulregister steht, ist es gesund. Und ein normaler Erwachsener ist, wer im Rahmen der ihm zugewiesenen Koordinaten sein Leben verbringt. Wenn man die Weltansicht der Erwachsenen als Gewissheit hinnimmt, hat man das, was die normale, vernünftige Einstellung zur Welt genannt wird. Das Schulregister, die Personalakte, ersetzt eine ganze Ontologie. Man identifiziert sich und sein Dasein nun in aller Selbstverständlichkeit mit einem Punkt auf der gesellschaftlichen Landkarte, der genau bezeichnet ist. Im nächsten Kapitel wollen wir der Frage nachgehen, was dabei für die persönliche Identität und das eigene Denken herauskommt. Einstweilen geht es darum, wie diese »Ortung« dem Individuum vorschreibt, was es tun oder lassen soll, und was es vom Leben zu erwarten hat. Seinen Ort in einer Gesellschaft zu haben, bedeutet, dass man an einem Schnittpunkt gesellschaftlicher Kraftfelder steht. Normalerweise nimmt man von diesen Kräften keine Notiz – zum eigenen Nachteil übrigens. Man bewegt sich innerhalb von ganz bestimmten Macht- und Prestigesystemen in der Gesellschaft. Und wenn man überhaupt erst einmal begriffen hat, wo man hingehört, so weiß man meistens auch schon, dass man selbst kaum etwas dafür kann.

Das Gefühl für die Heteronomie des eigenen Lebens kommt in der Art und Weise, was kleine Leute aus den Pronomen »sie« und »die« machen, drastisch zum Ausdruck. »Die« haben alles festgelegt. »Sie« sind tonangebend. »Sie« stellen die Spielregeln auf, und man tanzt nach ihrer Pfeife. An Stelle von »denen« sollten nicht zu simpel bestimmte Personen oder Gruppen eingesetzt werden. Gemeint ist »das System«, die Landkarte, auf der man herumkrabbelt. Menschen, die man nicht kennt, haben sie entworfen, und man kommt nie von ihr los. Es wäre jedoch zu einseitig, anzunehmen, »das System« verlöre an Bedeutung, sobald man zu den oberen Rängen der Gesellschaft aufsteigt. Der Sinn für Bewegungs- und Entscheidungsfreiheit ist dort zwar ausgeprägter und wird ernst genommen. Aber die Grundfiguren, zwischen denen man sich bewegt und entscheidet, haben auch immer andere schon koordiniert – unbekannte andere, und viele von ihnen sind längst unter der Erde. Sogar der Tyrann in seiner Selbstherrlichkeit stößt auf einen beharrlichen Widerstand gar nicht unbedingt politischer Natur: den Widerstand von Konventionen, Sitten und Gebräuchen oder nur purer Gewohnheit. Institutionen enthalten ein Trägheitselement, dessen Grundlage wohl letztlich der unverrückbare Fels der menschlichen Dummheit ist. Zwar wagt niemand, dem Tyrannen zu trotzen. Aber dennoch muss er die Erfahrung machen, dass, was er will, immer wieder zunichte gemacht wird, aus bloßem Mangel an Verstand. Das Gebäude der Gesellschaft, von fremden und unbekannten Händen errichtet, ist also sogar noch gegen Terror abgesichert. Lassen wir aber die Tyrannei. In den Bereichen, wo die meisten Menschen – einschließlich des Schreibers und, wie er zu behaupten wagt, der Leser dieser Zeilen zu Hause sind, bedeutet dieser Ort in der Gesellschaft, dass bestimmte Vorschriften und Regeln zu ihm gehören, die befolgt werden müssen. Der gesellschaftliche Normalverbraucher begreift das, wie wir gesehen haben, ohne Weiteres. Der Soziologe nun stellt sich nicht etwa dem gesunden Menschenverstand entgegen. Er unterstützt und schärft ihn vielmehr, geht seinen Wurzeln nach und modifiziert ihn gelegentlich ein wenig oder bereichert seine Möglichkeiten. Später wollen wir zeigen, dass die Perspektiven der Soziologie schließlich über die allgemeinen Auffassungen vom »System«, und von unserem Gefangensein in ihm, hinausweisen. In den meisten konkreten Situationen, die der Soziologe untersucht, findet er allerdings kaum Anlass, sich der Auffassung entgegenzustellen, »sie« wären für alles verantwortlich. Im Gegenteil, düsterer und größer, als er es je vor der soziologischen Analyse für möglich gehalten hätte, scheinen »sie« ihm über unser aller Leben zu stehen. Zwei wichtige Fragenkomplexe der Soziologie machen diese, dank ihrer Perspektiven gewonnenen Eindrücke, besonders deutlich: soziale Kontrolle und gesellschaftliche Schichtung.

Soziale Kontrolle ist einer der verbreitetesten Begriffe in der Soziologie. Gemeint sind die Methoden, mit denen eine Gesellschaft widerspenstige Mitglieder auf Vordermann bringt. Ohne soziale Kontrolle kommt keine Gesellschaft aus. Auch ein kleiner Kreis von Menschen, der nur gelegentlich zusammenkommt, muss Kontrollmechanismen anwenden, wenn er sich nicht nach kurzer Zeit in nichts auflösen will. Dass das Instrumentarium der sozialen Kontrolle von einer gesellschaftlichen Situation zur anderen über große Variationsmöglichkeiten verfügt, bedarf keiner Erwähnung. In einer großen Firma bringt man Opposition durch etwas, das Personaldirektoren ein abschließendes Interview zu nennen pflegen, zum Verstummen, ein Verbrechersyndikat begnügt sich mit einer halsbrecherischen Autofahrt. Die Kontrollmethoden sind je nach Zweck und Charakter der Gruppe verschieden. Ihre Funktion ist immer, unerwünschte Elemente zu eliminieren, um dadurch »die anderen zu ermutigen« – diese klassische Formulierung stammt von König Christopher von Haiti, der jeden zehnten Mann in seinem Strafbataillon hatte füsilieren lassen.

Das äußerste und zweifellos älteste Mittel der sozialen Kontrolle ist physische Gewalt. Unter Kindern mit ihren barbarischen Gesellschaftsbildungen geben Brachialgewalt und Faustrecht noch immer den Ausschlag. Aber sogar in den modernen Demokratien ist die Gewalt, allen guten Umgangsformen zum Trotz, der letzte Ausweg. Ohne Polizei beziehungsweise Militär kann kein Staat bestehen. Zur direkten Gewalt braucht er seine Zuflucht nicht allzu oft zu nehmen. Dafür gibt es ungezählte Vorstufen – Warnungen, Drohungen, Verweise. Wenn sie aber – und sei es bei einer so harmlosen Angelegenheit wie der Eintreibung einer Verkehrsbuße nichts nützen, so stehen eben doch am Ende Polizisten mit Handschellen vor der Tür des säumigen Zahlers – und draußen wartet die »Grüne Minna« auf ihn. Schon der erste Polizist, der einem – durchaus noch in ziviler Form – das Strafmandat aufbrummt, trägt höchstwahrscheinlich eine Pistole, nur so für alle Fälle. Und selbst in England, wo Polizisten normalerweise unbewaffnet sind, bekommen sie Pistolen, wenn es mulmig wird.

In den Demokratien der westlichen Welt mit ihrer ideologisch besetzten Überbetonung einer freiwilligen Zustimmung der Bevölkerung zu in ihrem Namen erlassenen Gesetzen wird die ständige Präsenz der Amtsgewalt entsprechend unterbewertet. Umso wichtiger ist es, Bescheid über sie zu wissen. Gewalt ist das eigentliche Fundament jeder politischen Ordnung. Der politische Jedermann hat durchaus ein Gespür dafür. Vielleicht rührt daher das allgemeine Widerstreben gegen die Abschaffung der Todesstrafe, und vom Aberglauben, von der Torheit und fortzeugenden Grausamkeit, worin die Juristen den gewöhnlichen Sterblichen nicht nachstehen. Die Überlegung, dass politische Ordnung letztlich in Gewalt gründet, trifft allerdings auch auf Staaten zu, die die Todesstrafe abgeschafft haben. Die berittene Polizei in Connecticut, wo zur freimütig zugegebenen Befriedigung der Ordnungshüter ein elektrischer Stuhl den staatlichen Strafvollzug ziert, darf unter gegebenen Umständen von der Schusswaffe Gebrauch machen. Ihre Kollegen in Rhode Island, die ohne diese bemerkenswerte Annehmlichkeit auskommen müssen, dürfen ebenfalls schießen. Dass das Handwerkszeug der Gewalt in Ländern mit weniger demokratisch und humanitär klingenden Ideologien auch weniger zimperlich ist – und gebraucht wird – bedarf keiner besonderen Erwähnung.

Da Gewalt auf die Dauer ziemlich unpraktisch ist und den gewünschten Erfolg verfehlen müsste, vertrauen amtliche soziale Kontrollorgane vielfach auf die Einschüchterung, die vom bloßen Wissen um das Vorhandensein von Gewaltmitteln ausgeht. Aus mancherlei Gründen ist ein solches Vertrauen bei jeder Gesellschaft gerechtfertigt, die nicht am Rande der Auflösung – etwa durch Revolution, militärische Niederlage oder Naturkatastrophe – steht. Der wichtigste Grund ist wohl die Tatsache, dass jedes Regime – auch Diktatur und Schreckensherrschaft – im Grunde anerkannt, ja für gut gehalten werden möchte – mindestens im Laufe der Zeit. Auf die sozialpsychologische Dynamik, die darin zum Vorschein kommt, können wir uns nicht einlassen. In demokratischen Gesellschaften wenigstens halten sich die meisten Leute für Verfechter eben jener Werte, in deren Namen Gewalttaten begangen werden. Über den Charakter dieser Werte ist damit nichts gesagt. In manchem Ort in den Südstaaten zum Beispiel ist die weiße Majorität durchaus für die Art von Gewalt, wie sie die Polizei gebraucht beziehungsweise missbraucht, um Schwarz und Weiß getrennt zu halten. Es besagt ganz einfach, dass die große Masse Gewaltanwendung als solche überhaupt billigt. In jeder geordneten Gesellschaft ist Gewalt die Ultima Ratio und wird sparsam angewandt. Für die soziale Kontrolle im Alltag genügt allein schon die Drohung, die das Vorhandensein äußerster Mittel darstellt. Was wir für unseren Zusammenhang dabei besonders hervorheben möchten, ist die Tatsache, dass nahezu alle Menschen in gesellschaftlichen Situationen leben, in denen, wenn alle anderen Mittel versagen, offiziell und legal mit Gewalt gegen sie vorgegangen werden kann.

Fasst man die Bedeutung der Gewalt für die soziale Kontrolle so auf, so ergibt sich klar, dass die gewissermaßen »vorletzten« Druckmittel für die meisten Menschen oft viel entscheidender sind. Während eine etwas geistlose Eintönigkeit die Einschüchterungsmethoden auszeichnet, die Juristen und Polizisten erfunden haben, sind die vorletzten, mehr oder weniger harmlosen Möglichkeiten der sozialen Kontrolle recht vielseitig und gelegentlich geradezu phantasievoll. Gleich nach politischem und gesetzlichem Zwang wäre in der Rangliste der wirtschaftliche Druck zu nennen. Kaum ein Druckmittel ist so effektvoll wie eines, das den Magen oder den Profit bedroht. Arbeitgeber und Arbeitnehmer bedienen sich seiner als Kontrollmittel mit beachtlichem Erfolg. Aber auch außerhalb der Einrichtungen, die rechtens in den ökonomischen Bereich gehören, sind ökonomische Zwangsmaßnahmen nicht weniger von Erfolg gekrönt. Kirchen und Universitäten schrecken damit ihr Personal vor Eigenmächtigkeiten ab, die in einschlägigen Kreisen für unannehmbar gehalten werden. Wenn ein Pfarrer seine Organistin verführt, so muss er nicht unbedingt gegen das Strafgesetz verstoßen. Aber die stumme Drohung, für immer auf sein Amt verzichten zu müssen, ist als Kontrolle solcher und ähnlicher Versuchungen wirksamer als das Gefängnis. Auch wenn der Pfarrer seine Meinung zu Angelegenheiten äußert, die seine Oberen gern mit dem Mantel des Schweigens bedeckt hätten, verstößt er gegen kein Gesetz. Die Chance aber, den Rest seines Lebens ärmlichen Landgemeinden geistlichen Trost spenden zu müssen, ist ein gewichtiges Argument bei Gewissenskonflikten. In rein wirtschaftlichen Institutionen wird natürlich offener mit derartigen Mitteln gearbeitet. Aber im Endergebnis wirken sich ökonomische Sanktionen in Kirchen und Universitäten kaum anders aus als in der Geschäftswelt.

Überall, wo Menschen in geschlossenen Gruppen, in denen sie persönlich bekannt und zu einer gewissen Loyalität verpflichtet sind, leben und arbeiten, stehen mögliche und wirkliche Ausscherer ständig unter starker und dabei höchst raffinierter Kontrolle. Die Mittel sind Überredung, Lächerlichmachen, Klatsch und Ächtung. Bei Gruppendiskussionen über einen gewissen Zeitraum hat man herausgefunden, dass Diskutanten ihre ursprünglichen Meinungen änderten, um mit der Gruppennorm übereinzustimmen, einer Art arithmetischen Mittels der in der Gruppe geäußerten Meinungen. Wo die Norm jeweils liegt, hängt offenbar von der Konstitution der Gruppe ab. Wenn zwanzig Menschenfresser mit einem Vegetarier über Kannibalismus diskutieren, besteht die Chance, dass er schließlich ihren Standpunkt gelten lässt und – mit gewissen Vorbehalten, um sein Gesicht zu wahren, etwa hinsichtlich des Verspeisens naher Verwandter – am Ende ganz auf ihre Seite übergeht. Diskutieren jedoch zehn Kannibalen, die das Fleisch von Menschen über sechzig zu zäh für kultivierte Gaumen finden, mit zehn anderen, die die Altersgrenze mäklerisch auf fünfzig herabsetzen möchten, so bestehen Aussichten, dass man sich bei fünfundfünfzig entgegenkommt, eine annehmbare Scheide zwischen Bratenduft und Grabesluft, wenn es ans Sortieren der Gefangenen geht. Solche und ähnliche Wunder kann die Gruppendynamik bewirken. Dem nahezu universalen Zug zum Consensus liegt wahrscheinlich ein tief menschliches Bedürfnis zugrunde, aufgenommen und anerkannt zu werden, durch welche Gruppe auch immer, wenn nur eine zu haben ist. Ein solcher Drang kann natürlich höchst wirksam manipuliert werden – Gruppentherapeuten, Volksredner und andere Friedensengel verstehen sich nur allzu gut darauf.

Lächerlichkeit und Klatsch sind bei allen Primärgruppen wichtige soziale Kontrollmittel. In vielen Gesellschaften ist das Auslachen von Kindern eines der Haupterziehungsmittel. Das Kind macht mit und tut, was es soll, nicht etwa aus Furcht vor Strafe, sondern weil es sich nicht lächerlich machen will. Im amerikanischen Kulturbereich, und zwar unter Afroamerikanern in den Südstaaten, war das sogenannte »Kidding« – das Wort spricht für sich und ist so etwas wie unser »auf den Arm nehmen«, wobei, wer den Schaden hat, für den Spott nicht zu sorgen braucht – ein ganz zentraler Erziehungsfaktor. Fast alle Menschen haben irgendwann einmal die peinigende Angst erlebt, sich in Gesellschaft lächerlich zu machen. Klatsch andererseits ist, was kaum näher ausgeführt werden muss, besonders virulent in kleinen Städten, wo jeder seine Nachbarn ständig kritisiert und nicht aus den Augen lässt. Als Kommunikationskanal und für das Im-Gang-Bleiben des gesellschaftlichen Betriebes ist er dabei unerlässlich. Jeder intelligente Mensch, der zu den jeweiligen Übertragungsmedien Zugang hat, kann im Übrigen Klatsch und Lächerlichkeit beliebig manipulieren. Die verheerendste Strafe, die ein Gemeinwesen über eines seiner Mitglieder verhängen kann, ist Ächtung. Es liegt eine gewisse Ironie darin, dass Gruppen, die erklärte Gegner der Gewalt sind, dieses Kontrollmittel besonders bevorzugen. Ein Beispiel ist das sogenannte »Shunning« bei den Amish Mennoniten. Wenn einer ihrer Anhänger ein Gruppentabu verletzt – sich etwa mit einem Außenseiter sexuell einlässt –, so setzt man ihn folgender Form der Ächtung aus: Er lebt und arbeitet weiter in der Gemeinschaft. Aber kein einziger Mensch spricht jemals ein Wort mit ihm. Eine grausamere Strafe ist kaum vorstellbar – und das nennt sich dann Pazifismus.

Nicht unerwähnt bleiben darf die Tatsache, dass soziale Kontrolle sich häufig auch auf Betrug stützt. Wir werden später noch näher darauf eingehen, was, soziologisch gesehen, Betrug für das menschliche Leben bedeutet. Hier möchten wir nur darauf hinweisen, dass, wer dieses Element nicht berücksichtigt, ein unvollständiges und verkehrtes Bild von der sozialen Kontrolle gewinnt. In einer Jungenbande kann ein einzelner die anderen ganz hübsch unter Druck setzen, wenn er einen großen Bruder hat, der bei gegebenem Anlass Prügel austeilt. Wer nun aber keinen großen Bruder hat, kann einen erfinden. Ob so ein Schwindel sich tatsächlich zur Kontrolle ausbauen lässt, hängt von der politischen

Begabung des kleinen Schwindlers ab. Absolut genommen ist es jedenfalls möglich, und dasselbe gilt für alle Arten sozialer Kontrolle, die wir besprochen haben. Darum hat ja Klugheit überhaupt noch eine Überlebenschance, wenn sie sich mit Bosheit, Brutalität und materieller Überlegenheit messen muss.

Man kann sich die eigene Person also im Mittelpunkt einer Anzahl von konzentrischen Kreisen vorstellen – da, wo der Druck am stärksten ist –, deren jeder ein soziales Kontrollsystem darstellt. Der äußerste wäre das politische und rechtliche System, in dem man leben muss. Es erhebt die Steuern und zieht zum Militär ein. Es unterwirft uns rigoros seinen zahllosen Vorschriften und Regulierungen. Es steckt einen ins Gefängnis, und, wenn das alles nichts nützt, kann es einen sogar töten. Man braucht kein amerikanischer Republikaner der Rechten zu sein, um Ärgernis an der ständig weiter um sich greifenden Macht dieses Systems in allen nur vorstellbaren Lebensbereichen zu nehmen. Allein seiner Gesundheit zuliebe sollte man sich eine Woche lang alle Anlässe aufschreiben, bei denen man innerlich aufbegehrt gegen die Ansprüche – die finanziellen natürlich nicht zu vergessen –, die das politisch-legislative System ständig stellt. Zur Abrundung sollte man alle Geldbußen und/oder Gefängnisstrafen zusammenzählen, die Ungehorsam dem System gegenüber nach sich ziehen würden. Hat man diese heilsamen Exerzitien hinter sich, so kann man sich am Ende damit trösten, dass Vollstreckungsorgane sich nicht gerade nach Arbeit drängen und gelegentlich auch bestechlich sind.

Der nächste konzentrische Kreis, von dem Druck ausgeht auf die einsame Gestalt in der Mitte, wird von der Moral, den Sitten und Gebräuchen und den Manieren gebildet. Nur wo es für die Obrigkeit peinlich werden könnte, gibt es hier gesetzliche Sanktionen. Leider kann man aber trotzdem nicht in Ruhe unmoralisch, exzentrisch und unmanierlich sein. Gerade an diesem Punkt nämlich treten die anderen Kontrollmittel auf den Plan. Wer gegen die Moral sündigt, verliert seine Stellung. Wer sich exzentrisch aufführt, findet erst keine. Und wer schlechte Manieren hat, wird bei Leuten, die etwas von sogenannten guten Manieren halten, nicht eingeladen. Stellungslosigkeit und Vereinsamung mögen, verglichen mit Haft und »Grüner Minna«, harmlose Strafen sein. Nur den Leuten, die sie erleiden, kommen sie gar nicht so harmlos vor. Wer dem Sittenkodex unserer Gesellschaft mit ihrem raffinierten Kontrollapparat hartnäckig die Stirn bietet, kann nach allgemeiner Übereinkunft auch noch als »krank« angesehen werden.

Moderne Verwaltungen – einige protestantische Kirchenbehörden zum Beispiel – sind denn auch dazu übergegangen, eigenwillige Angestellte, statt sie an die Luft zu setzen, zum Hauspsychiater zu schicken. Wer nach Auffassung seiner Direktion oder seines Bischofs etwas außerhalb der Normalität steht, ist zwar auch von Stellungslosigkeit und Vereinsamung bedroht. Dazu aber ist er auch noch ein Gezeichneter. Wenn er in der Behandlung keine Reue – man nennt das »Einsicht« – zeigt und nicht »anspricht« auf die Behandlung, das heißt also, resigniert, so kann es durchaus passieren, dass er damit endgültig aus der Gemeinschaft der zurechnungsfähigen Menschen ausgeschlossen wird. Auf diese Weise unterstützen die zahllosen »Genesungs-«, »Führungs-« und »Beratungs-Stellen«, die überall in den Institutionen des modernen Lebens ins Kraut geschossen sind, den gesellschaftlichen Kontrollapparat als solchen erheblich, und zwar besonders auf den Gebieten, wo die politischen Gewalten nicht hinreichen.

Als Zugabe zu diesen fundamentalen Kontrollen, denen wir einer wie der andere ausgesetzt sind, tritt nun noch so mancher Zwang, der spezieller auf jeden Einzelnen abgestimmt ist. Mit der Berufswahl – oder richtiger dem Beruf, bei dem man mehr oder weniger zufällig landet – sind unweigerlich weitere, zum Teil keineswegs harmlose Kontrollen verbunden. Da sind zunächst genormte Anforderungen der Berufsverbände, Lizenzgeber, Gewerkschaften usw., zu denen natürlich die Ansprüche des jeweiligen Arbeitgebers kommen. Ebenso wichtig wie diese formellen Kontrollen sind die informellen seitens der Mitarbeiter und Kollegen. Näher darauf einzugehen erübrigt sich. Der Phantasie des Lesers sind keine Grenzen gesetzt. Man stelle sich hierzulande zum Beispiel einen Arzt vor, der sich für kostenlose Behandlung nach englischem Muster einsetzt, ein Beerdigungsinstitut, das annonciert: »Schlichte Begräbnisse, würdige Begräbnisse«, einen Erfinder, der die freie Marktwirtschaft endlich mit dem garantiert unzerreißbaren Strumpf beglückt, einen Sektenprediger, der die delikaten Zusammenhänge von Seelenmassage und Kollekte unterschätzt, einen leitenden Beamten, der den Ehrgeiz hat, weniger Haushaltsmittel zu vergeben als sein Minister angefordert hat, einen Arbeiter am Fließband, der das Leistungssoll im Alleingang in die Höhe treibt usw. In solchen Fällen sind ökonomische Sanktionen besonders beliebt und wirksam. Der Arzt genießt bald den Ruf eines Nichtskönners. Seriöse Privatkassen geben ihrer Klientel einen diesbezüglichen Wink, und honorige Kliniken haben keine Betten für seine Patienten frei. Das Beerdigungsinstitut wird wegen pietätloser Gesinnung seines Inhabers aus den Listen der Standesorganisation gestrichen. Erfinder und Sektenprediger haben allenfalls noch beim amerikanischen Friedenskorps Chancen, nach Neuguinea geschickt zu werden, wo einstweilen kein Markt für Strümpfe und keine Nachfrage nach Seelenmassage ist. Der leitende Beamte tut gut daran, auf die Opposition zu setzen, wenn er Karriere machen will. Und der fleißige Mann am Fließband wundert sich bald darüber, dass sämtliche brüchigen Maschinenteile der ganzen Fabrik sich ausgerechnet an seinem Arbeitsplatz ein Stelldichein geben. Aber auch gesellschaftliche Sanktionen wie Verachtung, Verlacht- und Gemieden-Werden sind kaum leichter zu ertragen. Alle Berufsrollen, selbst die bescheidensten, haben ihre ungeschriebenen Verhaltensvorschriften, denen man sich nicht versagen kann. Dass man sich an sie hält, ist im Allgemeinen für das Fortkommen im Beruf ebenso wichtig wie das Können und die Erfahrung im Fach. Die sozialen Kontrollen im Berufsleben sind für uns alle so wichtig, weil sich dort entscheidet, was man darüber hinaus noch tun oder lassen kann: zu welchen Kreisen, Verbindungen, Clubs usw. man Zugang hat, mit wem man befreundet sein kann und wo man sich häuslich einrichtet. Von spezifischen Pressionen im Beruf abgesehen, wirken sich auch die außerberuflichen Kontakte, die man pflegt, ihrerseits kontrollierend aus. Solche Kontrollen können zwangloser, aber auch noch straffer sein als die der eigentlichen Arbeitswelt. Die Bedingungen für die Mitgliedschaft in einem Klub sind unter Umständen ebenso streng wie die gesellschaftlichen Voraussetzungen, die ein Direktor bei IBM erfüllen muss, wobei es übrigens sehr zur Erleichterung gequälter Kandidatenseelen beiträgt, wenn beides – gelegentlich einmal – zusammenfällt. In weniger exklusiven Kreisen ist man natürlich etwas weitherziger, und ein Hinauswurf käme so leicht nicht vor. Für jemanden, der nicht allzu viel Gefallen an volkstümlichen Verbrüderungsbräuchen hat, kann das Leben dort aber so unerträglich sein, dass er sich von selbst abseits hält. Was unter alle diese ungeschriebenen Gesetze fällt, ist natürlich sehr unterschiedlich und reicht von Tischmanieren und Kleidung über Ausdrucksweise und Kunstgeschmack bis zum politischen und religiösen Credo. In jedem Falle aber bilden auch ungeschriebene Gesetze Kontrollkreise, die den Handlungsspielraum der Person in jeder möglichen Situation festlegen und umspannen.

Schließlich und endlich stellt auch die Gruppe, in der man sein Privatleben führt, Familie und Freunde, ein eigenes Kontrollsystem dar. Es nur deshalb für das schwächste zu halten, weil es nicht über die förmlichen Zwangsmittel der anderen verfügt, wäre ein großer Irrtum. Normalerweise hat man an diesen Kreis die stärksten sozialen Bindungen, und Misserfolg, Prestigeverlust, Lächerlichkeit und soziale Ächtung sind in dieser Intimgruppe psychologisch folgenreicher als irgendwo sonst. Wenn ein Vorgesetzter befindet, man sei ein kompletter Versager, so kann einen das finanziell ruinieren. Aber die psychologische Wirkung ist ungleich verheerender, wenn man entdeckt, dass die eigene Frau einen auch für einen Versager hält. Außerdem treffen uns die Druckmittel aus dieser Sphäre oft, wenn wir am wenigsten darauf vorbereitet sind. Im Beruf kann man auf der Hut sein, sich zusammennehmen oder verstellen. Die moderne amerikanische Familienideologie, ein Sammelsurium der Ungereimtheiten, die das Heim als Zuflucht vor Spannungen der Außenwelt und Hort persönlicher Erfüllung bei Weitem überschätzt, befördert gleichzeitig seine kontrollierende Funktion. Jemand, der seelisch einigermaßen präpariert ist, sich im Beruf zur Wehr zu setzen, wenn er angegriffen wird, tut zu Hause alles Erdenkliche, um die zerbrechliche Harmonie seines Familienfriedens zu erhalten. Die soziale Kontrolle durch die – von deutschen Soziologen so benannte – »Intimsphäre« beruht letzten Endes auf eben den Fakten, denen sie ihr Zustandekommen im Leben des einzelnen verdankt. Wenn ein Mann sich die Frau und den Freund wählt, so sind das Akte seiner Selbstdefinition, und es sind diese intimsten Beziehungen, auf die er sich verlassen können muss, um sich sein Selbstbild intakt zu erhalten. So ist denn mancher Despot im Betrieb daheim ein Pantoffelheld und wird beim geringsten Stirnrunzeln eines guten Freundes unsicher.

Wenn wir jetzt noch einmal auf unsere einsame Gestalt im Zentrum der verschiedenen konzentrischen Kreise zurückblicken, so können wir schon besser verstehen, dass ihr »Ort« in der Gesellschaft der ist, an den sie sich trotz und wegen aller Mächte, die dort und überall Zwang auf sie ausüben, hin gehörig weiß. Wenn also jemand im Geiste alle Leute, auf die er Rücksicht nehmen muss, vom Schalterbeamten auf dem Finanzamt bis hin zur Schwiegermutter, Revue passieren lässt und dabei auf die Idee kommt, die gesamte Gesellschaft tanze ausgerechnet ihm auf der Nase herum, so soll er sich nur nicht gleich für geistesgestört halten. Der Soziologe mindestens wird ihn in dieser seiner Vorstellung bestärken, einerlei, was andere Neunmalkluge ihm auch weismachen mögen. Ein anderer wichtiger Fragenkomplex in der Soziologie, an dem die volle Bedeutung der Lokalisierung des Einzelnen in der Gesellschaft demonstriert werden kann, ist die soziale Schichtung. Der Begriff Schichtung oder Stratifikation bringt zum Ausdruck, dass jede Gesellschaft aus Schichten besteht, die, sei es durch Macht, Privilegien oder Prestige, einander über- beziehungsweise untergeordnet sind. Schichtung bedeutet also zunächst ganz einfach, dass jede Gesellschaft ihr Rangsystem hat. Manche Schichten rangieren höher, andere niedriger, und ihrer aller Summe spiegelt das Stratifikationssystem dieser jeweiligen Gesellschaft. Die Stratifikationstheorie ist eines der schwierigsten Gebiete der Soziologie. Es läge gänzlich außerhalb unseres Rahmen, in sie einführen zu wollen. Wichtig ist für uns hier nur, dass Gesellschaften sich hinsichtlich ihrer Kriterien für die Zuweisung von Individuen an die verschiedenen sozialen Ebenen stark unterscheiden und dass andererseits in einer Gesellschaft verschiedene Stratifikationssysteme mit verschiedenen Zuweisungskriterien nebeneinander

Platz haben. Selbstverständlich sind völlig andere Faktoren für den Ort des Einzelnen im Schichtungssystem der alten indischen Kastengesellschaft entscheidend als in einer modernen westlichen Gesellschaft. Und die drei wesentlichen Auszeichnungen, mit denen gesellschaftliche Positionen bestückt sein können: Macht, Privileg und Prestige brauchen keineswegs immer vereint zu sein, sondern können gesondert vorkommen und verschiedenen Stratifikationssystemen angehören. In unserer eigenen Gesellschaft ist Reichtum oft mit politischer Macht gekoppelt, muss es aber nicht sein. Es gibt einflussreiche Politiker, die alles andere als reich sind. Prestige andererseits haben auch von Wirtschaft oder Politik weit entfernte Tätigkeiten. Diese wenigen Hinweise mögen uns eine Vorwarnung sein, wenn wir uns nun der Frage zuwenden, in welcher Weise der Ort des Einzelnen in der Gesellschaft durch das Stratifikationssystem mit seinem immensen Einfluss auf unser ganzes Leben betroffen wird.

In den modernen Gesellschaften der westlichen Welt ist der wichtigste Stratifikationstypus das Klassensystem. Der Begriff Klasse ist, wie die meisten Begriffe der Stratifikationstheorie, sehr verschieden definiert worden. Für uns genügt es, Klasse als einen Stratifikationstypus zu sehen, bei dem die allgemeine Stellung des Menschen in der Gesellschaft in erster Linie durch ökonomische Kriterien bedingt ist. In einer solchen Gesellschaft ist meistens der Rang, den man erreicht, wichtiger als der, den man von Geburt mitbekommen hat, wenngleich die meisten Leute feststellen, dass letzterer sich doch nicht unbeträchtlich auf den ersteren auswirkt. In einem Klassensystem besteht auch meistens ein hoher Grad von Mobilität, was bedeutet, dass gesellschaftliche Positionen nicht starr festliegen, dass viele Leute ihre Stellung im Lauf ihres Lebens verbessern oder verschlechtern und folglich keine Stellung als absolut gesichert erscheint. Dementsprechend ist das symbolische Drum und Dran jeder Stellung von großer Bedeutung. In Symbolen – konkreten Gegenständen, Geschmack und Gespräch, Umgangs- und Gesellungsformen, ja sogar durch die passende Überzeugung zeigt man der Mitwelt ständig an, wie weit man es gerade gebracht hat. Das ist es, was in der Soziologie Statussymbolik heißt und ein wichtiger Aspekt der Schichtentheorie ist.

Max Webers Definition von Klasse stützt sich auf die Chancen, die der Mensch vernünftigerweise im Leben erwarten kann. Mit anderen Worten: Unsere Klassenzugehörigkeit ergibt sich aus gewissen Wahrscheinlichkeiten oder Lebenschancen, die die Gesellschaft für uns bereithält. Jedermann weiß, dass das in ökonomischer Hinsicht zutrifft. Ein ungefähr fünfundzwanzigjähriger Mann aus dem oberen Mittelstand hat viel eher die Chance, in zehn Jahren eine Stadtwohnung, zwei Wagen und ein Ferienhaus am Meer zu besitzen als sein Altersgenosse aus dem Kleinbürgertum. Das soll nicht etwa heißen, dass letzterer keinerlei Chancen hat, es so weit zu bringen. Er hat gewissermaßen nur ein statistisches Handikap. Wenn Klasse in erster Linie ökonomisch aufgefasst wird, so sollte das nicht überraschen, und der normale Lauf der Welt bestätigt immer wieder, dass der Teufel nach wie vor am liebsten auf den größten Haufen spuckt.

Aber die Auswirkungen der Klassenzugehörigkeit auf die Lebenschancen gehen weit über das ökonomische im engeren Sinne hinaus. Klasse bestimmt Art und Grad der Ausbildung, die man seinen Kindern mitgeben kann, und der Vorsorge für die Gesundheit, die man für sich und die Seinen treffen kann, das heißt also Lebenserwartungen und Lebenschancen im wörtlichen Sinne. Die höheren Klassen unserer Gesellschaft sind besser ernährt und ausgebildet, wohnen besser und leben länger als ihre weniger begünstigten Mitbürger. Das sind zwar alles Binsenwahrheiten, die aber Gewicht bekommen, sobald man sich klar macht, dass eine statistische Korrelation besteht zwischen der Summe an Geld, die jemand in einem Jahr verdient und der Summe an Jahren, die ihm zum Geldverdienen noch beschieden ist. Die Bedeutung des Platzes der Person im Klassensystem geht aber noch weiter.

Die verschiedenen Klassen unserer Gesellschaft leben nicht nur quantitativ unterschiedlich lange, sie leben auch qualitativ verschiedene Lebensstile. Ein Soziologe, der nicht auf den Kopf gefallen ist, kann über jemanden, von dem ihm zwei Hauptindizien der Klassenzugehörigkeit gegeben werden: Einkommen und Beruf, eine ganze Liste von Aussagen machen, auch wenn er weiter nichts erfährt. Diese Aussagen – oder besser Voraussagen – sind, wie alle soziologischen Voraussagen, im Grunde statistischer Natur. Das heißt, es sind Wahrscheinlichkeitsaussagen, denen ein gewisser Spielraum für Fehler zuzugestehen ist. Nichtsdestoweniger treffen sie mit ziemlicher Sicherheit zu. Wenn die beiden genannten Informationen über eine Person vorliegen, kann der Soziologe in einer Art Umkehrung des beliebten Fernsehspiels »Heiteres Beruferaten« sagen, in was für einem Teil der Stadt der Betreffende wohnt und wie groß und komfortabel die Wohnung ist. Er kann auch eine generelle Beschreibung der Innenausstattung geben und sagen, was für eine Kategorie von Bildern an den Wänden hängt und welche Bücher und Zeitschriften auf den Wohnzimmerregalen stehen. Ja er errät sogar, was für eine Musik sein Mann gerne hört, und ob er dazu ins Konzert geht oder beim Grammofon oder Radio sitzt. Aber er kann noch viel mehr. Er weiß ziemlich genau, in welchen Vereinen der Mann ist und welches Gebetbuch er hat. Er kennt seine politische Einstellung und weiß, was er zu bestimmten öffentlichen Problemen sagen wird. Er weiß, wieviel Kinder er gezeugt haben kann, und ob er die Freuden des Ehelebens lieber im Dunkeln oder bei trautem Lampenschein genießt. Er kann einigermaßen zutreffende Behauptungen über Krankheiten, körperliche wie geistige, aufstellen, mit denen sein Mann rechnen kann oder nicht. Er ist also, wie wir sehen, in der Lage, ihn auf der Lebenserwartungstabelle eines Agenten der Lebensversicherung richtig unterzubringen. Und sollte es ihn zu guter Letzt gelüsten zu erfahren, ob er richtig geraten hat, so kann er sogar – mit einiger Sicherheit – voraussagen, ob ihm das lebendige Vorbild seines Homunculus ein Interview gewähren wird oder nicht.

Viele der hier angeführten Erscheinungen werden, wo immer es »Klasse« gibt, auch noch durch äußere Kontrollen erhärtet. Hat ein Generaldirektor die »falsche Adresse« und die »verkehrte Frau«, so muss er schon ein starker Charakter sein, um dem Druck, Frau und Adresse zu wechseln, standzuhalten. Einem Arbeiter in Amerika, der auf die perverse Idee käme, in eine typische Mittelstandskirche einzutreten, würde unmissverständlich bedeutet, dass er »anderswo glücklicher wäre«. Hat ein Proletenkind Geschmack an Kammermusik, so muss es sich seiner Eltern, Geschwister, Onkel, Tanten und Freunde erwehren, die das einfach für eine Verirrung halten. Meistens sind die äußeren Kontrollen jedoch völlig überflüssig, weil derartige Abweichungen sehr selten, wenn nicht überhaupt unwahrscheinlich sind. Wem der Weg zum Sessel des Generaldirektors bereitet ist, der heiratet aus Instinkt die »richtige Frau« – bei David Riesman gehörte sie zum »Cabriolet-Typ«. Und der Musikgeschmack von Kleine-Leute-Kindern ist meistens schon so früh ausgeprägt, dass sie gegen die Sirenenklänge von Kammermusik immun sind. Mit unzähligen Einflüssen formt jedes Klassenmilieu die Persönlichkeiten derer, die darin leben: von der Wiege bis zum Abgangszeugnis eines teuren Pensionates beziehungsweise einer städtischen Fürsorge-Erziehungs-Anstalt. Erst wenn, auf irgendeine Weise, die prägenden Kräfte des Klassenmilieus ihre menschliche Zielscheibe verfehlt haben, treten die Mechanismen der sozialen Kontrolle in Funktion. So hätten wir bei dem Versuch, das Phänomen Klasse in seiner vollen Bedeutung zu sehen, nicht nur einen weiteren Aspekt der sozialen Kontrolle in den Blick bekommen, sondern haben schon jetzt eine Ahnung, in welcher Weise die Gesellschaft in unser innerstes Bewusstsein eindringt. Davon handelt unser nächstes Kapitel.

Was wir zum Phänomen Klasse gesagt haben, ist – das sollte an dieser Stelle betont werden – keine zornige Klage gegen unsere Gesellschaft. Allerdings könnten durch gezielte Anstrengungen auf dem Gebiete der Sozialplanung manche Härten, die sich aus den Unterschieden der Klassen ergeben, gemildert werden, etwa die Diskriminierung der unteren Klassen bei der Ausbildung und im Gesundheitswesen. Wieviel man aber auch unter günstigen Umständen mit dergleichen erreichen mag, an den Grundtatsachen, dass verschiedene soziale Milieus verschiedene Arten und Grade von Druck ausüben und dass der Druck des einen Milieus dem, was die Gesellschaft jeweils als Lebenserfolg ansieht, förderlicher ist als der Druck des anderen, ändert das gar nichts. Dass Grundzüge des Klassensystems wie die, von denen wir gesprochen haben, in allen industriellen oder sich industrialisierenden Gesellschaften vorzufinden sind, kann man mit ziemlicher Sicherheit behaupten. Das gilt auch für die sozialistischen Staaten, deren Ideologie das Bestehen von Klassen offiziell leugnet. Wenn aber schon in einer so relativ »offenen« Gesellschaft wie der unsrigen der gesellschaftliche Ort des Individuums in seiner sozialen Schicht im Vergleich zu anderen Schichten derartig weitreichende Folgen hat, so kann man sich unschwer vorstellen, wie die entsprechenden Folgen in »geschlosseneren« Systemen aussehen. Wir stützen uns hier wieder auf Daniel Lerners aufschlussreiche Untersuchung der Traditionsgesellschaften im Mittleren Osten, bei denen durch die gesellschaftliche Platzierung Identitätsbewusstsein und Lebenserwartungen – bis hinein in die Fantasie – so an die Kette gelegt werden, wie sich das kein moderner Europäer oder Amerikaner vorstellen kann. Vor der industriellen Revolution war das für die meisten Schichten europäischer Gesellschaften gar nicht so viel anders als in Lerners Modell. Das gesamte Dasein eines Menschen lässt sich in solchen Gesellschaften mit einem einzigen Blick auf seine gesellschaftliche Position aufrollen, so wie man bei einem Hindu mit einem Blick auf die Stirn das Zeichen seiner Kaste und damit seinen Platz im Leben erkennt.

Aber sogar in unserer eigenen Gesellschaft, die mehr ist als nur ihr Klassenschematismus, bestehen andere Schichtungssysteme, die härter und daher gravierender für das Leben des Einzelnen sind als ein bloßes Klassensystem. Das amerikanische Rassensystem, das die meisten Soziologen als eine Variante des Kastensystems ansehen, ist ein krasses Beispiel. Die Grundposition der einzelnen Person – das heißt die Zugehörigkeit zu einer Kaste – wird in einem derartigen System mit der Geburt fixiert. Mindestens in der Theorie hat der Mensch keinerlei Möglichkeit, diese seine Position im Lauf des Lebens zu wechseln. Ein Afroamerikaner kann noch so reich werden, er bleibt ein Afroamerikaner. Ein weißer Mann kann noch so tief sinken, er bleibt wenigstens ein Weißer. Der einzelne wird in seine Kaste hineingeboren und muss sein ganzes Leben innerhalb der Grenzen führen, die ihm seine Geburt gesetzt hat. Selbstverständlich muss er im Rahmen der Kaste heiraten und sich fortpflanzen. Allerdings lässt sich die Theorie mindestens im amerikanischen Rassensystem gelegentlich durch die Praxis überspielen, wenn etwa beim sogenannten »passing« sehr hellhäutige Afroamerikaner sich mit und ohne augenzwinkernde Zuschauer auf beiden Seiten als Weiße ausgeben und von der weißen Gesellschaft absorbiert werden. Solche Mogeleien ändern jedoch nichts am System selbst mit allen seinen Auswirkungen.

Die tristen Tatsachen der amerikanischen Rassensituation sind allzu bekannt, um weiter erörtert zu werden. Dass der gesellschaftliche Ort eines Menschen, der zufällig Afroamerikaner ist, eine viel stärkere Einschränkung seiner Entfaltungsmöglichkeiten mit sich bringt, als Klassenzugehörigkeit es je zustande brächte, dürfte klar sein. Das gilt zwar mehr für die ehemals konföderierten Staaten des Südens als für die Yankee-Staaten im Norden oder gar den Westen. Aber die regionalen Unterschiede sind doch bedeutend geringer, als mancher selbstgerechte Pharisäer im Norden wahrhaben möchte. Die Möglichkeiten zur Mobilität zwischen den Klassen sind für die einzelne Person durch ihre Rassenzugehörigkeit nahezu definitiv festgelegt, zumal einige der schärfsten Rassendiskriminierungen ökonomischen Charakters sind. Lebensformen, Vorstellungen und Selbstauffassung eines Menschen werden also durch seine Rasse viel entscheidender geprägt als durch seine Klasse. Die beengende Macht der gesellschaftlichen Platzzuweisung durch die Rasse stellt sich in reinster Form in der alten Gesellschaft der Südstaaten dar – sofern das Wort »rein«, noch dazu in durchaus quasi-chemischem Sinne, einer derartig abstoßenden Erscheinung gegenüber angebracht ist. Im alten Süden war jedes kleinste Detail der Interaktion zwischen den beiden Kasten durch ein stilisiertes Ritual vorgeschrieben, das planmäßig darauf angelegt war, der einen Partei zu schmeicheln und die andere zu demütigen. Bei der geringsten Abweichung riskierte der Afroamerikaner körperliche Züchtigungen und der Weiße Schimpf und Schande. Die Rasse entschied über unendlich viel mehr, als wo man wohnen und mit wem man verkehren konnte. Sie bestimmte die Modulation der Sprache, die Gestik und den Witz und drängte sich noch hinein in die Träume von einem besseren Jenseits. Schicht-Kriterien wachsen sich in einem solchen System zu metaphysischen Zwangsvorstellungen aus, wie das Beispiel jener großen Dame aus dem Süden zeigt, die allen Ernstes glaubte und auch sagte, dass ihr bester Koch dereinst in den »Neger-Himmel« eingehen würde.

Ein allgemein üblicher Begriff der Soziologie ist die Definition der Situation. Geprägt vom amerikanischen Soziologen W. I.

Thomas besagt er, dass eine gesellschaftliche Situation das ist, wofür sie von denen, die an ihr partizipieren, gehalten wird. Mit anderen Worten: Wirklichkeit ist für Soziologen eine Sache der Definition. Darin liegt der Grund, dass die Soziologie in ihren Analysen viele Facetten des menschlichen Verhaltens ernst nehmen muss, die als solche unsinnig oder unecht sind. Ein Biologe oder Anthropologe kann nach einem Blick auf die Rassenvorstellungen in den Südstaaten angeekelt wegsehen und erklären, das alles sei glatter Blödsinn. Und er kann diesen Blödsinn wie irgendeine der vielen Mythen, die menschliche Dummheit und Bosheit erfunden hat, weit von sich weisen, seinen Koffer packen und nach Hause fahren. Für den Soziologen aber beginnt an diesem Punkt erst die eigentliche Aufgabe. Es würde ihm gar nichts helfen, wenn er die Rassenideologie des Südens als pseudowissenschaftlichen Schwachsinn behandelte. Viele gesellschaftliche Situationen werden höchst kundig von Narren unter Kontrolle gehalten. Auch all der Unsinn, der gesellschaftliche Situationen bestimmen kann, gehört zum Forschungsgegenstand der Soziologie. Die Auffassung von »Wirklichkeit«, mit der die Soziologie arbeiten muss, hat also gewisse Sonderheiten, auf die wir noch zurückkommen wollen. Im Augenblick mag der Hinweis genügen, dass die ganze Unerbittlichkeit der sozialen Kontrolle über unser Leben durch den gesellschaftlichen Ort, an dem wir stehen, weder erklärt noch gemildert werden kann dadurch, dass man die Ideen demaskiert, von denen die Kontrolle geleitet wird. Das ist aber bei Weitem nicht alles. Nicht nur die Zeitgenossen reglementieren unser aller Leben mit ihren Narrheiten, sondern auch Generationen von Toten. Mehr noch: Jeder Unsinn wird, von Dekade zu Dekade nach seiner Entstehung, immer glaubhafter und ehrwürdiger. Nach Alfred Schütz wird jede gesellschaftliche Situation, an der wir teilhaben, nicht nur von unseren Schicksalsgenossen, sondern auch von deren Vorfahren bestimmt. Da mit Verstorbenen nicht gut reden ist, wird man ihre falschen Vorstellungen noch schwerer los als die der Lebenden. Diese unumstößliche Tatsache meint Fontenelle mit seinem Aphorismus über den Toten, der mächtiger als der Lebendige ist.

Man tut gut daran, sich das vor Augen zu halten, denn es zeigt, dass sogar in Bereichen, in denen die Gesellschaft uns einen gewissen Spielraum zu eigener Wahl gewährt, die harte Hand der Vergangenheit unsere Entscheidungsfreiheit einengt. Denken wir noch einmal zurück an unser Beispiel vom Liebespaar im Mondschein. Gesetzt, ihr Beisammensein wäre die Stunde der Entscheidung. Er bringt den ersehnten Heiratsantrag vor, und sie nimmt ihn natürlich an. Wir wissen bereits, dass die Gesellschaft der Lebenden dem Belieben in einer solchen Situation Grenzen setzt, dass Liebespaare derselben sozioökonomischen Kategorie es leichter haben als andere, die »nicht zusammen passen« und daher auf die ärgsten Widerstände gefasst sein müssen. Aber selbst wenn »die«, die noch leben, nicht einmal bewusst versuchen, die »dramatis personae« bei ihrer Entscheidung zu beeinflussen, haben »die«, die längst tot sind, ihre detailliertesten Regieanweisungen für die Szene gegeben. Der Einfall, die böse Lust in romantisches Fühlen zu kleiden, stammt von kehligen Minnesängern, die damit schon im 12. Jahrhundert süße Unrast in edle Frauenherzen senkten. Die Vorstellung, ein Mann müsse seinen Trieb für allzeit und immerdar auf eine einzige Frau richten, mit der Bett, Bad und die Öde unzähliger Frühstückssitzungen bei Morgenrock und Lockenwicklern zu teilen, sein Los sei, haben gallige Theologen einige Zeit vorher unter die Leute gebracht. Und die Unterstellung, die Initiative zu diesem glorreichen Unternehmen habe vom Mann auszugehen, dessen unüberwindliche Leidenschaft die Frau schließlich gnädig erhöre, geht auf jene graue Vorzeit zurück, als wilde Krieger zum ersten Mal einen friedlich-mutterrechtlich dahinlebenden Weiler überfielen, um seine kreischenden Töchter aufs Brautbett zu werfen.

Wie längst vermoderte Ahnen den großen Rahmen gezimmert haben, in dem nun die Leidenschaften unseres exemplarischen Pärchens entflammen, so ist auch jede Phase des Liebesfrühlings vorausbestimmt, wenn man will »vorfabriziert« und »fixiert«. Man erwartet nicht nur, dass die beiden einander lieben und eine rechtmäßige Ehe schließen, mit der sie ihren Namen und er seine Zahlungsfähigkeit verliert, und dass sie dann ihre Liebe um jeden Preis tätig ausüben, auf dass die Ehe vor Gott und den Menschen und natürlich für die Hauptbeteiligten ein Wohlgefallen sei. Nicht nur überwachen Kirche und

Staat den Hausstand, wenn er erst einmal zustande gekommen ist, mit wachsamem Argwohn. Das alles sind lauter Selbstverständlichkeiten, an denen Jahrhunderte vor der Geburt unserer Protagonisten gebraut haben. Nein, auch jeder Schritt, den sie vor dem Endspiel aufeinander zu gehen, erfolgt nach strengem gesellschaftlichem Ritual, das zwar einen gewissen Spielraum für eigene Improvisationen lässt – aber allzu viel Stegreifspiel geht leicht auf Kosten des Happy-Ends. So kann man denn also voraussagen, dass sich unser Paar in »angemessenem Tempo« vorwärts bewegt – wobei wir die Sprache der Verkehrspolizei nicht ohne Grund zitieren – vom gemeinsamen Kino zum gemeinsamen Kirchenbesuch und den beiderseitigen Familieneinladungen, vom schüchternen Händchenhalten zu schüchternen Kostproben ursprünglich für später gedachter Genüsse, von gemeinsamen Ferienplänen zum Plan des Einfamilienhäuschens im Grünen, wobei das Ereignis beim Mondschein natürlich den ihm gebührenden Ehrenplatz in der zeremoniellen Szenenfolge einnimmt. Keiner unserer beiden hat das Spiel oder den eigenen Part ersonnen. Sie haben sich nur entschlossen, es miteinander, statt mit anderen denkbaren Partnern aufzuführen. Auch über das, was sich nach jenem rituellen Austausch von Frage und Antwort ereignet, haben sie allzu viel nicht mitzureden. Eltern, Geschwister, Freunde, Pfarrer, Juwelier, Versicherungsvertreter, Blumenhändler und Innendekorateur sorgen schon dafür, dass auch das weitere Spiel nach vorgeschriebenen Regeln verläuft. Alle diese Hüter der Tradition brauchen dabei nicht einmal Druck auf die Hauptbeteiligten auszuüben. Die Erwartungen, die ihre gesellschaftliche Umwelt an sie stellt, sind nämlich so tief in ihre eigenen Zukunftsvorstellungen eingebettet, dass sie sich genau das wünschen, was die Gesellschaft von ihnen erwartet.

Wenn das schon in den intimsten Lebensbezirken so ist, braucht man sich nicht zu wundern, dass es für beinahe jede gesellschaftliche Situation gilt, die im Lauf unseres Lebens auf uns zukommt. Das Spiel war meistens längst festgelegt, bevor wir die Bühne betraten. Was uns zu tun bleibt, ist fast immer nur, es mit mehr oder weniger Anteilnahme zu spielen. Der Professor vor seinem Auditorium, der Richter bei der Urteilsverkündung, der Prediger auf der Kanzel, der Offizier vor der Truppe – sie alle sind in Handlungsverläufe gestellt, deren Grenzen vorher genau abgesteckt worden sind und von scharfen Kontrollen und Sanktionen bewacht werden.

Nach all diesen Betrachtungen steht uns nun das Tor zu einem tieferen Verständnis für das Funktionieren von gesellschaftlichen Strukturen offen. Ein soziologischer Begriff, der uns dabei von Nutzen sein kann, ist die »Institution«. Man versteht darunter im Allgemeinen in der Soziologie einen klar umrissenen Komplex sozialen Handelns. Recht, Klasse, Ehe, Kirche bilden jedes für sich eine Institution. Eine solche Definition sagt aber noch nichts über die Beziehungen zwischen der Institution und dem Handeln der Personen, die mit ihr zu tun haben. Für dieses Problem schlägt der deutsche Soziologe Arnold Gehlen eine interessante Lösung vor. Gehlen sieht in einer Institution eine regulative Instanz, die menschliches Verhalten ganz ähnlich wie der Instinkt das tierische in bestimmte Kanäle leitet. Mit anderen Worten: Institutionen sorgen für Verfahrensweisen, mit deren Hilfe das menschliche Verhalten generalisiert und auf Muster abgezogen werden kann. Sie liefern die von der Gesellschaft begehrten Schablonen, an denen sich das Verhalten orientieren kann und nach denen es sich richten muss. Der Trick dabei ist, dass die Schablone dem Individuum als die einzige mögliche Art und Weise, wie es sich verhalten kann, erscheinen muss. Ein Beispiel mag das deutlicher machen. Da niemand den Katzen beibringen muss, wie sie Mäuse fangen, ist doch wohl etwas an ihrer angeborenen biologischen Ausrüstung, ein »Instinkt«, wenn man so will, der sie dazu in die Lage versetzt. Wahrscheinlich steckt etwas in der Katze, das, sobald sie eine Maus sieht, unüberhörbar verlangt: Friss, friss, friss. Die Katze fasst nicht etwa den Entschluss, auf ihre innere Stimme zu hören. Sie folgt einfach dem Gesetz ihrer angeborenen Natur und packt die unselige Maus, deren innere Stimme übrigens wahrscheinlich nicht minder unüberhörbar fordert: Lauf, lauf, lauf. Die Katze aber, wie Luther, kann nicht anders.

Wir schalten nun wieder um zu unserem Liebespaar, dessen Treiben wir bisher mit beklagenswertem Mangel an Teilnahme verfolgt haben. Als unser Jüngling das Mädchen, dem bestimmt war, die Mondscheinszene heraufzubeschwören, zum ersten Mal gesehen hatte – und wenn nicht gleich beim allerersten Mal, dann ein bisschen später – hörte auch er eine innere Stimme, die ihm deutlich einen Befehl erteilte. Was er daraufhin tat, beweist, dass auch er, wie die Katze, diesen Befehl als Imperativ empfunden hat – nicht etwa, was der Leser denkt: *den* Imperativ hat der junge Mann durchaus und eingeboren mit allen jungen Katern, Schimpansen und Krokodilen gemein. Der interessiert uns jetzt nicht. Unser Imperativ lautet: Heirate, heirate, heirate. Denn im Unterschied zu dem anderen, ausnahmsweise einmal uninteressanten, ist der junge Mann mit *diesem* Imperativ eben nicht auf die Welt gekommen. Die Gesellschaft hat ihn in ihn gepflanzt und mit unzähligen Druckmitteln der Familie, Legende und Erziehung, der Reklame und der Massenmedien in ihm groß gezogen. Mit anderen Worten: Ehe ist kein Instinkt, sondern eine Institution. Aber die Art und Weise, in der diese Institution das menschliche Verhalten vorgezeichneten Kanälen zuführt, ist ganz ähnlich wie das, was der Instinkt da tut, wo er die Fuchtel schwingt.

Das wird erst ganz ersichtlich, wenn wir versuchen, uns auszudenken, was der junge Mann täte, wenn es den institutionalen Imperativ nicht gäbe. Er hätte eine fast grenzenlose Auswahl an Möglichkeiten. Er könnte das Mädchen verführen, verlassen und nie wiedersehen. Er könnte auch warten, bis ein Kind da ist, um es seinem Onkel mütterlicherseits zur Aufzucht zu geben. Oder er könnte sich mit drei anderen jungen Leuten verabreden, das Mädchen gemeinsam zu besitzen. Auch in seinen Harem könnte er es stecken, zu den dreiundzwanzig Haremsfrauen, die er schon hat. Bei vorhandenem Trieb und Interesse für dieses bestimmte Mädchen wäre er mit anderen Worten in einiger Verlegenheit. Selbst wenn wir annehmen, er habe Anthropologie studiert und wisse, dass alle diese Möglichkeiten in irgendwelchen Kulturen auf Erden gang und gäbe sind, hätte er immer noch eine unruhige Zeit vor sich, bis ihm klar wird, welche in seinem Falle die begehrenswerteste ist. Jetzt sehen wir, was der institutionale Imperativ für unseren jungen Mann wert ist. Er schließt alle anderen Optionsmöglichkeiten aus zugunsten der einen, die die Gesellschaft vorschreibt. Er verbannt die anderen sogar aus des jungen Mannes Bewusstsein. Er präsentiert ihm eine Formel: Begehren bedeutet lieben und heiraten. Alles, was unser Mann zu tun hat, ist, die im Programm vorgeschriebenen Schritte nachzuvollziehen. Auch damit können noch genug Schwierigkeiten verbunden sein – aber Schwierigkeiten einer ganz anderen Gattung als die, mit denen sich irgendein Ur-Mann herumschlagen musste, als er in der Lichtung eines Ur-Waldes eine Ur-Frau und schließlich einen tragbaren Modus Vivendi mit ihr fand. Mit anderen Worten: Die Institution Ehe ist dazu da, das Verhalten des jungen Mannes zu kanalisieren, auf dass er sich in Übereinstimmung mit einem Typus verhalte. Die institutionelle Struktur unserer Gesellschaft liefert die Typologie für unser Handeln. Nur ganz, ganz selten einmal werden wir in die Lage versetzt, neue Typen zu erfinden, uns selbst die Modelle für unser Verhalten zu schaffen. Das Maximum an Beliebigkeit, das wir meistens haben, ist die Wahl zwischen Typ A und Typ B, und beide sind uns a priori vorgegeben. Wir können uns entscheiden, ob wir lieber Kaufmann oder Künstler werden wollen. Aber in beiden Fällen müssen wir uns mit einer Vorlage dessen abfinden, was wir nach unserer Entscheidung tun, und keiner von beiden Lebenswegen wäre unsere eigene Erfindung.

Und noch eine andere Seite des Gehlenschen Institutionsbegriffes sollten wir schon jetzt herausstellen, weil sie uns für spätere Überlegungen wichtig ist: die scheinbare Unvermeidlichkeit der institutionalen Imperative. Der Durchschnittsmann unserer Gesellschaft weist Vielweiberei oder Vielmännerei nicht nur weit von sich, sondern diese Möglichkeiten sind für ihn, mindestens wenn es um seine eigene Person geht, im wörtlichen Sinne undenkbar. Er glaubt, der institutionell vorausbestimmte Lauf der Handlung sei der einzig mögliche, der einzige, zu dem er, ontologisch gesehen, überhaupt fähig ist. Die Katze, könnte sie über das Mausen nachdenken, käme wahrscheinlich zu dem gleichen Resultat. Der Unterschied ist nur, dass die Katze Recht hätte, während der junge Mann völlig im Unrecht ist. Unseres Wissens wäre eine Katze, die sich weigert, Mäuse zu fangen, ein biologisches Monstrum, das traurige Ergebnis einer bösartigen Mutation vielleicht – und in jedem

Falle ein Verräter am Wesen der Katzenhaftigkeit. Andererseits wissen wir aber auch, dass Vielweiberei und Vielmännerei kein Verrat an der biologischen Menschenhaftigkeit oder gar Mannheit sind. Und da für Araber das eine und für Tibetaner das andere biologisch möglich ist, müsste es das auch für unseren jungen Mann sein. Wenn er zum Beispiel zur rechten Zeit aus seiner Wiege geraubt und an jene fernen Küsten gebracht worden wäre, so wäre er jetzt eben nicht der sentimentale Vollblut-Amerikaner mit Wangen wie Milch und Blut, sondern ein glücklicher Haremsbesitzer im Orient oder einer von mehreren fidelen Gatten einer tibetanischen Schönen. So betrügt er sich also selbst – oder er wird von der Gesellschaft betrogen, wenn er den Lauf der Handlung so, wie er ihn sehen muss, für unvermeidlich hält. Das bedeutet aber, dass jede institutionelle Struktur auf Täuschungen beruhen muss und alles Sein in der Gesellschaft ein Element dessen enthält, was Sartre »mauvaise foi« nennt. Eine solche Einsicht mag zunächst niederdrückend wirken. Wir werden aber noch sehen, dass mit ihr das erste Scheinen einer nicht ganz so deterministischen Auffassung der Gesellschaft wie die, die wir bis jetzt gewonnen haben, heraufdämmert.

Unsere soziologische Perspektive hat uns nämlich jetzt zu einem Punkt geführt, von dem aus die Gesellschaft sich mehr oder weniger wie eine gigantische Zwingburg ausnimmt. Wir haben bei der kindlichen Freude an einer eigenen Adresse begonnen und sind bei der recht erwachsenen Erkenntnis angelangt, dass die Post im Briefkasten meistens ziemlich unerfreulich ist. Der Blick des Soziologen hat uns nur geholfen, die ganze Kumpanei deutlicher zu erkennen, die, tot oder lebendig, das Vorrecht genießt, uns auf der Nase herum zu tanzen.

Eine Richtung in der Soziologie, die dieser Auffassung von der Gesellschaft am nächsten kommt, ist die Durkheim-Schule und vor allem ihr Meister. Durkheim hat erklärt, Gesellschaft sei ein Phänomen sui generis, das heißt, sie ist für uns eine massive Realität, die wir auf keine andere zurückführen und in keine andere transponieren können. Er hat ferner die Behauptung aufgestellt, gesellschaftliche Fakten seien »Sachen«, die, genau wie Naturphänomene, ihr eigenes objektives Dasein außerhalb unserer Person führen. Damit wollte er in erster

Linie die Soziologie davor bewahren, von den allzu sehr auf ihr eigenes Imperium bedachten Psychologen eingeheimst zu werden. Aber seine Konzeption ist weit über diesen methodengeschichtlichen Anlass hinaus von Bedeutung. Eine »Sache« ist wie ein Fels, gegen den man anrennt. Man kann ihn nicht von seinem Platz bewegen, wenn man ihn da weg wünscht oder sich einredet, er sähe ganz anders aus. Eine »Sache« ist etwas, gegen das man vergeblich angeht. Sie ist da ohne Rücksicht auf unsere Hoffnungen und Wünsche. Und am Ende kann sie einem auf den Kopf fallen. Eine Sache kann töten. Genau in diesem Sinne ist die Gesellschaft eine Ansammlung von »Sachen«. Diese ihre Qualität wird wohl am deutlichsten sichtbar, wenn man sich das Recht mit allen seinen Möglichkeiten als gesellschaftliche Institution vergegenwärtigt. Folgt man Durkheims Auffassung, so steht die Gesellschaft uns als objektive Faktizität gegenüber. Sie ist da. Man kann sie nicht verleugnen und muss mit ihr rechnen. Sie ist außerhalb unserer eigenen Person. Sie umgibt und umrundet uns und unser ganzes Leben von allen Seiten. Wir sind innerhalb der Gesellschaft und haben in einem Sektor des gesellschaftlichen Systems unseren Ort. Durch diese unsere Platzierung in der Gesellschaft ist nahezu alles, was wir tun, vorausbestimmt, von der Sprache bis zu den Manieren, vom Festhalten an der Religion bis zur Wahrscheinlichkeit, dass sich jemand das Leben nehmen wird. Für die gesellschaftliche Platzierung kommen unsere eigenen Wünsche nicht in Betracht, und Widerstand gegen etwas, das die Gesellschaft vorschreibt oder auch nur verschreibt, hat bestenfalls mäßigen, meistens aber gar keinen Erfolg. Als objektives und außerhalb unserer Person bestehendes Faktum erleben wir Gesellschaft besonders in der Form von Zwang, den sie auf uns ausübt. Ihre Institutionen sind die Orientierungsmodelle für unser Handeln und gehen sogar noch in unsere Erwartungen ein. Sie belohnen uns je nach dem, wie wir uns an die vorgeschriebenen Verhaltensmodi halten. Lassen wir aber davon ab und treten aus dem hermetischen Kreis, so steht der Gesellschaft eine fast unbeschränkte Zahl von Kontroll- und Zwangs-Einrichtungen zur Verfügung. Mit ihren Sanktionen ist sie in der Lage, uns in jedem Lebensaugenblick von unseren Mitmenschen abzusondern, zu isolieren, der Lächerlichkeit preiszugeben, uns des Lebensunterhaltes, der Freiheit, ja des Lebens selbst zu berauben. Recht und Moral produzieren die raffiniertesten Rechtfertigungen für jedwede Sanktion, so dass die meisten Leute nur zustimmen können, wenn jemand für einen Schritt vom Weg bestraft wird. Schließlich und endlich aber haben wir in unserer Gesellschaft nicht nur räumlich, sondern auch zeitlich unseren Ort. Unsere Gesellschaft ist ein geschichtliches Wesen, dessen Zeit über jedes Einzelleben hinausreicht. Sie ist uns vorangegangen und wird uns überdauern. Sie war da, bevor wir geboren wurden, und wird da sein, wenn wir gestorben sind. Unser Leben ist nichts als eine Episode ihres majestätischen Zuges durch die Zeit. Sie ist, mit einem Wort, die Mauer unseres Gefängnisses in der Geschichte.

5 Soziologische Perspektive II: Gesellschaft im Menschen

Im vorigen Kapitel dürften wir dem Leser genügend Anlass gegeben haben, Soziologie für ein deprimierendes Fach zu halten, womit sie in die Fußstapfen der politischen Ökonomie träte, die in der englisch sprechenden Welt geradezu »the dismal science« genannt wird. Nachdem wir die Gesellschaft als Gefängnis geschildert haben, sollten wir nun wenigstens auch die Fluchtwege aus solch düsterem Determinismus verraten. Vorher allerdings müssen wir die Szene noch weiter verdunkeln.

Unter dem Aspekt ihrer Kontrollsysteme, von dem wir uns in erster Linie leiten ließen, standen sich in unseren bisherigen Ausführungen Individuum und Gesellschaft als zwei getrennte Wesenheiten gegenüber, wobei die Gesellschaft als Wirklichkeit außerhalb der Person Druck und Zwang auf diese ausübt. Ohne einige Korrekturen würde auf diese Weise ein ganz falsches Bild von den Beziehungen zwischen beiden entstehen, als ob die Menschheit unaufhörlich an ihren Ketten zerrte, sich nur mit knirschenden Zähnen der Herrschaft und ihren Kontrollmitteln fügte und in furchtsamem Kadavergehorsam befangen wäre. Dass dem nicht so ist, weiß jeder, der mit offenen Augen in der Gesellschaft lebt, und die soziologische Forschung bestätigt diese Erfahrung. Das Joch der Gesellschaft scheint für die meisten Menschen leicht zu tragen zu sein. Woher kommt das? Gewiss nicht etwa daher, dass die Macht der Gesellschaft geringer wäre, als wir im vorigen Kapitel ausgeführt haben. Warum also leiden wir nicht stärker an dieser Macht? Die soziologische Antwort auf diese Frage ist schon angeklungen: Weil wir meistens genau das begehren, was die Gesellschaft von uns erwartet. Wir wollen ihren Richtsätzen folgen. Wir wollen den Part spielen, den sie uns zugewiesen hat – und zwar nicht etwa, weil ihre Macht geringer wäre, sondern weil sie viel größer ist, als wir sie bisher dargestellt haben. Die Gesellschaft schreibt uns nämlich nicht nur vor, was wir zu tun, sondern auch, wer wir zu sein haben. Mit anderen Worten: Unser gesellschaftlicher Ort bestimmt nicht nur unser Verhalten, sondern auch unser Sein. Dieser zweiten soziologischen Perspektive wollen wir uns von drei theoretischen Ansatzpunkten der Soziologie her nähern: der Rollentheorie, der Wissenssoziologie und der Bezugsgruppentheorie. Die Rollentheorie verdankt ihre Bedeutung fast ausschließlich amerikanischen Soziologen. Einige ihrer Grundgedanken gehen zurück auf William James. Ihre natürlichen Väter aber sind Charles Cooley und George Herbert Mead. Wir können an diesem Ort keine geistesgeschichtliche Einführung in die Rollentheorie geben, was eine fesselnde Aufgabe wäre. Stattdessen wollen wir unsere Betrachtung jedoch mit einem weiteren Blick auf den bereits kurz erwähnten Begriff der »Definition der Situation« von W. I. Thomas beginnen.

Eine gesellschaftliche Situation ist nach Thomas eine Form von Wirklichkeit, über die bei denen, die an ihr partizipieren, Übereinstimmung herrscht – genauer gesagt, bei denen, die sie »definieren«. Das bedeutet für den einzelnen Beteiligten, dass jede Situation, in die er gerät, bestimmte Erwartungen an ihn stellt und auf diese Erwartungen bestimmte Reaktionen, oder besser »Antworten« von ihm verlangt. Wir haben bereits gesehen, dass nahezu jede gesellschaftliche Situation mit beträchtlichem Druck auf ihre Beteiligten verbunden ist, damit die richtigen Antworten zustande kommen. Gesellschaft kann als solche bestehen, weil die Auffassungen von den wichtigsten Situationen bei fast allen Leuten meistens nahezu übereinstimmen. Autor und Verleger dieses Buches zum Beispiel verfolgen damit vielleicht ganz verschiedene Ziele. Die Art und Weise aber, in der beide die Situation, in der es zustande kommt, sehen, ist ähnlich genug, um ihr gemeinsames Abenteuer Wirklichkeit werden zu lassen. Oder: Wenn Studenten eine Vorlesung hören, kann ihr Interesse daran ganz verschiedenen Ursprungs sein. Zu der angeblich pädagogischen Handlung, die auf dem Katheder vor sich geht, hat mancher von ihnen vielleicht kaum eine Beziehung. Der eine – hoffentlich kein einsamer weißer Rabe – hat vor, das Fach zu studieren, von dem da die Rede ist. Ein anderer geht einfach nur in jede Vorlesung, die ein rothaariges Mädchen belegt hat, dem er auf den Fersen ist. So verschieden diese beiden Interessen sind, sie können nebeneinander verfolgt werden, ohne etwa die Situation »Vorlesung« zu zerstören. Es gibt also einen gewissen Beliebigkeitsspielraum für erwartungsgemäße »Antworten« in einer Situation, ohne dass diese ihre soziologische Tragfähigkeit verlieren muss. Wenn die Situationsauffassungen allerdings allzu weit auseinanderklaffen, muss unvermeidlich so etwas wie sozialer Konflikt oder Desorganisation entstehen – wenn ein paar Studenten die Vorlesung etwa als Kaffeekränzchen behandeln oder ein Autor gar nichts Neues zu publizieren hat, sondern nur mit einem Verleger einen Vertrag haben will, um einen anderen zu ärgern.

Während das einzelne Individuum normalerweise in verschiedenen Bereichen seines Lebens auf verschiedene Erwartungen stößt, lassen sich die Situationen, aus denen diese Erwartungen kommen, auf alle mögliche Weise rubrizieren. Der Student belegt zum Beispiel zwei Kollegs bei zwei Professoren in zwei verschiedenen Fächern, wobei auch durchaus verschiedene Erwartungen an ihn gestellt werden können – was etwa die Förmlichkeit des Verkehrs zwischen Studenten und Professor betrifft. Dabei ähneln die Situationen als solche einander und anderen Kollegsituationen doch so weitgehend, dass der Student auf beide im Wesentlichen gleich ansprechen beziehungsweise »antworten« kann. Mit anderen Worten ist er fähig, mit geringen Modifikationen in beiden Fällen *die Rolle des Studenten zu spielen.* Eine Rolle kann also als eine typifizierte Antwort auf eine typifizierte Erwartung definiert werden. Die Gesellschaft hat im Wesentlichen die Typologie vorgeschrieben. Um die Sprache des Theaters zu zitieren, aus der der Rollenbegriff entlehnt ist: Textbücher und Rollenauszüge für alle »dramatis personae« hat die Gesellschaft besorgt. Die Spieler brauchen nur in die Rollen hineinzuschlüpfen, die längst bevor der Vorhang aufgeht, verteilt worden sind. Solange sie spielen, was sie sollen und wie sie sollen, nimmt das Drama der Gesellschaft seinen vorgesehenen Lauf.

Zugleich aber ist die Rolle das Modell, nach welchem sich die Person in ihrer Situation zu richten hat. In der Gesellschaft wie im Theater sind die Regieanweisungen für die Spieler verschieden genau festgelegt. Bei Berufsrollen ist es zum Beispiel klar, dass der Straßenkehrer kein besonders detailliertes Rollen-Vorbild braucht, während Arzt, Lehrer und Offizier sich bis in Sprache und Motorik hinein recht eingehend in Manieren einleben müssen, die bei Lichte besehen höchst stilisiert und manieriert sind: militärische Haltung, salbungsvolle Reden, frisch-fröhliche Späßchen am Krankenbett usw. Wenn man Rolle jedoch lediglich als regulative Schablone für äußerlich sichtbare Aktivität auffasst, so übersieht man einen ihrer wesentlichen Aspekte. Wir fühlen leidenschaftlicher, wenn wir küssen, demütiger, wenn wir knien, zorniger, wenn wir die Fäuste ballen. Das bedeutet, dass der Kuss die Leidenschaft nicht nur ausdrückt, sondern verstärkt, wenn nicht gar hervorbringt. Zu Rollen gehören eben nicht nur bestimmte Handlungen, sondern auch das entsprechende Gefühl und die innere Verfassung. Ein Professor, der weise auf dem Katheder sein soll, fühlt sich allmählich auch weise. Der Prediger auf der Kanzel glaubt schließlich an das, was er sagt. Der Soldat entdeckt kriegerische Gefühle in seiner Brust, wenn er die Uniform anzieht. Gefühl und Einstellung mögen zwar allemal schon vorhanden gewesen sein, bevor die Rolle angelegt wurde. Aber unbedingt verstärkt sie, was vorher da war. In vielen Fällen spricht sogar alles dafür, dass dem Rollenspiel im Bewusstsein des Akteurs gar nichts vorausgegangen ist. So wird man wohl weise, wenn man Professor wird, gläubig, wenn man etwas tun muss, was Glauben voraussetzt, kriegerisch, wenn man in einer Kampfformation marschiert.

Ein Beispiel: Jemand, der eben zum Offizier befördert worden ist, gerät, besonders, wenn er die ganze übliche Ochsentour hinter sich hat, anfangs etwas in Verlegenheit, wenn der einfache Soldat ihn auf der Straße grüßt. Mit etwas schlechtem Gewissen grüßt er freundlich, ja zuvorkommend wieder. Die neuen Rangabzeichen an seiner Uniform sind ihm noch wie eine neue, ungewohnte Maskerade. Noch kann er sich selbst und anderen bedeuten, dass er hinter dieser Verkleidung ganz derselbe geblieben ist, nur dass er eine andere Verantwortung trägt, zu der – nebenbei – auch die Pflicht gehört, die Grüße der Rangniedrigeren entgegenzunehmen. Aber diese Einstellung erhält er sich nicht lange. Um seine Rolle als Offizier auszufüllen, muss er ein gewisses Verhalten zur Schau tragen. Denn all den schönen Reden in demokratischen Armeen zum Trotz ist es ein fundamentaler Grundsatz, dass ein Offizier ein Vorgesetzter ist, dem, eben weil er das ist, Respekt gebührt. Jeder militärische Gruß einer niederen Charge ist also zugleich ein Akt des Gehorsams, der von dem, der ihn selbstverständlich erwidert, auch als Selbstverständlichkeit entgegengenommen wird. Ein frischgebackener Offizier wird mit jedem Gruß, den er empfängt – und es kommen natürlich noch hundert andere zeremonielle Handlungen, die seinen Status bezeugen, dazu – in seiner neuen Situation und deren gewissermaßen »ontologischen« Voraussetzungen heimischer. Bald agiert er nicht nur wie ein Offizier, er fühlt sich auch entsprechend. Dahin ist die Verlegenheit, die Gebärde, die gleichsam um Entschuldigung bat, der Gesichtsausdruck, der zu sagen schien: Ich bin doch nur einer wie ihr. Wenn jetzt irgendein Soldat nicht beim Grüßen die Hacken zusammenknallt, wenn gar das Unvorstellbare eintreten sollte, dass er überhaupt nicht grüßt, so bestraft unser Offizier keineswegs nur die Verletzung der militärischen Vorschriften. Nein, mit jeder Faser seines Wesens weist er eine Herausforderung seiner gesamten Weltordnung zurück. Entscheidend bei unserem Beispiel ist, dass einem solchen Vorgang kaum jemals ein Entschluss oder eine Überlegung zugrunde liegt. Unser Offizier hat sich nicht etwa in Ruhe überlegt, was alles zu seiner neuen Rolle gehört, einschließlich der Gefühle und Überzeugungen. Gerade in der Unreflektiertheit und Unbewusstheit des Prozesses liegt ja seine Kraft. Unser Mann ist fast so gedankenlos zum Offizier geworden, wie er blaue Augen und braunes Haar hat und ein Meter achtzig groß ist. Man kann auch nicht sagen, dass er besonders dämlich oder eine Ausnahme wäre. Im Gegenteil, exzeptionell wäre es, wenn er über Rolle und Rollenwechsel nachdächte – ein Typ übrigens, der wohl kaum einen guten Offizier abgäbe.

Gerade intelligente Leute klammern sich, wenn ihnen Zweifel über ihre gesellschaftliche Rolle kommen, eher noch mehr an das, woran sie zweifeln, anstatt darüber zu reflektieren. Der Priester, der am Glauben irre wird, betet inbrünstiger und liest öfter die

Messe, der Kaufmann, der seiner skrupellosen Geldmacherei wegen nicht mit sich ins reine kommt, geht auch noch am Sonntag ins Kontor, und der KZ-Wächter, dem nachts die toten Seelen erscheinen, meldet sich freiwillig zum Erschießungskommando. In allen drei Fällen handelt es sich um keine anormale Reaktion. Jede Rolle hat ihre immanente Disziplin. Sie formt, gestaltet und prägt sowohl die Handlung wie den Handelnden. Es ist in unserer Welt gar nicht so einfach, eine Rolle vorzutäuschen. Normalerweise wird man zu dem, was man spielt.

Mit jeder gesellschaftlichen Rolle ist eine entsprechende Identität verbunden. Viele solche Identitäten sind, wie wir gesehen haben, ephemer und belanglos, bloße Beschäftigungen, die das Wesen dessen, der sie ausübt, kaum antasten. Wenn man Straßenkehrer ist, kann man ohne weiteres Nachtwächter werden. Schwerer ist es schon, Pfarrer zu sein und Offizier zu werden, sehr viel schwerer, Afroamerikaner zu sein und Weißer zu werden oder Mann zu sein und Frau zu werden. Verschiedene Schwierigkeitsgrade beim Rollenwechsel dürfen uns aber nicht blind dafür machen, dass uns selbst Identitäten, die wir für unser innerstes Selbst halten, von der Gesellschaft zugesprochen worden sind. Wie Rassenrollen, mit denen man identifiziert wird, sind auch Geschlechtsrollen erworbene Rollen. »Ich bin ein Mann« zu sagen ist genauso gut eine Rollenproklamation wie »Ich bin Oberst in der Armee«. Wir haben keineswegs vergessen, dass man als männliches Wesen auf die Welt kommt, und glauben, dass sogar der einfältigste Kommishengst sich nicht einbildet, mit einem goldenen Adler an der Nabelschnur geboren zu sein. Aber für das biologisch männliche Wesen führt ein weiter Weg zu der spezifischen, gesellschaftlich definierten – und natürlich auch relativen – Rolle, zu der die Feststellung passt: Ich bin ein Mann. Kein männliches Kind braucht Erektionen zu erlernen. Aber es muss lernen, aggressiv und ehrgeizig zu sein, sich mit anderen zu messen und eigenen weichen Gefühlsregungen zu misstrauen. Männliche Rolle und männliche Identität in unserer Gesellschaft verlangen, dass es all das lernt. Erektionen allein tun es bei uns leider nicht. Wenn das genügte, wären ganze Bataillone von Psychotherapeuten bald arbeitslos.

Die Bedeutung der Rollentheorie in diesem Sinne lässt sich dahingehend zusammenfassen, dass, soziologisch gesehen, Identität von der Gesellschaft verliehen, von ihr gestützt und erhalten und durch sie umgewandelt wird. Am Beispiel des Mannes, der zum Offizier befördert wurde, hatten wir dargestellt, auf welche Weise die Gesellschaft eine Identitätsveränderung bei Erwachsenen zustande bringt. Aber auch viel fundamentalere als die an bestimmte Tätigkeiten geknüpften Rollen werden auf ganz ähnlichem Wege von der Gesellschaft verliehen, Rollen, die noch ganz anders zu dem gehören, was die Psychologen »Persönlichkeit« nennen. In Untersuchungen über die sogenannte Sozialisation, jenen Prozess, in dem Kinder lernen, aktiv beteiligte Mitglieder der Gesellschaft zu werden, ist das immer wieder dargestellt worden.

Den tiefsten Einblick in diesen Prozess gewährt die Theorie von G. H. Mead, der die Genese des Selbst und die Entdeckung der Gesellschaft durch die Person als ein und denselben Vorgang auffasst. Das Kind entdeckt sich selbst, in dem es erfahrend lernt, was Gesellschaft ist. Dadurch, dass es lernt, »die Rolle des anderen zu übernehmen« [Mead], lernt es, die eigenen Rollen richtig zu spielen. Darin – nebenbei gesagt – liegt die sozialpsychologische Funktion von Maskierungsspielen, bei denen Kinder sich alle möglichen gesellschaftlichen Rollen zulegen – Vater, Mutter, Kaufmann, Lehrer usw. – und so die Bedeutung der Rollen entdecken, die ihnen selbst zugewiesen werden. Zu einer solchen Art des Lernens kommt es nur, und kann es nur kommen, durch die Interaktion mit anderen Menschen – den Eltern, oder wer immer das Kind aufziehen mag. Die ersten Rollen nimmt das Kind im Vis-a-Vis mit den Personen an, die Mead die »signifikanten anderen« nennt. Er meint damit die Menschen, die intim mit dem Kind umgehen, und deren Gebaren, Haltung und Einstellung zu ihm für die Bildung seiner Selbstauffassung den Ausschlag geben. Später lernt es dann, dass Rollen, die es in seinem intimen Kreis spielt, nicht nur für diesen relevant sind, sondern mit Erwartungen, die ihm die Gesellschaft im Ganzen entgegenbringt, in Verbindung stehen. Diese nächst höhere Abstraktionsstufe des Respondierens auf die Gesellschaft nennt Mead die Entdeckung des »generalisierten anderen«. Nicht nur die Mutter, sondern die ganze Gesellschaft erwartet vom Kind, dass es artig, sauber und ehrlich ist. Erst wenn es in diesem Sinne zum generellen Erfassen von Gesellschaft fähig ist, kann es sich auch eine Vorstellung von sich selbst machen. »Selbst« und »Gesellschaft« sind wie Vorder- und Rückseite derselben Münze. Identität wird uns also nicht »mitgegeben«, sondern gesellschaftlich »zuerkannt«. Wir werden derjenige, als den man uns bezeichnet beziehungsweise »adressiert«. Dieser Gedanke kommt auch in Cooleys bekanntem Bilde vom Selbst als einem Spiegelreflex zum Ausdruck. Das soll natürlich nicht heißen, dass der Mensch keine angeborenen Charakterzüge hätte, die, unabhängig von einer sozialen Umwelt, in dieser überhaupt erst zur Entfaltung kommen. Unser biologisches Wissen vom Menschen gibt uns darüber noch keine eindeutige Aufklärung. Was wir jedoch wissen, ist, dass innerhalb der Grenzen durch Erbanlagen für die gesellschaftliche Formung des Menschen viel Platz vorhanden ist. Auch wenn wir die biologische Frage offenlassen, können wir sagen, dass Mensch-Sein bedeutet, als Mensch erkannt, anerkannt zu werden, genauso wie ein bestimmter Mensch zu sein bedeutet, als dieser bestimmte Mensch anerkannt zu werden. Wenn ein Kind ohne menschliche Zuneigung und Wartung aufwächst, wird es entmenschlicht. Ein Kind, das als Mensch respektiert wird, lernt, sich selbst zu respektieren. Ein kleiner Junge, den alle für einen Pechvogel halten, wird einer, so wie ein Offizier, in dem alle einen hehren, jungen Kriegsgott sehen, sich allmählich selbst einbildet, er wäre einer. Er benimmt sich, wie es einer solchen Denkmalsfigur zukommt, und verwischt die eigene Identität durch die, die von ihm erwartet wird. Identitäten werden aber, wie gesagt, nicht nur von der Gesellschaft verliehen. Sie müssen auch von ihr gestützt und erhalten werden und zwar stets und ständig. Man kann nicht für sich und mit sich allein Mensch sein – und anscheinend kann man auch nicht für sich und mit sich allein an einer Identität festhalten. Die Selbstvorstellung unseres Offiziers als Offizier bleibt ihm nur in einem gesellschaftlichen Kontext erhalten, in dem andere willens sind, ihn in dieser Identität anzuerkennen. Wird diese Anerkennung einmal, unvermittelt zurückgenommen, so dauert es gewöhnlich nicht lange, bis auch die Selbstvorstellung zusammenbricht.

Radikale Beispiele des Entzuges der Anerkennung durch die Gesellschaft können uns eine Menge über das Wesen der Identität verraten. Wenn etwa ein freier Bürger über Nacht zum Sträfling wird, ist er alsbald einem kompakten Angriff auf seine bisherige Selbstauffassung ausgesetzt. Er versucht wohl verzweifelt, an ihr festzuhalten. Aber ohne dass andere in seiner unmittelbaren Umgebung ihn der alten Identität versichern, ist es ihm nahezu unmöglich, sie dem eigenen Bewusstsein zu erhalten. Beängstigend schnell reagiert und empfindet er, wie man es von einem Häftling erwartet. Es wäre falsch, einen solchen Prozess als Desintegration der Persönlichkeit aufzufassen. Vielmehr handelt es sich geradezu um eine Reintegration von Persönlichkeit, die in ihrer sozialpsychologischen Dynamik nicht anders ist als die Integration der früheren Identität. Vor seiner Straffälligkeit wurde unser Mann von allen in Frage kommenden Personen als verantwortungsvoller, würdevoller, rücksichtsvoller, geschmackvoller Mensch behandelt. Dadurch war er in der Lage, das alles auch wirklich zu sein. Nun trennen ihn Gefängnismauern von denen, deren Anerkennung die Entfaltung solch löblicher Eigenschaften in ihm getragen hatte. Stattdessen ist er von Leuten umgeben, die ihn als verantwortungslosen, würdelosen, rücksichtslosen, geschmacklosen Menschen behandeln, der nur auf Zwang reagiert und ständig unter Bewachung stehen muss. Diese neuen Erwartungen werden durch die Sträflingsrolle, die ihnen allen entspricht beziehungsweise »antwortet«, typifiziert, so wie die früheren zu einem anderen Verhaltensmuster integriert waren. In beiden Fällen entsteht Identität über Verhalten, und dieses Verhalten ist beide Male die Antwort auf eine bestimmte gesellschaftliche Situation.

Extreme Fälle, in denen jemand seiner alten Identität vollends beraubt wird, beleuchten nur, was täglich vor sich geht. Wir leben unseren Tag in einem komplizierten Gewebe aus Anerkennung und Aberkennung. Man arbeitet besser, wenn der Vorgesetzte einen ermutigt. Man kann gar nicht anders als unbeholfen sein, wenn man mit jemandem zusammenkommt, der einen für einen Tollpatsch hält. Wir sind witzig, wenn man meint, wir wären es und geistreich, wenn uns dieser Ruf vorausgeht. Intelligenz, Humor, Geschicklichkeit, religiöse Inbrunst, ja sogar Potenz respondieren unmittelbar auf die Erwartungen der anderen. So wird uns, was wir früher schon erwähnten, nun verständlicher: dass Menschen sich ihre Gefährten wählen, um sich ihr Selbstverständnis bestätigen zu lassen. Präziser ausgedrückt: In jedem Akt menschlicher Gesellung steckt zugleich ein Moment der Identitätswahl. Umgekehrt braucht jede Identität die richtige Gefährtenwahl, um überdauern zu können. Auch Vögel einer Art scharen sich nicht zufällig, sondern aus Not zusammen. Ein Intellektueller wird zum Trottel, wenn ihn das Militär erwischt. Ein Theologiestudent verliert seinen Humor, sobald er sich der Priesterweihe nähert. Ein Arbeiter, der jede Leistungsnorm sprengt, übertrifft sich selbst, wenn die Firma ihm eine Goldmedaille verleiht. Ein furchtsamer Junge mit Potenzsorgen wird zum Super-Mann, wenn sein Mädchen einen Don Juan in ihm sieht.

Wenn wir diese Gedankengänge in Zusammenhang mit dem, was wir im vorigen Kapitel gesagt haben, bringen wollen, sieht das so aus: Der einzelne findet in der Gesellschaft seinen Ort inmitten sozialer Kontrollsysteme, deren jedes mit einer identitätserzeugenden Kraft ausgestattet ist. Je nach Fähigkeit gelingt es ihm, sich – besonders in intimen Bereichen – so mit anderen Menschen zu verbinden, dass eine Identität, die ihn befriedigt, Unterstützung erhält. Er heiratet ein Mädchen, das ihn für einen ganzen Kerl hält, sucht sich Freunde aus, die ihn interessant finden, und Arbeit, bei der er gewandt und tüchtig erscheint. Solche Manipulationen sind natürlich nicht immer möglich. Dann muss man eben das Beste aus den Identitäten machen, in die man hineingestellt worden ist. Sieht man das Wesen der Identität in dieser soziologischen Perspektive, so gewinnt auf einmal das, was man Vorurteil nennt, tiefere Bedeutung. Es ist ein deprimierender Gedanke, dass wir mit unseren Vorurteilen nicht nur das äußerliche Geschick unseres Opfers in der Gewalt seiner Peiniger treffen, sondern auch sein Bewusstsein, so wie es sich an ihren Erwartungen herausgebildet hat. Das Furchtbarste, was Vorurteile Menschen antun können, ist, dass sie werden, was man in sie hineinsieht. Ein Jude unter lauter Antisemiten hat schwer mit sich zu ringen, wenn er nicht allmählich zu eben dem antisemitischen Stereotyp werden will. Und genau dasselbe gilt für den Afroamerikaner unter weißen Rassisten. Ein solcher Kampf hat bezeichnenderweise nur dann Aussicht auf Erfolg, wenn der Mensch durch etwas davor geschützt ist, den auf seine Person gemünzten Vorurteilen zu erliegen, das man Konter-Anerkennung aus der unmittelbaren Umgebung nennen kann. Wer von Nichtjuden als irgendein komischer kleiner Jude verachtet wird, hat einen Ausgleich für eine solche Verkennung, wenn er innerhalb der jüdischen Gemeinschaft zum Beispiel als der größte Talmudist in ganz Lettland gilt. Bedenkt man, wie mörderisch ein Spiel wie das Hin und Her von Anerkennungen in seiner ganzen sozialpsychologischen Dynamik ist, so wundert man sich nicht mehr darüber, dass das Problem einer »jüdischen Identität« erst bei modernen europäisch-amerikanischen Juden aufgetaucht ist. Nachdem es erst einmal zur Assimilation mit der nichtjüdischen Gesellschaft gekommen war, verminderte sich die Kraft der jüdischen Gemeinschaft, ihren Angehörigen alternative Identitäten zu der, die die Antisemiten ihnen zuschreiben, zu bieten. Wenn man gezwungen wird, in einen Spiegel zu blicken, in dem man wie ein schielendes Ungeheuer aussieht, sucht man verzweifelt nach anderen Leuten mit besseren Spiegeln, um wenigstens nicht zu vergessen, dass man je ein anderes Gesicht gehabt hat. Anders und allgemeiner gesagt, bedeutet das, dass Menschenwürde eine Angelegenheit ist, die die Gesellschaft uns gestattet oder verbietet.

Derselbe Zusammenhang von Gesellschaft und Identität zeigt sich, wenn jemand aus irgendeinem Grunde seine Identität grundlegend verändert. Wie ihre Entstehung und Erhaltung ist auch die Umformung der Identität ein gesellschaftlicher Vorgang. Wir hatten schon darauf hingewiesen, dass die Uminterpretation der Vergangenheit, das, was wir »Alternation« beziehungsweise Verwandlung einer Selbstvorstellung in eine andere genannt hatten, das Vorhandensein einer konspirativen Gruppe von Leuten voraussetzt, die die Metamorphose zuwege bringt. Was in der Anthropologie »Übergangsritus« heißt, beruht auf der Ablegung einer alten Identität – des Kindes zum Beispiel – und der Einweisung in eine neue – des Erwachsenen. In modernen Gesellschaften sind Übergangsriten milder – so die Institution Verlobung, durch die man mittels einer allgemeinen Verschwörung aller Betroffenen sorgfältig über die Schwelle zwischen der Freiheit des Junggesellenlebens und der »Gefangenschaft« der Ehe geleitet wird. Wenn es diese Einrichtung nicht gäbe, schreckten sicher noch viel mehr Leute im letzten Augenblick vor der Größe des Wagnisses, auf das sie sich eingelassen haben, zurück.

Wir hatten uns auch schon damit beschäftigt, wie die »Alternation« es fertig bringt, in so durchstrukturierten Situationen wie Konversion oder Psychoanalyse Identitäten zu verändern. Als besonders zeitgemäßes Beispiel ist die letztere eine eigenartig dichte soziale Situation, in der ein Mensch dazu gebracht wird, seine bisherige Selbstauffassung aufzugeben und eine neue Identität anzunehmen, und zwar genau diejenige, die für seinen Fall im ideologischen Programm der Psychoanalyse vorgesehen ist. Die sogenannte »Übertragung«, eine enge soziale Beziehung zwischen Analytiker und Analysanten, ist ein künstlich geschaffenes soziales Milieu, in dem die komplizierte Seelenalchemie überzeugend wirken soll. Je länger diese Beziehung hält und je enger sie wird, desto mehr verliert sich der Mensch an seine neue Identität. Ist er schließlich »geheilt«, so ist sie tatsächlich zu seiner eigenen geworden. Wenn die Marxisten spotten, weil die Kur besser wirkt, je öfter und je länger der Patient zur Behandlung und damit zur Kasse kommt, so ist das im soziologischen Sinne kein stichhaltiges Argument. Zwar liegt es durchaus im finanziellen Interesse des Analytikers, die Stellung so lange wie möglich zu halten. Aber diese Stellung ist, soziologisch gesehen, durchaus plausibel. Was die Psychoanalyse tatsächlich vollbringt, ist der Aufbau einer neuen Identität. Das Vertrauen des Patienten zu dieser neuen Identität wird ganz offensichtlich größer, je mehr, je länger und je fühlbarer er für sie »zahlen« muss. Nach der Investition vieler Lebensjahre und Tausender von Dollars besteht kaum noch eine Gefahr, dass er das Geschäft als puren Schwindel erklärt.

Auch die Gruppentherapie arbeitet mit einem ähnlich alchemistischen Situationsmilieu. Ihre heutige Popularität in der amerikanischen Psychiatrie kann man wiederum nicht nur als

Rationalisierungsmaßnahme abtun. Der soziologische Hintergrund dabei ist die völlig richtige Einsicht, dass der Druck einer Gruppe sehr nützlich dafür ist, jedem einzelnen ein Spiegelbild, das ihm vorgehalten wird, annehmbarer erscheinen zu lassen. Der amerikanische Soziologe Erving Goffman hat geschildert, wie Gruppenzwang sich in einer psychiatrischen Klinik auswirkt. Die Patienten reißen sich geradezu um eine bestimmte Auffassung der menschlichen Existenz, die der allgemeine Bezugsrahmen dieser »Gruppentherapie« ist. Dasselbe ereignet sich, wenn eine Gruppe bestimmter Personen geschlossen auf eine neue Selbstauffassung präpariert wird. Nichts anderes ist die militärische Grundausbildung der Rekruten und mehr noch die Erziehung zum Berufsoffizier in einer Militärschule. Auch die Kaderschulung totalitärer Organisationen, der SS oder der kommunistischen Partei zum Beispiel, bediente und bedient sich solcher Methoden. Jahrhundertelang sind Ordensnoviziate so geführt worden, und in neuester Zeit haben die Geheimdienste totalitärer Staaten die »Gehirnwäsche« bis zu wissenschaftlicher Präzision entwickelt. Die soziologische Erklärung für die Kraft derartiger Prozeduren im Vergleich zu den Routine-Initiationen der Gesellschaft ist die Radikalität der Identitäts-Umwandlung, die verlangt und gesucht wird, zusammen mit dem funktionellen Bedürfnis beider Seiten nach Narrensicherheit für die einmal umkonstruierte Identität gegenüber neuen »Alternationen«. Geht man den logischen Konsequenzen der Rollentheorie nach, so ist sie sehr viel mehr als eine brauchbare Kurzschrift für die Beschreibung gesellschaftlicher Aktivitäten. Sie ist eine Anthropologie auf soziologischer Grundlage, eine Sicht des Menschen, die sich auf sein Sein in der Gesellschaft gründet. Der Mensch spielt im grandiosen Schauspiel der Gesellschaft seinen Part und ist, soziologisch gesehen, seine eigene Maske. Als Person stellt er in einem dramatischen Kontext, der der Etymologie Rechnung zu tragen scheint: Persona im antiken Theater ist Maske. Das, was wir Person nennen, ist ein Repertoire von Rollen, zu deren jeder eine bestimmte Identität gehört. Der Spielraum einer Person ist so groß, wie die Zahl der Rollen, die sie spielen kann. Ihre Biografie nimmt sich aus wie eine ununterbrochene

Folge von Bühnenauftritten vor ständig wechselndem Publikum. Manchmal braucht sie ein ganz neues Kostüm. Aber immer muss sie *sein,* was sie spielt. Die Gefährdung all dessen, was wir von uns zu denken gewohnt sind, ist bei dieser soziologischen Konzeption der Persönlichkeit viel ernster zu nehmen als jede psychologische Theorie. Sie wendet sich nämlich rigoros gegen eine unserer gehätscheltsten Vorstellungen vom Selbst: seine Kontinuität. Soziologisch betrachtet ist das Selbst kein dauerhaftes, vorgegebenes Wesen, das von einer Situation zur nächsten fortschreitet, sondern ein dynamischer Prozess, etwas, das in jeder neuen gesellschaftlichen Situation neu geschaffen und nur durch den dünnen Faden der Erinnerung zusammengehalten wird. Wie dünn der Faden ist, haben wir bei der Behandlung der Uminterpretation von Vergangenheit gesehen. Bei einer solchen Grundauffassung nützt es wenig, Zuflucht beim »Unterbewusstsein« zu suchen. Denn auch das angeblich Unbewusste ist, wie wir gesehen haben, genau wie das sogenannte Bewusstsein, Produkt der Gesellschaft. Mit anderen Worten: Der Mensch ist nicht unter anderem *auch* ein gesellschaftliches Wesen, sondern in jeder Faser, die empirischer Analyse zugänglich ist, ist er sozial. Wenn man also auf die Frage, was ein Mensch im Kaleidoskop seiner Rollen und Identitäten »wirklich« ist, eine soziologische Antwort geben will, so bleibt einem nichts übrig, als alle die Situationen der Reihe nach aufzuzählen, in denen er irgendetwas ist.

Nun kann der Mensch sich allerdings nicht ad infinitum verwandeln, und eine Verwandlung ist schwerer oder leichter als die andere. Man gewöhnt sich an manche Identität so sehr, dass man bei sich wandelnder gesellschaftlicher Situation sogar in Schwierigkeiten geraten kann, mit den gewandelten Erwartungen Schritt zu halten. Das zeigt sich besonders deutlich an den Komplikationen, die oft bei gesunden und tätigen Menschen auftreten, wenn sie sich zur Ruhe setzen. Die Wandlungsfähigkeit des Selbst hängt nicht allein vom Wechsel der gesellschaftlichen Situationen ab, sondern auch vom Grad der Gewöhnung an eine Identität und vielleicht sogar von gewissen Erbanlagen. Mit solchen Einschränkungen bewahrt man sich zwar vor einer Radikalisierung des eigenen Standpunktes. Die Diskontinuität des Selbst aber, die sich in der soziologischen Analyse zu erkennen gibt, wird kaum nennenswert davon berührt.

Unser nicht eben erbauliches anthropologisches Modell erinnert, wenn überhaupt an etwas, dann noch am ehesten an frühe buddhistische Psychologie in Indien. Dort hat man das Selbst mit einer langen Reihe von Kerzen verglichen, deren jede den Docht der nächsten entzündet, um im selben Augenblick zu erlöschen. Der Buddhismus trat damit der hinduistischen Seelenwanderung entgegen. Nach buddhistischer Lehre gibt es ein Wesen, das von Kerze zu Kerze wandert, nicht. Das uralte Bild entspricht genau unserer Auffassung.

Aus alledem mag man den Eindruck gewinnen, dass gar kein wesentlicher Unterschied zwischen Menschen besteht, die an einer in der Psychiatrie so genannten »multiplen Persönlichkeit« leiden, und allen anderen. Wenn man den Ton dabei auf das Wort »wesentlich« legt, kann der Soziologe nur zustimmen. Der tatsächliche Unterschied ist vielmehr der, dass der »normale« Mensch – das heißt, der in seiner Gesellschaft als normal geltende – unter starkem Druck steht, die verschiedenen Rollen, die er spielt, einschließlich der dazu gehörigen Identitäten, auch beizubehalten. Der Druck wirkt sowohl von außen wie von innen auf ihn ein. Außen fordern die anderen, mit denen er das Gesellschaftsspiel aufführt, und von deren Anerkennung die eigene Stimme im Konzert abhängt, dass man der Welt wenigstens ein einigermaßen zusammenhängendes Bild vorführt. Ein gewisses Maß an Rollendiskrepanz mag erlaubt sein. Aber wenn die Toleranzgrenze überschritten wird, zieht die Gesellschaft ihre Anerkennung zurück und erklärt das betreffende Individuum für moralisch oder psychologisch abwegig. Sie gestattet jemandem, ein Despot im Büro und ein Pantoffelheld zu Hause zu sein. Aber plötzlich den Polizisten markieren oder Transvestit werden, darf man nicht. Um in den erlaubten Grenzen der Maskerade zu bleiben, nimmt man seine Zuflucht zu schwierigen Machenschaften, damit die Rollen sorglich geschieden bleiben. Der Despot im Büro ist gefährdet, wenn die Gattin zu einem Direktionsessen eingeladen wird. Wer im Bekanntenkreis als blendender Unterhalter gilt, fühlt sich ungemütlich, wenn jemand aus einem anderen Kreis auftaucht, wo er niemals den Mund aufgetan hat. Unsere moderne städtische Gesellschaft mit ihrer Anonymität und den schnellen Verkehrsmitteln erleichtert das Getrennthalten unserer Rollen. Aber die Gefahr, dass zufällig Leute zusammentreffen, die ganz verschiedene Bilder von uns haben und die Inszenierung in Gefahr bringen, ist immer noch groß. Wenn Frau und Sekretärin sich zu einem Kaffeestündchen treffen, machen sie erbarmungslos aus Büro-Selbst und Haus-Selbst einen einzigen Scherbenhaufen. Da hilft nichts mehr, als schleunigst zum Psychiater zu gehen und sich einen nagelneuen Kerl zuschneiden zu lassen. Aber auch von innen her besteht Zwang zur Konsistenz, der vielleicht auf der tief verwurzelten Sehnsucht beruht, sich als ein Ganzes fühlen zu können. Selbst der moderne Großstädter, der in kaum zu vereinbarenden Rollen die Maskerade seines Lebens in getrennten Bezirken aufführt, hat innere Spannungen, auch wenn er den äußeren durch sorgfältig separat gehaltene Inszenierungen geschickt aus dem Wege geht. Im Verhalten und im Bewusstsein werden Trennwände aufgerichtet, die möglichst undurchlässig für Ängste sein müssen. Nicht, dass widersprüchliche Identitäten in irgendein »Unterbewusstes« verbannt würden. Wir haben von unserem Standpunkt aus berechtigten Anlass zu Misstrauen gegenüber diesem Begriff. Gemeint ist vielmehr, dass man seine Aufmerksamkeit nur auf die Identität richtet, die man im Augenblick gebrauchen kann. Für die Dauer einer Aktivität sind alle anderen Identitäten vergessen. Am krassesten zeigt sich das in der Art, wie viele Menschen ihr gesellschaftlich tabuiertes Liebesleben oder sonstige Fragwürdigkeiten im Bewusstsein aussparen. Ein homosexueller Masochist hat zum Beispiel außer seiner honorigen bürgerlichen Identität noch eine andere, geheime, die er bei gegebenem Anlass vorsichtig aus der Garderobe seines Bewusstseins holt. Ist der Spaß vorbei, so gibt er sie wieder an der Garderobe ab und kehrt als würdiger Vater und Gatte, ja eventuell als feuriger Liebhaber seiner Frau, nach Hause zurück. Auf genau dieselbe Art hängt ein Richter, der gerade ein Todesurteil verhängt hat, seine richterliche Identität vom übrigen Bewusstsein ab, in dem er seiner als herzlicher, toleranter, feinfühliger Mensch gewiss ist. Ein KZ-Kommandant, der gefühlvolle Briefe an seine Kinder schrieb, war nichts als der Extremfall einer Persönlichkeitsstruktur, die in unzähligen Varianten in der Gesellschaft vorkommt.

Wer nun denkt, wir hätten eine Gesellschaft vor Augen, in der jeder Ränke schmiedet und sich beliebig verkleidet, um seine Mitmenschen zum Narren zu halten, missversteht uns gründlich. Im Gegenteil: Rollenspiel und Identitätsaufbau sind völlig unreflektiert und planlos und gehen fast automatisch vor sich. Das psychologische Bedürfnis nach Dauerhaftigkeit unseres Selbstbildes, von dem eben die Rede war, ist ein Beweis dafür. Absichtliche Täuschung setzt einen Grad der Selbstdisziplin voraus, zu dem nur wenige Menschen fähig sind. Deshalb ist Unaufrichtigkeit im Grunde eine Seltenheit. Die meisten Menschen sind aufrichtig, weil das am einfachsten ist. Das heißt, sie glauben an das, was sie tun, vergessen Widersprüche, in die sie sich verwickelt haben, und gehen durchs Leben in dem glücklichen Bewusstsein, allen seinen Anforderungen Genüge zu tun. Aufrichtig sind Menschen, die von ihren eigenen Taten hingenommen sind. Um David Riesman zu zitieren: Ein aufrichtiger Mensch ist jemand, der auf seine eigene Propaganda hereinfällt. Selbst Nazi-Mörder sind in den berüchtigten Selbstdarstellungen, nach denen sie bloße Bürohengste waren mit peinlichen Pflichten, die ihnen gar nicht passten, wahrscheinlich subjektiv aufrichtig und erzählen nicht etwa Märchen, um sich die Richter geneigt zu machen. Vielleicht ist sogar ihre Reue ebenso »aufrichtig« wie einst ihre Brutalität. Um mit Musil zu sprechen: Im Herzen jedes Mörders ist ein Fleckchen, in dem er ganz unschuldig ist. Die Jahreszeiten des Lebens wechseln, und mit ihnen muss man das Gesicht wechseln wie die Kleider. Die psychologische und ethische Problematik eines solchen »Charaktermangels« kümmert uns zur Zeit nicht. Worum es uns hier geht, ist, dass das alles ganz alltägliche Vorgänge sind.

Eine Brücke zwischen dem, was wir hier über Rollentheorie und im vorigen Kapitel über Systeme sozialer Kontrolle gesagt haben, bildet der von H. Gerth und C. Wright Mills geprägte Begriff der »Personen-Selektion«. Jede gesellschaftliche Struktur wählt für sich die Personen aus, die sie braucht, um funktionieren zu können, und eliminiert in irgendeiner Form die, die nicht in sie hinein passen. Sind geeignete Personen nicht zu haben, so müssen sie erfunden beziehungsweise unter Berücksichtigung der benötigten Spezialfähigkeiten »produziert« werden. Mit ihren Techniken der Sozialisation und »Bildung« schafft sich die Gesellschaft selbst das nötige Personal, um in Betrieb zu bleiben. Damit stellt die Soziologie die liebgewordene Vorstellung auf den Kopf, dass bestimmte Institutionen entstehen, weil bestimmte Leute da sind. Tapfere Soldaten sind auf einmal zur Stelle, wenn die Armee ausrücken muss, fromme Spender, wenn Kirchen gebaut, Professoren, wenn Universitäten errichtet werden müssen – und Mörder, wenn getötet werden muss. Man soll nur nicht sagen, jede Gesellschaft hat die Männer, die sie verdient. Nein, jede Gesellschaft bringt die Männer hervor, die sie braucht. Es hat etwas Tröstliches, dass auch dieser Produktionsprozess gelegentlich an technischen Störungen leidet. Später werden wir zeigen, dass er sogar sabotiert werden kann. Für jetzt soll es sein Bewenden dabei haben, dass die Rollentheorie mit ihren Anschlusstheorien für eine soziologische Perspektive des menschlichen Daseins in der Gesellschaft sehr aufschlussreich ist. Aber wir haben auch umgekehrt einen lebhaften Eindruck von der Präsenz der Gesellschaft im Menschen durch die Rollentheorie gewonnen. Zu ähnlichen Ergebnissen gelangen wir von einem ganz anderen Ausgangspunkt her: der sogenannten Wissenssoziologie. Im Unterschied zur Rollentheorie ist sie europäischer Herkunft. Den Terminus hat Max Scheler in den 1920er-Jahren geprägt. Ein anderer deutscher Professor, Karl Mannheim, ist, weil er die letzten Jahre seines Lebens im Exil in England verbringen musste, unverhofft zu dem Verdienst gekommen, die neue Richtung in die angelsächsische Soziologie eingeführt zu haben. Auf die bedeutende geistesgeschichtliche Ahnenreihe der Wissenssoziologie, Marx, Nietzsche und den deutschen Historismus, können wir hier nicht eingehen. Für unsere Überlegungen ist die Wissenssoziologie wichtig, weil sie nachgewiesen hat, dass nicht nur Menschen, sondern auch Ideen ihren gesellschaftlichen Ort haben. Ihre Aufgabe lässt sich für unseren Zweck auf folgende kurze Formel bringen: Die Wissenssoziologie befasst sich mit der gesellschaftlichen Lokalisierung von Ideen. Deutlicher als auf jedem anderen soziologischen Gebiet beweist sich in ihr, dass der Soziologe immer der Mann sein muss, der nicht so sehr fragt: Was wird gesagt?, sondern vielmehr: Wer hat das Sagen? Die Wissenssoziologie ist es auch, die die Anmaßung zurückweist, denkerische Leistungen könnten isoliert von einem gesellschaftlichen Gesamtzusammenhang, in dem ganz bestimmte Leute über ganz bestimmte Dinge nachdenken, zustande kommen. Sogar, wo es um höchst abstrakte Ideen geht, die scheinbar ohne Verbindung zur Gesellschaft sind, zieht die Wissenssoziologie die Linie vom Denken zum Denker und vom Denker zu seiner gesellschaftlichen Welt. Dass eine solche Verbindung besteht, wird besonders deutlich in Situationen, die durch Ideen legitimiert, das heißt erklärt, gerechtfertigt und sogar verherrlicht werden sollen.

Ein einfaches Beispiel: Nehmen wir an, eine primitive Gesellschaft kommt zu ihrer Lieblingsspeise nur, wenn tapfere Männer sie aus trügerischen, von Haifischen verseuchten Gewässern heranholen. Zweimal im Jahr müssen sie in ihren zerbrechlichen Kanus ausschwärmen, und manch einer kehrt niemals zurück. Die Religion dieser Gesellschaft enthält nun einen Glaubensartikel, der besagt, dass jeder Mann, der sich nicht auf die gefahrvolle Fahrt wagt, seine Mannheit verliert. Eine Ausnahme bilden die Priester, denen das tägliche Opfer für die Götter die Mannheit ein für allemal garantiert. Ein solcher Glaube ist eine Motivation für die Männer, die hinausfahren müssen, und zugleich eine Legitimation für die Priester, die lieber zu Hause bleiben. Es lässt sich denken, dass diese Theorie priesterlicher Herkunft und also eine »geistliche« Ideologie ist. Das besagt aber nicht etwa, dass sie nicht ihre Funktion für die ganze Gesellschaft hätte. Schließlich muss ja jemand für Speis und Trank sorgen, sonst gibt es am Ende noch Hungersnot. Von Ideologie spricht man, wenn in einer Gesellschaft eine Idee im Dienste materieller Interessen steht. Häufig, nicht immer, verzerren Ideologien, um in Funktion treten zu können, die gesellschaftliche Wirklichkeit. Schon bei der Behandlung der sozialen Kontrollsysteme haben wir erwähnt, wie zum Beispiel die Interessen von Berufsgruppen ideologisch legitimiert werden. Aber auch viel größere Gemeinschaften lassen sich nur zu oft von Ideologien leiten. In den amerikanischen

Südstaaten legitimiert der Rassenmythos ein Gesellschaftssystem, das Millionen Menschen praktizieren. Die Ideologie des »freien Unternehmers« verdeckt den Monopolkapitalismus riesiger Konzerne, die mit dem Unternehmer alten Stils nur gemeinsam haben, wie man Kunden einwickelt. Andererseits legitimiert die marxistische Ideologie die Tyrannei eines Parteiapparates, dessen Interesse mit Marx ungefähr so viel zu tun hat wie Elmer Gantry mit dem heiligen Paulus. In jedem Fall rechtfertigt Ideologie einmal das Vorgehen der Leute, deren Eigeninteressen sie dient, und interpretiert zugleich die gesellschaftliche Wirklichkeit so, dass diese Rechtfertigung überzeugend wirken muss. Einem Außenseiter, »der die Problematik nicht kennt«, dessen Interessen nicht betroffen sind, kommen die ideologischen Manöver oft höchst sonderbar vor. Ein weißer Rassist in Mississippi oder Alabama ist einerseits tief durchdrungen davon, dass eine weiße Frau sich bei dem bloßen Gedanken an Intimitäten mit Afroamerikanern vor Ekel schüttelt. Andererseits glaubt er allen Ernstes, dass auch nur die geringste Annäherung der Rassen schlankweg zu eben diesen Intimitäten führen muss. Der Topmanager eines Konzerns hält eisern daran fest, dass sein Preisdirigismus einzig und allein dem Schutz des freien Marktes dient. Und der kommunistische Parteisekretär hat die schönsten Begründungen zur Hand, warum die Einheitsliste der Partei der Ausdruck einer echten Demokratie ist.

Noch einmal: Leute, die solche Auffassungen nachdrücklich vertreten, sind meistens völlig aufrichtig. Es ist nur wenigen gegeben, kräftig lügen zu können. Jede Selbsttäuschung ist leichter als die moralische Anstrengung, die zur bewussten Lüge gehört. Man muss den Begriff Ideologie also von Lüge, Betrug, Propaganda und Trick durchaus unterscheiden. Der Lügner weiß, dass er lügt, der Ideologe nicht. Wer von beiden moralisch der Überlegene ist, können wir nicht entscheiden. Wir betonen nur nochmals, wie unreflektiert und planlos die Gesellschaft normalerweise funktioniert. Die meisten Verschwörungstheorien überschätzen bei Weitem die Fähigkeit der Verschwörer zur Vorausschau. Ideologien können – um auf den Terminus von Merton in diesem Zusammenhang zurückzukommen – auch »latent« wirken. Denken wir noch einmal an die

Situation in den Südstaaten. Es ist ein interessantes Phänomen, dass der sogenannte »Black Belt« und der »Bible Belt« geografisch nahezu übereinstimmen. Im Großen und Ganzen ist es dasselbe Gebiet, in dem einerseits das Rassensystem in seiner ältesten radikalsten Form herrscht, und andererseits der ultrakonservative fundamentalistische Protestantismus die meisten Anhänger hat. Für diese Koinzidenz gibt es eine historische Erklärung: die theologische und moralische Isolierung der protestantischen Kirchen des Südens seit der Spaltung über die Frage der Sklaverei vor dem Bürgerkrieg. Man kann aber auch durchaus einfach von zwei verschiedenen Schauseiten ein und derselben Barbarei sprechen. Wir wollen mit keiner Auffassung hadern, sondern glauben vielmehr, eine soziologische Erklärung, nämlich, dass es sich um typisch ideologische Phänomene handelt, bringt uns weiter. Der protestantische Fundamentalismus, besessen von Sündenbewusstsein, hat eigenartig begrenzte Vorstellungen davon, was Sünde ist. Wenn Erweckungsprediger ihren heiligen Zorn über die Bosheit der Welt ausgießen, ist der Reigen böser Taten, der vor den Augen der bußfertigen Sünder aufmarschiert, immer ein bisschen anders, aber doch recht eng gezogen. Da geht es um Unzucht, Trunksucht, Glücksspiel, Tanzen und Fluchen. Besonders gegen die erste dieser Untaten wird so schrecklich gewettert, dass das Wort »Sünde« in der Lingua franca der protestantischen Moral geradezu gleichbedeutend mit »Unzucht« geworden ist. Was man auch sonst zu dem unheiligen Katalog sagen kann, gemeinsam ist seinen Sünden, dass sie alle privater Natur sind. Wenn aber ein Erweckungsprediger doch einmal auf öffentliche Angelegenheiten eingeht, prangert er die private Korruption von Leuten an, die öffentliche Ämter haben. Regierungsbeamte stehlen. Das ist schlimm. Sie trinken und spielen auch und treiben Unzucht. Noch schlimmer! Die Beschränkung der christlichen Moral auf private Sünden hat in einer Gesellschaft, deren soziale Verkehrsregelung mindestens dubios ist – um kein härteres Wort zu gebrauchen –, wenn man sie am Geist des Neuen Testamentes und am egalitären Traum der Nation misst, der sich auf diesen Geist gründet, recht bemerkenswerte Auswirkungen. Die Aufmerksamkeit des Christen wird nämlich auf einen Bereich gelenkt, der für den Bestand des Systems irrelevant ist, und zugleich abgelenkt von anderen Bereichen, deren moralische Überprüfung gesellschaftliche Spannungen hervorrufen müsste. Der charakteristische Protestantismus des Südens hat mit anderen Worten eine ideologische Funktion für das Gesellschaftssystem. Es ginge zu weit, zu sagen, dass er es legitimiert, wie die Segregation, die beansprucht, eine »gottgewollte, natürliche« Ordnung zu sein. Aber auch ohne »manifest« zu legitimieren, muss eine moralische Grundeinstellung, wie wir sie geschildert haben, »latent« dazu beitragen, dass das System erhalten bleibt.

An Ideologien lässt sich besonders deutlich zeigen, was unter der gesellschaftlichen Lokalisierung von Ideen zu verstehen ist. Um die ganze Bedeutung der Wissenssoziologie zu erkennen, muss man den Kreis jedoch wesentlich weiter ziehen. Sie hat es nämlich nicht nur mit Ideen zu tun, die im Dienste von Interessen stehen oder soziale Wirklichkeit verzerrt wiedergeben. Ihr Gegenstand ist vielmehr alles, was als Wissen und Denken angesehen werden kann. Dabei spielt sie sich nicht etwa als Schiedsrichter für Wert und Gültigkeit auf, was purer Größenwahn wäre. Es geht ihr vielmehr um den Nachweis, dass auch Denken und Wissen in der Gesellschaft als solcher gründen. Das soll nicht heißen, dass Ideen, wie der Marxismus lehrt, direkte »Reflexe« der Gesellschaftsstruktur wären, und auch nicht, dass sie dem Lauf der Dinge gegenüber zur Ohnmacht verurteilt sind. Aber es bedeutet, dass sie kritisch geprüft werden müssen, damit man ihren gesellschaftlichen Standort bei denen, die sie erdacht haben, erkennt. In diesem Sinne mindestens trifft es zu, dass die Wissenssoziologie ihrer Tendenz nach antiidealistisch ist. Jede Gesellschaft lässt sich von ihrer Struktur her und nach, ihrer sozialen Dynamik beurteilen. Ein anderer, ebenso aufschlussreicher Ansatzpunkt ist die Weltanschauung, die ihre Angehörigen als eine gemeinsame Sinnwelt bewohnen. Weltanschauungen sind sowohl von Gesellschaft zu Gesellschaft als auch – nach Ausschnitten – innerhalb ein und derselben Gesellschaft verschieden. Wenn man sagt, die Chinesen leben »in einer anderen Welt«, meint man genau das. Um dabei zu bleiben: Der französische Sinologe Marcel Granet hat – unter dem Einfluss von Durkheim – das chinesische Denken analysiert, um seine »andere Welt« kennen zu lernen. In die Augen springend ist natürlich der Unterschied in der politischen Philosophie, der Religion und der Ethik. Aber Granet behauptet, dass ebenso Unterschiede bei Kategorien wie Zeit, Raum und Zahl vorhanden sind. Ähnliche Thesen sind auch sonst aufgestellt worden, etwa bei Vergleichen zwischen der »Welt« der alten Griechen und des Alten Testaments oder des klassischen Hinduismus und des modernen Westens.

Für Fragestellungen wie diese ist die Religionssoziologie ein besonders ergiebiges Feld, zum Teil wohl, weil gerade sie das Paradoxon einer gesellschaftlichen Ortszugehörigkeit von Ideen besonders krass in Erscheinung treten lässt. Schließlich gehört es sich einfach nicht, dass Gott, Kosmos und Ewigkeit an irdische Gesellschaftssysteme gebunden und mit der ganzen Relativität von Geografie und Geschichte behaftet sind. Dieser Gedanke ist zu einem ständigen Stein des Anstoßes geworden, besonders seit die moderne Theologie sich anschickte, das zu finden, was sie den »Sitz im Leben« gewisser religiöser Phänomene nennt. Es ist eben doch etwas anderes, ob man sich in gelehrten Disputen über zeitlose Glaubensinhalte des Christentums ergeht oder die Frage aufwirft, in welcher Verbindung eben diese zu den höchst zeitbedingten Frustrationen, Ehrgeizen und Ressentiments gewisser Schichten in den Vielvölkerstädten des römischen Weltreichs gestanden haben, denen die Missionare die erste frohe Botschaft brachten. Die Religionssoziologie geht aber noch weiter: Auch das Phänomen Religion als solches kann in seinen spezifischen Funktionen gesellschaftlich lokalisiert werden, je nachdem, ob und wie es die weltliche Obrigkeit legitimiert oder Aufbegehren in der Gesellschaft beschwichtigt. Max Weber hat von einer »Theodizee des Leidens« gesprochen und damit die Kraft der Religion gemeint, dem Leiden Sinn zu geben und es damit aus einer Quelle der Revolte in ein Erlösungswerkzeug umzuwandeln. Dass die Religion eine universal menschheitliche Erscheinung ist, besagt nichts über ihre metaphysische Notwendigkeit, sondern erklärt sich aus ihren gesellschaftlichen Funktionen. Auch die Wandelbarkeit ihrer Motive und Modelle im Lauf der Geschichte kann man nur soziologisch verstehen. Das nächstliegende Beispiel für unsere Thesen ist die merkwürdige Schichtung der aktiven Religiosität in Europa und Amerika. In vielen westlichen Ländern gibt es eine klare Korrelation zwischen Kirchen- und Klassenzugehörigkeit. In Amerika mindestens ist die tätige Teilnahme am kirchlichen Leben ein typisches Statuskennzeichen der Mittelklasse, während die Arbeiterschaft von bemerkenswerter Enthaltsamkeit auf religiösem Gebiet ist. Kurz gesagt: Es gibt einen Zusammenhang zwischen dem Glauben eines Menschen – bis hin zum Dogma von der unbefleckten Empfängnis, und sei es nur als Lippenbekenntnis – und seinem Jahreseinkommen. Unterhalb einer bestimmten Einkommensgrenze verliert die Religion offenbar an Plausibilität, während sie darüber eine Selbstverständlichkeit zu sein scheint. Für diese Beziehung zwischen Statistik und Heilsgewissheit interessiert sich die Wissenssoziologie. Was sie darüber herausfindet, ist in jedem Falle ein soziologisches Ergebnis, nämlich der Nachweis der Funktion von Religion für das eine oder andere gesellschaftliche Milieu. Natürlich ist auch der Wissenssoziologe nicht in der Lage, zu den eigentlich theologischen Fragen Stellung zu nehmen. Aber er kann wenigstens beweisen, dass auch diese Fragen nicht in einem gesellschaftlichen Vakuum stehen.

Um auf ein früheres Beispiel zurückzukommen: Der Soziologe kann nicht raten, ob jemand sich dem Fundamentalismus oder einer etwas liberaleren Variante des Protestantismus verschreiben soll. Aber er kann voraussagen, wie sich die Wahl im einen oder anderen Falle gesellschaftlich auswirken wird. Er kann auch keinem Menschen die Entscheidung abnehmen, sein Kind in zartem Alter taufen zu lassen oder den Akt auf später zu verschieben. Aber er kann Eltern darüber aufklären, was in welcher Gesellschaftsschicht ihre Kinder im ersten oder im zweiten Falle erwarten wird. Schließlich und endlich kann der Soziologe niemandem vorschreiben, an ein ewiges Leben zu glauben. Aber er kann jedermann sagen, für welche Laufbahn in diesem Leben es doch ratsam wäre, den Glauben an das andere mindestens vorzugeben. Jüngere Soziologen, zum Beispiel Helmuth Schelsky und Thomas Luckmann, haben sich über die Probleme der gesellschaftlichen Schichtung von Religion und Religiosität hinaus die Frage gestellt, ob die von der industriellen Gesellschaft produzierten Persönlichkeitstypen das Fortleben überlieferter religiöser Modelle überhaupt ermöglichen, ob, aus allen möglichen soziologischen und sozialpsychologischen Gründen, die westliche Welt nicht bereits in ein postchristliches Stadium geraten ist. Dieses Thema zu erörtern, würde hier zu weit führen. Unsere Beispiele haben aber wenigstens zeigen können, in welcher Art die Wissenssoziologie Ideen in der Gesellschaft lokalisieren kann.

Der Einzelne leitet nach alledem auch seine Weltanschauung – wie seine Rollen und Identitäten – gesellschaftlich ab. Gefühl und Selbstverständnis sind genau wie Handlungen gesellschaftlich prädefiniert. Und dasselbe gilt für den Zugang der Erkenntnis zu der Sinnwelt, die uns umgibt. Das meint Alfred Schütz mit seiner »Welt der Gewissheit« – jenes System aus scheinbar selbstverständlichen und fraglos gültigen Vorstellungen von der Welt, das eine jede Gesellschaft im Verlauf ihrer Geschichte produziert. Diese gesellschaftlich determinierte Weltansicht ist uns wenigstens zum Teil durch die Sprache unserer Gesellschaft vorgegeben. Manche Linguisten haben die Bedeutung der Sprache für die Entstehung jeder möglichen Weltansicht zweifelsohne überbewertet. Dass uns aber die Sprache mindestens hilft, das richtige Verhältnis zur Wirklichkeit zu finden, lässt sich nicht bestreiten. Natürlich kann man sich seine Sprache nicht aussuchen. Die Menschengruppe, in deren Händen unsere primäre Sozialisation liegt, vermittelt sie uns. Die Gesellschaft liefert uns mittels der Sprache einen fertigen Symbol-Apparat, der uns unsere Welt erfassen, Erfahrungen ordnen und unser Dasein erklären hilft. Ebenso stellt uns die Gesellschaft ihre Wertbegriffe, die für uns geeignete Logik, den gesamten Vorrat von Informationen – oder Fehlinformationen –, der unser »Wissen« ausmacht, bereit. Nur wenige Menschen vermögen von sich aus – und auch dann nur fragmentarisch – zu bewerten, was ihnen die Gesellschaft übermittelt hat. Warum sollte man auch eigene Bewertungen vornehmen, da doch die Weltansicht, in die hinein man sozialisiert worden ist, völlig selbstverständlich zu sein scheint? Und wenn noch dazu jedermann, mit dem man in der Gesellschaft zu tun hat, sie auch für selbstverständlich hält, so muss sie wohl auch in sich gültig und schlüssig sein. Ihr »Beweis« ist die unzählige Male gemachte Erfahrung unzähliger anderer, die sie mit uns als Gewissheit hinnehmen. Um diese wissenssoziologische Auffassung kurz und bündig zu formulieren: Wirklichkeit kommt auf gesellschaftlichem Wege zustande. Sie ist eine gesellschaftliche Konstruktion. Damit rundet die Wissenssoziologie die Erkenntnisse von Thomas über die Kraft der gesellschaftlichen Definition ab und wirft ihren eigenen Schein auf das soziologische Bild des zerbrechlichen und gefährdeten Wesens menschlicher Wirklichkeit.

Rollentheorie und Wissenssoziologie kommen aus ganz verschiedenen Gegenden der Soziologie. Bis jetzt ist es noch nicht gelungen, ihre eigenständigen Erkenntnisse über gesellschaftliche Prozesse theoretisch zu integrieren, außer vielleicht in dem großen System des amerikanischen Soziologen Talcott Parsons, das aber zu vielschichtig ist, um in unserem Zusammenhange behandelt werden zu können. Eine relativ bequeme Brücke zwischen den beiden Ansätzen ist die sogenannte Bezugsgruppentheorie, ebenfalls amerikanischer Herkunft.

In den 1940er-Jahren von Herbert Hyman formuliert, wurde der Begriff Bezugsgruppe von amerikanischen Soziologen – darunter besonders Robert Merton und Tamotsu Shibutani – immer weiter differenziert. Er eignet sich besonders, wenn man das Funktionieren von Organisationen – beim Militär oder in der Industrie usw. – untersuchen will. Seine methodische Bedeutung für die empirische Forschung ist jedoch nicht das, worum es uns geht. Man muss zwischen Bezugsgruppen unterscheiden, denen man angehört, und solchen, auf die hin man sich orientiert.

Uns interessiert hier vor allem die zweite Kategorie. Bezugsgruppe in diesem Sinne ist ein Kreis, dessen Ansichten, Überzeugungen und Taten für unsere eigenen Ansichten, Überzeugungen und Taten ausschlaggebend werden. Die Bezugsgruppe liefert uns ein Modell, nach dem wir uns immer richten können. Sie verhilft uns auch zu einer bestimmten Vorstellung von der gesellschaftlichen Wirklichkeit, die, ideologisch bestimmt oder nicht, uns umgekehrt wieder an die Bezugsgruppe bindet.

Vor einiger Zeit war im »New Yorker« ein Cartoon mit einem gut angezogenen College-Studenten, der auf ein ungekämmtes, junges Mädchen einspricht. Sie marschiert in einem

Demonstrationszug für die Abschaffung von Bombentests. Der dazugehörige Text lautete etwa so: »Ich schätze, das heißt: wir werden uns heut Abend nicht bei den Jung-Konservativen treffen. « Damit kommt in ein paar Federstrichen zum Ausdruck, welches Angebot an Bezugsgruppen ein Student heutzutage hat. Jeder bessere Campus weist eine ganze Anzahl auf, unter denen man nur zu wählen braucht. Der anschlusslustige Neuling kann irgendeinem politischen Verein beitreten oder zu einem Beatnik-Haufen stoßen. Er kann sich einem versnobten Kreis Feiner-Leute-Kinder anschließen oder auch nur dem Hofstaat irgendeines Mode-Professors für Literatur. Selbstverständlich hat jede Gruppe ihre kleinen Eigenwilligkeiten in der Kleidung und im Auftreten. Man würzt seine Rede mit ein paar marxistischen Brocken oder macht einen weiten Bogen um den Friseurladen. Man trägt Kragen ohne Knöpfe und zerknitterte Krawatten oder läuft ab Mitte März barfuß. Aber die Gruppenwahl bringt auch diffizilere Symbole mit sich, die man tunlichst mit einiger Deutlichkeit zur Schau tragen sollte. Man liest die »National Review« oder den »Dissent« – je nach Lage des Falles. Man zeigt sich entzückt, weil eine Lesung von Allen Ginsberg mit der allerletzten Jazzmusik umrahmt wird. Man weiß die Vornamen der Präsidenten gewisser Aktiengesellschaften auswendig, auf die man für später ein Auge geworfen hat. Man ist vor Verachtung ganz sprachlos, wenn jemand offen zugibt, dass er die »Metaphysical Poets« nicht kennt. Man ist Goldwater-Republikaner oder Trotzkist, man glaubt an Zen-Buddhismus oder New Criticism.

Und jede dieser hehren Weltanschauungen stiftet oder verdirbt den Flirt am Samstagabend, vergiftet die Atmosphäre mit den Stubengenossen oder führt zu einer Verbrüderung mit Leuten, die man vorher wie die Pest gemieden hat. Man entdeckt, dass man manche Mädchen mit seinem Sportwagen und andere mit Shakespeare herumkriegt. Und nur der boshafte Soziologe weiß, dass die Entscheidung zwischen Jaguarbraut und Shakespearebraut in den Planspielen der Gesellschaft längst gefallen ist.

Die Bezugsgruppentheorie macht deutlich, dass Eintritt oder Austritt in einen beziehungsweise aus einem Kreis auch gewisse kognitive Folgen hat. Man schließt sich einer Gruppe an und

»weiß« damit, dass die Welt so und so ist. Man verlässt die Gruppe wieder und »weiß«, dass man sich nur geirrt hatte. Jede Gruppe, auf die man sich »bezieht«, hat ihren Stellenwert in einer Sinnwelt. Am Rockzipfel jeder gesellschaftlichen Rolle baumelt eine Weltanschauung. Wenn man bestimmte Leute wählt, wählt man auch eine bestimmte Welt zum Leben. Während die Wissenssoziologie die gesellschaftliche Konstruktion der Wirklichkeit überhaupt untersucht, zeigt uns die Bezugsgruppentheorie die vielen kleinen Schuppen, in denen die Sinnweltkonstrukteure in Gruppen und Grüppchen an ihren Kosmosmodellen basteln. Die sozialpsychologische Dynamik hinter diesem Prozess ist wahrscheinlich genau die, der wir schon bei der Rollentheorie begegnet sind: der ewig menschliche Drang, anerkannt zu werden, dazu zu gehören, gemeinsam in einer Welt mit anderen zu leben. Sozialpsychologische Experimente darüber, wie Gruppenmeinungen selbst die Wahrnehmung von konkreten Gegenständen beeinflussen, geben einen Eindruck davon, wie unwiderstehlich dieser Drang ist. Eine Versuchsperson, die einen etwa 30 cm langen Gegenstand zunächst ganz richtig geschätzt hatte, wird unsicher und korrigiert sich in einer Versuchsgruppe, deren Mitglieder steif und fest behaupten, der Gegenstand sei nur 15 cm lang. Man soll also gar nicht so erstaunt sein, wenn die Kraft von Gruppenmeinungen auf politischem, moralischem oder ästhetischem Gebiet noch ungleich größer ist. Schließlich kann man in solchen Fällen keinen politischen, moralischen oder ästhetischen Zollstock zu Hilfe nehmen. Macht man jedoch einmal den Versuch, so bestreitet die Gruppe natürlich, dass der Zollstock überhaupt ein Zollstock ist. Der Wertmesser der einen Gruppe ist der Unwertmesser einer anderen. Heiligsprechung und Bannfluch sind austauschbar. Wir finden unsere Götter, wenn wir unsere Spielkameraden aussuchen.

Wir haben in diesem Kapitel einige Zweige der Soziologie besonders herausgestellt, die eine Vorstellung davon vermitteln, wie die Gesellschaft auch im Menschen wirksam ist, nicht nur der Mensch in der Gesellschaft. Jetzt stimmt nicht mehr ganz, womit wir das vorige Kapitel beschlossen hatten: das Bild der Gesellschaft als ein großes Gefängnis. Wir müssen schon etwas mehr ins Detail gehen und die Trupps von Gefangenen einzeichnen, die emsig schaufeln und hämmern, damit die Mauern dicht bleiben. Jetzt erkennen wir, dass unsere Gefangenschaft in der Gesellschaft uns ebenso von innen her, von unserem eigenen Selbst wie durch das Wirken äußerer Mächte auferlegt ist. Das Bild eines Puppentheaters passt jetzt besser, wenn der Vorhang sich vor den kleinen Figürchen hebt, die an den Enden ihrer unsichtbaren Fäden zappeln und den kleinen Part spielen, die einem jeden in der Tragikomödie, die da oben aufgeführt wird, zugedacht ist. Aber auch dieser Vergleich trifft noch nicht alles. Till Eulenspiegel im Puppentheater hat keinen Willen und kein Bewusstsein. Till Eulenspiegel im Drama der Gesellschaft aber wünscht sich nichts sehnlicher als eben das Schicksal, das ihn auf der Bühne erwartet. Er hat sich ganze philosophische Systeme ausgedacht, um dieses sein Schicksal zu bestätigen.

Das Schlüsselwort für Soziologen, wenn sie von Phänomenen sprechen, die wir in diesem Kapitel angeführt haben, heißt »Internalisierung«. In der Sozialisation internalisiert das Kind seine gesellschaftliche Welt. Genau dasselbe, wenngleich in geringerem Ausmaß, findet immer dann statt, wenn ein Erwachsener in ein neues gesellschaftliches Gefüge oder eine neue Gruppe eingeführt wird. Die Gesellschaft ist eben nicht nur im Sinne von Durkheim »da draußen«, sondern auch »hier drinnen«, ein Teil unseres innersten Selbst. Erst das Phänomen der Internalisierung macht die unglaubliche Tatsache begreiflich, dass die meisten Menschen die meisten äußeren Kontrollen in einer Gesellschaft meistens ganz in der Ordnung finden.

Die Gesellschaft kontrolliert nicht nur unseren Bewegungsraum, sie formt auch unsere Identität, unser Denken, unser Gefühl. Ihre Strukturen werden zu Strukturen unseres Bewusstseins. Sie macht nicht an der Grenze unserer Haut halt. Sie dringt in uns ein und umfängt uns. Unser Bund mit ihr beruht nicht so sehr auf gegenseitiger Eroberung, sondern auf heimlichem Einverständnis. Manchmal allerdings zwingt sie uns auch zu völliger Unterwerfung. Aber viel öfter gehen wir in die Falle unserer eigenen von Grund auf sozialen Natur. Die Mauern unseres Gefängnisses stehen schon da, wenn wir auf die Bühne kommen. Aber wir bauen selbst immer weiter an ihnen. Betrogene Betrüger einer Freiheit, die wir nicht erkennen, tun wir redlich-unredlich alles dazu, mitgefangen-mitgehangen zu sein.

6 Soziologische Perspektive III: Gesellschaft als Drama

Wenn dem Autor gelungen sein sollte, den Leser mit den beiden vorigen Kapiteln zu überzeugen, so empfindet dieser jetzt vielleicht, was sich am ehesten als so etwas wie soziologische Klaustrofobie bezeichnen ließe. Mit einigem moralischem Recht verlangt er nun vom Autor, er möge ihm zur Erleichterung von so viel gesellschaftlichen Determinanten doch auch die menschliche Freiheit bestätigen, die bisher nur einmal, im letzten Satz des letzten Kapitels, in ziemlich fragwürdigem Zusammenhang erwähnt wurde. Im Rahmen einer soziologischen Beweisführung bereitet ein solches Ansinnen aber gewisse Schwierigkeiten, mit denen wir uns, bevor wir weiter argumentieren können, doch beschäftigen müssen.

Freiheit ist empirisch nicht zugänglich. Genauer gesagt: Wir können sie zwar als Gewissheit – genau wie andere Gewissheiten – erleben. Aber mit wissenschaftlichen Methoden nachweisen können wir sie nicht. Nach Kant ist Freiheit rational nicht zugänglich und kann nicht mit philosophischen Methoden, die auf dem Wirken der reinen Vernunft beruhen, bewiesen werden. Wenn wir uns hier nur auf die Frage des empirischen Zuganges beschränken, so liegt die Schwierigkeit, Freiheit wissenschaftlich zu erfassen, nicht so sehr daran, dass sie ein so tiefes Geheimnis ist – gewiss ist sie das, aber schließlich pflegen wir täglich und stündlich Umgang mit diesem Geheimnis – als vielmehr an der strengen Begrenzung wissenschaftlicher Methoden. Eine empirische Wissenschaft hat sich an gewisse Voraussetzungen zu halten, deren eine die ist, dass alles seinen Grund haben muss. Von jedem Gegenstand einer kritisch-wissenschaftlichen Betrachtung muss man annehmen können, dass er durch irgendetwas verursacht worden ist. Ein Gegenstand oder ein Ereignis, das etwa seine eigene Ursache wäre, liegt außerhalb der Sinnwelt wissenschaftlicher Diskussion. Freiheit aber hat genau diesen Charakter, und deshalb kann keine noch so tiefschürfende wissenschaftliche Untersuchung je ein Phänomen »frei«legen, das als »frei« bezeichnet werden kann. Was auch das subjektive Bewusstsein eines Menschen als frei erleben mag, immer hat es in wissenschaftlichem Zusammenhang seinen Ort als Glied in einer Kausalkette.

Freiheit und Kausalität sind keine logisch unvereinbaren Begriffe. Sie gehören nur in ganz andere Bezugsrahmen. Es wäre deshalb müßig, wissenschaftlich an Freiheit herankommen zu wollen, indem man auf dem Wege der Elimination eine Ursache nach der anderen abträgt, um schließlich ein Restphänomen vor sich zu haben, das ohne Ursache zu sein scheint und als frei deklariert werden könnte. Freiheit ist nicht das, was ohne Ursache ist beziehungsweise keine mehr hat. Man kann sie aber auch nicht erreichen, wenn man gebannt auf Gelegenheiten starrt, an denen wissenschaftliche Vorausschau scheitert. Freiheit ist nicht Unberechenbarkeit. Wäre sie es, so müsste, wie Max Weber sagt, der Irre der Freieste unter allen Menschen sein. Der Mensch, der sich seiner Freiheit bewusst ist, steht nicht außerhalb der Welt von Ursächlichkeiten, sondern er nimmt vielmehr sein eigenes Wollen als eine ganz besondere Kategorie von Ursache wahr, die sich von anderen, mit denen er rechnen muss, wesentlich unterscheidet. Dieser Unterschied jedoch ist nichts, was man wissenschaftlich beweisen könnte.

Vielleicht bringt uns hier eine Analogie weiter. So wie Freiheit und Ursächlichkeit sind auch Nützlichkeit und Schönheit keine einander widersprechenden, sondern nur weit auseinander liegende Begriffe. Logisch schließt keiner den anderen aus. Man kann dem einen aber nicht zur Verwirklichung helfen, indem man die Wirklichkeit des anderen nachweist. Man kann sich durchaus ein bestimmtes Objekt, ein Möbelstück etwa, vornehmen und schlüssig beweisen, dass es von einigem Nutzen für die menschliche Lebensweise ist – man sitzt darauf oder schläft darin, isst daran usw. Wieviel und welchen Nutzen man aber auch beweisen mag, an die Frage, ob Stuhl, Bett oder Tisch schön sind, kommt man damit nicht heran. Mit anderen Worten: Die Sinnwelten des Schönen und des Nützlichen sind inkommensurabel.

Die Soziologie mit ihren wissenschaftlichen Methoden ist eine Denkweise, die voraussetzt, dass die Welt des Menschen a priori ein geschlossenes Kausalsystem ist. Wenn sie anders dächte, wären ihre Methoden nicht wissenschaftlich. Freiheit als eine Sonderart von Ursache ist aus diesem System a priori ausgeschlossen. Bei den Phänomenen der Gesellschaft muss der Soziologe auf beliebig viele Ursachen zurückgreifen können, deren keine vor allen anderen einen ontologisch bevorzugten Status besitzt. Wenn er ein Phänomen mit der einen Art von soziologischen Kategorien ursächlich nicht erklären kann, wird er es mit einer anderen versuchen. Wenn die politischen Ursachen nicht ausreichen, kommen die wirtschaftlichen dran. Und wenn die gesamte Klaviatur der Soziologie für sein Phänomen nicht geeignet zu sein scheint, so greift er eben auf eine andere, psychologische oder biologische usw., über. Auch damit bewegt er sich weiter innerhalb der Grenzen der Wissenschaft, in einem Kosmos, in dem er zwar immer neue Kausalgebilde entdeckt, niemals aber die Freiheit. Es gibt keine andere Möglichkeit, Freiheit wahrzunehmen, als die subjektive innere Gewissheit, die sich in nichts auflösen würde, sobald man sie mit den Instrumenten wissenschaftlicher Untersuchung angeht.

Dem Autor läge bei seinen Absichten nichts ferner, als sich nun als Anhänger eines Positivismus zu entpuppen, der noch immer in der amerikanischen Soziologie herumspukt und nur solche Fragmente der Wirklichkeit gelten lässt, die der Wissenschaft zugänglich sind. Fast unterschiedslos läuft ein solcher Irrglaube auf irgendeine intellektuelle Barbarei hinaus, wie uns die jüngste Entwicklung der behavioristischen Psychologie in Amerika eben wieder herrlich demonstriert hat. Und dennoch: Wenn man seine Kost nicht hoffnungslos entweihen will, muss man koscher kochen, das heißt, man darf die Milch der subjektiven Einsicht nicht über das Fleisch der wissenschaftlichen Interpretation ausschütten. Solch reinliche Scheidung bedeutet aber nicht, dass man sich nicht an beiderlei Speise gütlich tun dürfte. Nur darf man das eben nicht bei ein und demselben Gericht, ein und derselben Mahlzeit tun. Daraus folgt, dass über Freiheit überhaupt nicht gesprochen werden kann, wenn wir uns streng an die Grenzen der Soziologie als Wissenschaft halten wollen. Wir müssten also den Leser, der seine Klaustrofobie loswerden will, seinen eigenen Ratschlüssen überlassen.

Nachdem aber diese Zeilen glücklicherweise nicht in einer soziologischen Zeitschrift erscheinen werden und auch nicht zitatwürdig für erlauchte Fachkongresse zu sein beanspruchen, besteht keinerlei Anlass zu so viel Askese. So wollen wir uns denn selbst zwei Kuren verschreiben. Erstens werden wir, noch an Hand der Modelle des menschlichen Daseins, wie sie uns die Soziologie liefert, versuchen zu zeigen, dass Kontrollen, die äußeren wie die inneren, doch ganz so unantastbar nicht sind, wie wir sie oben haben erscheinen lassen. Danach und zweitens aber werden wir aus den engeren Grenzen der Wissenschaft hinaustreten und Freiheit einfach postulieren, um zu sehen, wie denn die soziologischen Modelle sich vom begünstigten Standort eines solchen Postulates her ausmachen. Bei der ersten Kur werden wir nicht umhin können, unsere beiden bisherigen Perspektiven der Soziologie noch um einige farbige Glanzlichter zu bereichern. Bei der zweiten wollen wir uns Mühe geben, irgendeinen humanen Überblick über die Perspektiven der Soziologie zu gewinnen.

Kehren wir an jene Stelle am Ende des letzten Kapitels zurück, wo wir darauf bestehen mussten, dass, um uns zu Gefangenen der Gesellschaft machen zu können, unsere eigene Mithilfe benötigt wird. Was ist denn das Wesen einer solchen Kooperation? Ein Weg, diese Frage zu beantworten, wäre, noch einmal den Thomas'schen Begriff der Definition der Situation aufzugreifen. Wir behaupten nun, dass – wie immer der äußere oder innere Druck der Gesellschaft beschaffen sein mag – wir selbst die zur Diskussion stehende gesellschaftliche Situation mitdefinieren müssen. Wie deren Vorgeschichte auch sein mag, wir selbst sind zu einem Akt der Kollaboration aufgerufen, um die Situation aufrecht zu halten. Um an das Wesen unserer Kooperation heranzukommen, können wir aber auch Zuflucht zu einem anderen soziologischen Gedankensystem nehmen: dem von Max Weber. Denn wir sind der festen Überzeugung, dass sich gerade an dem Punkt, an dem wir jetzt stehen, zeigt, welch ein wichtiger und notwendiger Ausgleich zu Durkheims Auffassung von der menschlichen Existenz es ist. Talcott Parsons hat Max Webers Soziologie, verglichen mit anderen Richtungen, »voluntaristisch« genannt. Zwar sind Webers Auffassungen von wissenschaftlicher Methodik viel zu sehr an Kant geformt, als dass er die Idee der Freiheit in seinem System zulassen könnte. Aber Talcott Parsons Urteil macht doch deutlich, wie sich der ganze Nachdruck, den Weber auf die Intentionalität des sozialen Handelns legt, von Durkheims fehlendem Interesse an dieser Dimension abhebt. Durkheim hatte die Außenhaftigkeit, die Gegenständlichkeit, den Sach-Charakter der gesellschaftlichen Wirklichkeit betont. Man ist fast versucht, hier den scholastischen Terminus »Quiddität« einzuführen. Demgegenüber hebt Max Weber immer den subjektiv gemeinten Sinn hervor, die Intentionen und Interpretationen, die in jede gesellschaftliche Situation von ihren Partizipanten, den Handelnden, eingebracht werden. Auch er weiß natürlich, dass, was sich schließlich in der Gesellschaft ereignet, höchst verschieden von dem sein kann, was die Handelnden gemeint oder gewollt haben. Aber er besteht darauf, dass bei einem wirklich soziologischen Verständnis die gesamte subjektive Dimension in Betracht gezogen werden muss. [Der terminus technicus für solches Verständnis ist übrigens das deutsche Wort »Verstehen«, das auch in die englische Fachsprache eingegangen ist.] Das heißt also: Soziologisches Verstehen setzt auch die Interpretation von Bedeutungsinhalten voraus, die einer Gesellschaft präsent sind. Nach dieser Auffassung stützt sich jede gesellschaftliche Situation auf Sinngebilde, mit denen ihre jeweiligen Teilhaber operieren. In einer Situation, deren Sinn wesentlich durch Tradition und allgemeinen Consensus bestimmt ist, kann natürlich ein einzelner, der eine abweichende Situationsdefinition offeriert, wenig erreichen. Mindestens kann er aber für seine eigene Person die Entfremdung von dieser Situation statuieren. Die bloße Möglichkeit von Außenseitern in der Gesellschaft ist schon ein Zeichen dafür, dass auf allgemeinem Consensus beruhende Sinngehalte in ihrer Fähigkeit, Zwang auszuüben, mindestens nicht omnipotent sind. Noch interessanter sind aber die Fälle, wo es einzelnen gelingt, genügend Gefolgschaft zu finden, um ihre Weltauffassung als die gültige einzusetzen, und sei es nur bei dieser ihrer Gefolgschaft. Diese Möglichkeit, die Gewissheitswelt einer Gesellschaft zu durchstoßen, behandelt Max Weber mit seiner Theorie des Charisma. Das Wort, dem neuen Testament entnommen – wo es allerdings etwas anderes bedeutet – bezeichnet eine gesellschaftliche Autorität, die sich nicht auf Tradition oder Legalität gründet, sondern vielmehr auf die außerordentliche Wirkung einer einzelnen Führerfigur. Der Prophet, der namens absoluter Autorität, die göttlicher Wille ihm verliehen hat, der etablierten Ordnung der Dinge Trotz bietet, ist der Prototyp des charismatischen Führers. Man denke dabei an Buddha, Jesus, Mohammed. Charisma tritt aber auch in profanen Lebensbereichen, besonders in politischen auf, wie man an Cäsar oder Napoleon sehen kann. Eine paradigmatische Formel für charismatische Autorität, die sich einer etablierten Ordnung entgegenstellt, ist der immer wiederkehrende Ausspruch von Jesus: »Ihr habt gehört, dass zu den Alten gesagt ist… Ich aber sage Euch…«. In diesem »Aber« liegt der Anspruch, rechtens verdrängen zu dürfen, was immer früher als verpflichtend gegolten hat. Für die Macht der vorgegebenen Definitionen ist Charisma also eine schwere Gefahr. Es ersetzt alten Sinn durch neuen und macht sich anheischig, die Voraussetzungen des menschlichen Daseins radikal um und neu zu definieren.

Dabei darf man Charisma aber nicht mit Wunder verwechseln, das ohne Verbindung zu allem wäre, was vorher geschah, oder keine Beziehung zu dem gesellschaftlichen Zusammenhang, in dem es erscheint, hätte. Nichts in der Geschichte ist frei von Bindung an die Vergangenheit. Und die großen Leidenschaften eines charismatischen Aufbruchs überdauern, wie Max Weber bis ins Detail nachgewiesen hat, nur selten die Lebenszeit einer einzigen Generation. Unweigerlich wird er – um Webers Terminus zu gebrauchen: »routinisiert«, das heißt, er wird zurückintegriert in die Gesellschaft und nimmt dabei weniger radikale Formen an. Nach den Propheten kommen die Päpste, nach den Revolutionären die Bürokraten. Wenn die große Sintflut der Revolution vorüber ist, und die Menschen sich anschicken, unter dem zu leben, was als die neue Ordnung gilt, stellt sich unvermeidlich heraus, dass der Wechsel gar so total nicht ist, wie es zunächst den Anschein hatte. Wirtschaftliche Interessen und politische Ehrgeize treten, wenn der revolutionäre Eifer zu erkalten beginnt, in seine Fußstapfen.

Alte Gewohnheiten stellen sich von selbst wieder ein, und die in charismatischer Revolte erschaffene neue Ordnung ähnelt auf einmal bestürzend dem »Ancien regime«, das sie mit so viel Aufwand an Gewalt zerstört hat. Je nach den Wertmaßstäben, denen man sich verschrieben weiß, lässt man sich von diesem Faktum niederdrücken oder trösten. Was uns allerdings in erster Linie interessiert, ist nicht der ewig gleiche kurze Atem der Rebellionen in der Geschichte, sondern dass sie überhaupt möglich sein können. Bemerkenswert in diesem Zusammenhang ist, dass Max Weber Charisma für eine der ganz großen bewegenden Kräfte in der Geschichte hält, und das trotz seiner eigenen Einsicht, dass das Phänomen immer nur eine begrenzte Lebensdauer hat. Aber wieviel der alten Formen auf dem Wege der Routinisierung von Charisma auch wiederkehren mögen, die Welt nachher ist doch niemals wieder ganz dieselbe wie vorher. Auch wenn die Veränderung geringer ist, als die Revolutionäre erhofft hatten, sie hat eben doch stattgefunden. Und manchmal zeigt sich erst, wenn viel Zeit vergangen ist, wie tief sie doch gegangen ist. Das ist der Grund dafür, dass noch jeder Versuch einer totalen Konterrevolution in der Geschichte gescheitert ist, wie zum Beispiel das Konzil von Trient oder der Wiener Kongress. Die Lehre, die wir daraus für unsere soziologischen Perspektiven ziehen können, ist simpel, ja beinahe platt, aber doch notwendig, wenn man ein ausgewogenes Bild haben will: Man kann den Leviathan der vorgegebenen Definition erfolgreich herausfordern. Oder, um es im Sinne unserer vorausgegangenen Darlegungen negativ zu sagen: Man kann die Kooperation mit der Geschichte verweigern.

Der Eindruck der Unerbittlichkeit, den Durkheims Auffassung von der Gesellschaft – samt allen ähnlichen Konzeptionen – hinterlässt, kommt zum Teil davon, dass der historische Prozess als solcher darin nicht genügend Beachtung findet. Keine Sozialstruktur, wie dicht sie in ihrer Gegenwärtigkeit auch wirken mag, hat seit Anbeginn der Zeiten in eben dieser Dichte bestanden. Irgendwo und irgendwann einmal haben Menschen sie gefügt und ihr ein Gesicht gegeben: Charismatische Seher, Betrüger, Eroberer, Helden, oder auch nur potente Leute, die rechtzeitig auf etwas Neues umschalteten, das ihnen eine noch bessere Zurschaustellung ihrer Macht zu versprechen schien. Da Menschen alle Gesellschaftssysteme geschaffen haben, müssen Menschen sie auch verändern können. Und tatsächlich ist es eine Grenze unserer Perspektiven auf die Gesellschaft – durch die wir gewiss ein zutreffendes Bild der sozialen Wirklichkeit gewonnen haben –, dass sie kaum Raum für die Möglichkeit des sozialen Wandels lassen. Die historische Orientierung Max Webers ist dazu angetan, hier das nötige Gleichgewicht wieder herzustellen.

Durkheims und Webers Konzeptionen der Gesellschaft widersprechen einander logisch nicht. Sie sind nur antithetisch, insofern sie verschiedene Aspekte der gesellschaftlichen Wirklichkeit ins Blickfeld rücken. Es ist durchaus berechtigt, die Gesellschaft als objektive Faktizität aufzufassen, die Zwang auf uns ausübt, ja die uns geradezu erschafft. Aber mit gleichem Recht kann man sagen, unser sinnhaftes Handeln stütze das Gebäude der Gesellschaft, gelegentlich verhelfe es sogar dazu, dieses Gebäude gründlich zu verändern. Das Paradoxon der gesellschaftlichen Existenz steht inmitten der beiden Auffassungen: die Gesellschaft »definiert« uns zwar, aber auch wir »definieren« unsere Gesellschaft. Darauf haben wir angespielt, als wir von heimlichem Einverständnis, von Kollaboration mit der Gesellschaft, sprachen. Sehen wir sie aber erst einmal in dieser Weise, so erscheint sie auf einmal viel fragiler, als sie von unserem früheren Standort aus wirkte. Um Menschen zu sein, um ein Bild unserer selbst, um eine Identität zu haben, brauchen wir die Anerkennung durch die Gesellschaft. Aber die Gesellschaft ist auf die Anerkennung vieler, die sind wie wir, angewiesen, um überhaupt bestehen zu können. Mit anderen Worten: Nicht nur wir sind es, die ihre Existenz, so wie sie ist, einer »Definition« verdanken, sondern auch die Gesellschaft. Von unserem Ort in ihr hängt es ab, ob die Weigerung, eine bestimmte gesellschaftliche Wirklichkeit anzuerkennen, viel Erfolg haben wird. Dem Sklaven hilft die Weigerung, seine Versklavung anzuerkennen, wenig. Etwas anderes wäre es schon, wenn der Sklavenhalter dazu bereit wäre. Sklavensysteme haben jedoch von jeher mit Gewalt auf jede Anfechtung reagiert, auch dann noch, wenn sie von den demütigsten ihrer Opfer ausgegangen war. Immerhin scheint es, als kenne die Gesellschaft weder schrankenlose

Macht noch schrankenlose Ohnmacht. Ihre Sklavenhalter wissen das sehr wohl und stellen ihre Kontrollen darauf ein.

Die Systeme der sozialen Kontrolle bedürfen also ständig der Versicherung und Rückversicherung seitens derer, die durch sie kontrolliert werden sollen. Es gibt verschiedene Möglichkeiten, ihnen die Bestätigung zu verweigern, und jede ist eine Herausforderung der Gesellschaft beziehungsweise ihrer offiziellen Definition. Wir wollen hier drei herausgreifen: Alternation, Ablösung und Manipulation.

Schon als wir über Charisma sprachen, hatte sich abgezeichnet, in welcher Weise es zu einer Umwandlung von gesellschaftlichen Definitionen kommen kann. Charisma ist natürlich nicht der einzige Faktor, der zur Veränderung der Gesellschaft führt, jeder gesellschaftliche Veränderungsprozess aber ist mit neuen Wirklichkeitsbestimmungen verbunden. Und jede solche Neubestimmung bedeutet, dass irgendjemand damit beginnt, etwas Konträres zu dem zu tun, was nach der bisherigen Definition von ihm erwartet wird. Der Herr erwartet vom Knecht die übliche Demutsgebärde. Stattdessen bekommt er einen Faustschlag ins Gesicht. Von Zahl und Häufigkeit solcher Vorkommnisse hängt es ab, ob man von individueller »Abweichung« oder gesellschaftlicher »Desorganisation« sprechen muss. Weigert sich ein Einzelner, die gesellschaftliche Definition des Rechts auf Eigentum hinzunehmen, so haben wir es mit dem Phänomen des Verbrechens zu tun, einer »Abweichung«, die im Strafrecht unter »Vergehen gegen das Eigentum« gehört. Wenn aber eine Masse, von einem politischen Führer gelenkt, dieselbe Weigerung praktiziert, so ist das eine Revolution – einerlei ob sie die Einsetzung einer sozialistischen Gesellschaftsordnung oder nur eines neuen Steuersystems zur Folge hat. Die soziologischen Unterschiede zwischen privater Abweichung – zum Beispiel Verbrechen – und dem Ausverkauf eines ganzen Gesellschaftssystems durch eine Revolution liegen auf der Hand. Für unseren Zusammenhang ist jedoch nur von Bedeutung, dass beide die Möglichkeit des Widerstandes gegen äußere und, was wichtig ist, auch gegen innere Kontrollen beweisen. In der Tat: Wenn wir die Revolutionen der Geschichte Revue passieren lassen, so finden wir, dass den äußeren Akten gegen die alte Ordnung immer ein Nachlassen der inneren Ergebenheit und Treue vorangegangen ist. Zuerst fallen die Bilder der Könige, dann die Throne. Albert Salomon hat die Zersetzung der Vorstellung eines Volkes von seinen Herrschern an der Halsbandaffäre vor der Französischen und dem Fall Rasputin vor der Russischen Revolution dargestellt. Die noch nicht abgeschlossene Erhebung der Afroamerikaner in den Südstaaten gegen das Segregationssystem in unserer eigenen Zeit hat sich in einem langen Prozess vorbereitet, in dem die alten Definitionen ihrer sozialen Rolle zunächst überall im Lande in Frage gestellt und dann in ihrer Selbstvorstellung abgebaut wurden; ein Vorgang übrigens, an dem Sozialwissenschaftler, auch im Süden, keinen geringen Anteil haben. Mit anderen Worten: Längst bevor Gesellschaftssysteme ein gewaltsames Ende nehmen, werden sie ihrer ideologischen Stützen durch Missachtung beraubt. Nichtanerkennung und Konterdefinition sind potentiell immer revolutionär.

Es gibt aber noch ganz andere Routinemöglichkeiten, gesellschaftliche Situationen durch Ablehnung ihrer bisherigen Definition zu verändern. Der Leser hat hoffentlich nichts dagegen, wenn wir ein ziemlich unakademisches Beispiel herausgreifen: das Werk des englischen Humoristen Stephen Potter, das eine unübertreffliche Anleitung zur subtilen Kunst der gesellschaftlichen Sabotage ist. Was Potter »the ploy« [ein zwischen plot, play und toy schwebendes Wort, das etwa »Überrumpelung« bedeutet] nennt, ist genau die Methode, wie man eine gesellschaftliche Situation entgegen allgemeiner Erwartung umdefiniert, so dass die übrigen Teilnehmer unversehens außerstande sind, etwas gegen die Überrumpelung zu unternehmen: Da lässt sich ein Patient in das ärztliche Konsultationszimmer so viele Telefonanrufe legen, dass es sich in ein regelrechtes Büro verwandelt. Ein amerikanischer Tourist belehrt seinen englischen Gastgeber über die Sehenswürdigkeiten von London. Ein Logierbesuch, der ungern zur Kirche geht, bringt es fertig, seine kirchenfrommen Gastgeber am Sonntagmorgen ganz außer Fassung zu bringen durch dunkle Anspielungen auf einen Geheimkult, dem er anhängt, so dass es ihm einfach nicht erlaubt ist, mit ihnen zu gehen. Das alles kann man, im Unterschied zu den prometheischen Bilderstürmen des großen Revolutionärs, mikrosoziologische Sabotage nennen, bei der sich die verborgene Anfälligkeit des Gefüges der Gesellschaft plötzlich enthüllt. Der Leser kann, wenn seine Grundsätze so etwas zulassen, ruhig einmal testen, wie weit man mit der Potterschen Methode, die Gesellschaft zu überrumpeln, kommen kann. Ohne den Monopolen der Meinungsmacher auf der New Yorker Madison Avenue zu nahe treten zu wollen: Solch ein Test wäre bereits der Kern zu organisierter Opposition. Man gibt sich auf einer Cocktail Party als strengen, wenngleich toleranten Abstinenzler aus, bei einem Sommerfest der Methodisten-Gemeinde als Anhänger eines magischen Geheimkultes oder beim Lunch mit smarten Geschäftsleuten als Psychoanalytiker. Fast mit Sicherheit wird sich jedes Mal herausstellen, dass die Einführung einer dramatisierenden Person, die nicht ins Szenarium des Stückes passt, das gerade aufgeführt wird, die Rollensicherheit der Spieler, die hinein passen, ernstlich gefährdet. Solche Erfahrungen können sehr plötzlich einen krassen Wandel unserer Auffassung von der Gesellschaft herbeiführen: Aus einem ehrwürdigen Bau massiven Granits wird auf einmal ein Puppenhaus aus Pappmaschee. Bei Leuten, die ihr ganzes Vertrauen auf die Stabilität und Rechtschaffenheit der Gesellschaft gesetzt haben, können sich derartige Metamorphosen verheerend auswirken. Wer die Gesellschaft aber eher als einen Riesen empfunden hat, der ihm im Nacken sitzt und gar nicht nett ist, der fühlt sich befreit und beruhigt, wenn er merkt, dass der Riese einen nervösen Tick hat. Wenn man die Gesellschaft weder verändern noch sabotieren kann, so kann man sich wenigstens für seine Person von ihr zurückziehen. Der Widerstand gegen ihre Kontrollen in Form einer privaten Loslösung wird mindestens seit Laotse praktiziert, und die Stoiker haben daraus eine ganze Theorie des Widerstandes gemacht. Wer sich von der gesellschaftlichen Bühne in eine selbstgezimmerte, intellektuelle, religiöse oder künstlerische Eigenwelt zurückzieht, bringt natürlich noch immer Sprache, Identität und einen Vorrat von Wissen in sein Exil mit, das er einmal aus den Händen der Gesellschaft empfangen hat. Trotzdem ist es möglich – wenngleich oft mit ziemlichem seelischem Aufwand – sich innerlich eine feste Burg zu bauen, in deren Mauern die Alltagserwartungen der Gesellschaft beinahe gleichgültig werden. Wer eine solche Zuflucht gefunden hat, lässt sie sich nicht durch die Ideologien des Systems rundum beschädigen, sondern drückt ihr den Stempel seines Geistes auf. Finden sich dann sogar noch andere, die sich ihm anschließen, so entsteht eine richtige Konter-Gesellschaft, die ihren Verkehr mit der anderen, »legitimen« Gesellschaft auf ein diplomatisches Minimum einschränken kann. Die seelische Belastung der Isolierung ist übrigens auf diese Weise sehr viel geringer.

Konter-Gesellschaften auf der Grundlage abweichender, eigenmächtiger Wirklichkeitsdefinitionen sind Sekten, Kulte, »Geheimbünde«, kurz alles, was man in der Soziologie »Subkultur« nennt. In Anbetracht ihrer normativen und kognitiven Isolation sollte man vielleicht besser von »Sub-Welten« sprechen. Der Neuling, der von außen in eine von ihnen eintritt, bekommt sofort deutlich zu spüren, dass er in eine ganz andere Sinn- und Gesprächswelt mit ganz anderen Verkehrsregeln geraten ist. Eine Sub-Welt ist eine Insel im Meer ihrer Gesellschaft – um einen glücklichen Vergleich von Carl Mayer zur Charakterisierung des Sektenwesens zu übernehmen. Exzentrische Frömmigkeit, subversive politische Ideen, sexuelle Sonderneigungen, Freuden und Leiden, die gegen das Gesetz verstoßen – sie alle können Sub-Welten erschaffen, die gegen die physischen und ideologischen Kontrollen der umgebenden Gesellschaft sorgfältig abgeschirmt sind. Den Blicken der Öffentlichkeit entzogen, existieren in jeder modernen Großstadt die Schattenwelten der Theosophen, Trotzkisten, der Homosexuellen und Rauschgiftsüchtigen. Eine jede hat ihre eigene Sprache und baut daraus eine ganze Sinnwelt auf, die von der der »normalen« der Mitmenschen meilenweit entfernt ist. Die Anonymität und Beweglichkeit des modernen Lebens begünstigt natürlich das rasche Entstehen und Vergehen von »Unter-Welten«. Aber auch schon weniger rebellische geistige Übungen können einen Menschen das Definitionsgefüge der Gesellschaft vergessen machen. Wenn man sich ganz der reinen Mathematik, der theoretischen Physik, Assyriologie oder den Lehren des Zoroaster verschreibt, kann man es sich leisten, den

Routinen der Gesellschaft nur ein Minimum an Interesse zu widmen, solange man wirtschaftlich einigermaßen unabhängig ist. Als wichtiger Punkt kommt noch hinzu, dass jemand, der erst einmal die Sprache dieser Sinnwelten kennt und auf ihren Denkwegen wandelt, auch wie von selbst an ihrer weitgehenden Autonomie gegenüber den geistigen Routinemodellen der Gesellschaft teil hat. Bezeichnend dafür ist ein Trinkspruch, der einmal auf einem Mathematiker-Kongress zu hören war: »Es lebe die reine Mathematik – und möge sie niemals zu irgend jemandes Nutzen dienen.« Im Unterschied zu den Beispielen, die wir bisher gebracht haben, kommt diese Art Sinnwelt nicht unbedingt durch Rebellion gegen die Gesellschaft zustande. Und dennoch ist sie eine autonome Welt des Geistes, deren Adepten in olympischer Ruhe neben der Gesellschaft herleben können. Wir können also sagen, dass es dem Menschen möglich ist, einzeln oder in Gruppen eine eigene Welt zu erschaffen. Von ihrem selbsterrichteten Fundament aus kann es ihm dann gelingen, sich von der Welt, in die er einst hinein sozialisiert worden ist, zu lösen.

Durch Stephen Potters »Ploy« waren wir der dritten Methode, der Tyrannei der Gesellschaft zu entfliehen, schon recht nahe gekommen: der Manipulation. Ein Mensch, der sich ihrer bedient, versucht nicht, die sozialen Strukturen zu verändern oder sich von ihnen abzusetzen. Im Gegenteil: Er bedient sich ihrer mit Fleiß, aber in einer Weise, die die Wahrer der Legalität nicht bedacht haben. So entsteht ein Pfad durch den Dschungel der Gesellschaft, der genau nach Maß des beabsichtigten Erfolges zugeschnitten ist. In einer Untersuchung über die Welt der »Insassen« – von Hospitälern, Gefängnissen und anderen Zwangsanstalten – hat Erving Goffman beschrieben, wie dort das System »benützt« wird zu Zwecken, die offiziell alles andere als vorgesehen sind. Ein Sträfling arbeitet in der Gefängniswäscherei und wäscht regelmäßig die eigenen schmutzigen Socken mit. Ein Patient kennt das drahtlose Rufsystem für das Klinikpersonal und erteilt darüber seine eigenen Anweisungen. Ein Soldat nutzt jede Gelegenheit, kleine Mädchen im Dienstwagen mitzunehmen. Alle diese Leute »benützen« das System und verschaffen sich gerade dadurch eine gewisse Unabhängigkeit von der Tyrannei seiner Ansprüche. Man soll diese kleinen Machenschaften nicht einfach als dumpfe und folgenlose Trotzhandlungen abtun. Es gibt Fälle, wo ein Unteroffizier der Fahrbereitschaft einen Call-Girl-Ring unterhalten oder ein Patient über die Ruf-Zentrale der Klinik ein Wettbüro betrieben hat. Solche unterirdischen Unternehmen halten sich oft ziemlich lange. In der Industriesoziologie wimmelt es von Fällen, wo Arbeiter die offiziellen Einrichtungen ihrer Fabrik für Vorhaben nutzen, die nicht nur nichts mit den Intentionen der Betriebsleitung zu tun haben, sondern ihnen geradezu entgegengesetzt sind. Die Phantasie, die Menschen aufbringen, um noch die raffiniertesten Kontrollsysteme der Gesellschaft umgehen oder unterwandern zu können, ist ein Labsal bei soziologischen Depressionen. Was für eine Entlastung von gesellschaftlichem Determinismus wäre es, wenn man manchmal seine Sympathie für den Schwindler, den Gauner, den Scharlatan bekundete, die allerdings meistens nur solange vorhält, wie man selbst nicht der Betrogene ist. Figuren wie diese sind die Symbole eines Machiavellismus, der die Gesellschaft völlig durchschaut und, ungerührt von Illusionen, für seine eigenen Zwecke zu manipulieren versteht. Andre Gides Lafcadio oder Thomas Manns Felix Krull sind Verkörperungen dieses Faszinosums. Aber auch in der Wirklichkeit gibt es immer wieder Leute vom Schlage eines Ferdinand Waldo Demara jr., der berühmte Spezialisten so zu täuschen verstand, dass er ihr Kollege wurde und in so ehrbare Rollen wie die des Universitätsprofessors, Offiziers, Strafrechtlers, ja sogar des Chirurgen hineinschlüpfen konnte, die er alle höchst fachgerecht verkörperte. Immer wieder beschleicht uns, wenn wir den Schwindler in Rollen der »ehrbaren« Gesellschaft sehen, der etwas ungemütliche Eindruck, dass ihre »legitimen« Inhaber vielleicht auf eine Weise zu Ehren gekommen sind, die gar nicht so viel anders ist. Und wenn man das hohle Gerede und Getue, die Speichelleckerei und »One-up-man-ship« [um Stephen Potters unnachahmlichem Ausdruck, der etwa sich gegenseitig Übertrumpfen bedeutet, nicht den Schaden einer Übersetzung anzutun] kennt, die, sprechen wir es ruhig aus, zur akademischen Karriere gehören, so liegt der Schluss bedenklich nahe, dass die ganze Gesellschaft zuerst mal ein aufgelegter Schwindel ist. So oder so ist jeder von uns ein Betrüger. Der Halbgebildete macht in Gelehrsamkeit, der Halunke in Zuverlässigkeit, der Ungläubige in Überzeugung. Und es gäbe keine Universität ohne den ersten, kein Wirtschaftsunternehmen ohne den zweiten und keine Kirche ohne den dritten dieser Tricks.

Noch ein anderer Begriff, mit dem Goffman arbeitet, gehört in diesen Zusammenhang: das, was er »Rollendistanz« nennt. Er denkt dabei an die Rolle, die man mit Augenzwinkern und Hintergedanken spielt, ohne sie wirklich zu meinen. Jede echte Zwangssituation bringt ein solches Phänomen hervor. Der »Eingeborene« spielt vor seinem weißen Herrn den treuen Diener und zählt dabei die Tage, bis allen Weißen die Kehle durchgeschnitten wird. Der afroamerikanische Dienstbote in Amerika spielt den »Jim Crow«, den dummen August, der sich selbst nicht leiden mag, und der frischgebackene Rekrut den begeisterten Krieger – mit Hintergedanken, die dem Mythos, in dem ihre Rollen Sinn haben, diametral entgegen stehen. Goffman führt aus, wie diese Aufspaltung und Verdoppelung in einer Person die einzige Möglichkeit für Menschen in solchen Situationen ist, sich wenigstens vor sich selbst ihre Menschenwürde zu bewahren. Man kann aber den Terminus »Rollendistanz« viel weiter fassen und immer dann gebrauchen, wenn eine Rolle ohne innere Identifikation bewusst gespielt wird, wo, mit anderen Worten, der Spieler zwischen Bewusstsein und Spiel einen inneren Abstand gelegt hat. Für die Soziologie sind diese Fälle von der größten Bedeutung, weil sie über die genormten Schablonen hinausweisen. Dabei nämlich handelt es sich darum, dass die Rollen ohne Reflexion gespielt werden, in unmittelbarer und fast automatisierter »Beantwortung« der Erwartungen einer Situation. Hier aber teilt sich auf einmal der Nebel des Unbewusstseins. Meistens beeinträchtigt das den sichtbaren Gang der Dinge gar nicht weiter. Aber es ist eben doch eine qualitativ andere Art der Existenz in der Gesellschaft. Rollendistanz ist genau der kritische Punkt, an dem der Kasper im Puppentheater zum Bajazzo wird – und die Puppenbühne zur lebendigen Szene. Freilich ist da noch immer das Textbuch, die Regie, das Repertoire. Aber der Bajazzo »spielt«

jetzt mit vollem Bewusstsein. Und auf einmal besteht die unheimliche Möglichkeit, dass er aus seiner Rolle herausfällt und den tragischen Helden mimt oder dass Hamlet unversehens schlüpfrige Liedchen singt und Purzelbäume schlägt. Nicht umsonst haben wir schon einmal gesagt: Revolutionen beginnen mit Bewusstseinsveränderungen.

Ein Begriff, auf den man in diesem Zusammenhang nicht verzichten kann, ist der der »Ekstase«. Wir denken dabei nicht etwa an eine mystische Überhöhung des Bewusstseins, sondern, ganz wörtlich, an das Heraussteigen aus den Gewissheitsroutinen der Gesellschaft. Schon bei der »Verwandlung« hatten wir eine wichtige Form von Ekstase kennengelernt: die Möglichkeit, dass ein Mensch in seiner gesellschaftlichen Existenz von einer Sinnwelt zur anderen hinüberwechselt. Aber auch ohne den Austausch von Sinnwelten kann man, vis-a-vis der eigenen Welt, Distanz zu ihr gewinnen. Immer wenn eine vorgegebene Rolle ohne innere Anteilnahme und mit der Absicht zu täuschen gespielt wird, befindet sich der Rollenspieler seiner »Welt der Gewissheit« gegenüber im Zustand der Ekstase. Was andere als Schicksal hinnehmen, ist für ihn eine Reihe von Fakten, mit denen er operieren muss. Was andere als ihre Identität auffassen, ist für ihn gerade die richtige Maske. Ekstase transformiert unsere Wahrnehmung der Gesellschaft mit anderen Worten so weit, dass aus »Gegebenheit« »Möglichkeit« wird. Das beginnt zwar recht harmlos als ein bloßer Bewusstseinszustand. Früher oder später aber müssen sich auch Konsequenzen im Bereich des Handelns daraus ergeben. Stellt man sich auf den Standpunkt der Wahrer der offiziellen Ordnung, so wird es nicht ungefährlich, wenn zuviel Leute herumlaufen, die das gemeinsame Gesellschaftsspiel nur mit inneren Vorbehalten mitmachen.

»Rollendistanz« und »Ekstase« als Möglichkeiten des gesellschaftlichen Daseins legen die interessante wissenssoziologische Frage nahe, ob es soziale Gebilde oder Gruppen gibt, die ein derartiges Bewusstsein besonders begünstigen. Karl Mannheim, der es auf ethischem und politischem Gebiet für besonders wünschenswert hielt, hat viel Zeit und Mühe daran gewandt, es konkret in der Gesellschaft zu lokalisieren. Seine Theorie der »freischwebenden Intelligenz« – einer intellektuellen Schicht, die nur minimal und sporadisch an der Interessenverfilzung der Gesellschaft teil hat – als dem geeignetsten Träger dieses »befreiten« Bewusstseins, mag man bestreiten. Andererseits besteht kaum Zweifel daran, dass ein gewisses intellektuelles Training zusammen mit der nötigen Aktivität die Fähigkeit zur »Ekstase« befördert, worauf wir schon bei den verschiedenen Formen der Ablösung des Individuums von der Gesellschaft hingewiesen hatten.

Man kann aber noch weiter zu generalisieren versuchen: Zu »Ekstase« kommt es eher in Stadt- als in Ackerbaukulturen. Man denke an die klassische Bedeutung der Städte als Ort der politischen und Hort der Gedankenfreiheit. Am Rande der Gesellschaft ist sie häufiger als bei den tragenden Schichten. Man denke an die Rolle, welche die europäischen Juden in der Geschichte für aufklärerische und freiheitliche Bewegungen gespielt haben oder, ganz anders, an die bulgarischen Wandergesellen, die den Manichäismus durch ganz Europa bis in die Provence brachten. Auch bei Gruppen, die noch ungesichert in ihrer gesellschaftlichen Stellung sind, kommt es leichter zu »Ekstase« als bei den Gesicherten. So sind zum Beispiel Demaskierungsideologien beliebte Erfindungen aufsteigender neuer Klassen, die eine etablierte Ordnung bekämpfen, wie die junge französische Bourgeoisie im 17. und 18. Jahrhundert. Diese gesellschaftliche Lokalisierung des Phänomens der »Ekstase« gemahnt uns einmal mehr daran, dass nicht einmal der totale Aufstand sich in einem gesellschaftlichen Vakuum ereignet, das noch bar aller Definitionen wäre. Selbst der Nihilismus ist prädefiniert je nach den Strukturen, die zu leugnen er angetreten ist. Ohne eine Idee von Gott kann man kein Atheist sein. Mit anderen Worten: Eine Befreiung von sozialen Rollen kann nur in Grenzen erfolgen, die als solche gesellschaftlicher Natur sind. Dennoch können wir uns nach dem Überblick über verschiedene Formen von »Ekstase« schon ein wenig aus der finsteren Höhle des Determinismus herauswagen, in die wir durch frühere Überlegungen wider Willen geraten waren.

Zu unseren beiden Bildern von der Gesellschaft, dem Gefängnis und dem Puppentheater, gesellt sich nun ein drittes: die Gesellschaft als Bühne, bevölkert von lebendigen Schauspielern. Nicht, dass das neue Bild die beiden älteren verdrängte. Es passt nur besser zu den Phänomenen, die wir zuletzt behandelt haben. Mit dem neuen dramatischen Modell der Gesellschaft bestreiten wir nicht etwa, dass die Personen auf der Bühne unter der strengen äußeren Kontrolle des Impresarios und der nicht minder strengen inneren der Rolle selbst stehen. Aber sie haben gewisse Optionsmöglichkeiten: Sie können begeistert oder gelangweilt spielen, mit Überzeugung oder mit »Distanz«. Und manchmal können sie sich auch weigern, überhaupt zu spielen. Im Medium dieses dramatischen Modells gespiegelt, verwandelt sich unsere Grundvorstellung von der Gesellschaft auf einmal. Die soziale Wirklichkeit scheint doch ziemlich abhängig davon zu sein, dass sehr viele Leute kooperieren. Vielleicht vergleicht man sie jetzt eher mit einem kühnen Balanceakt, bei dem Akrobaten auf dem Seil das mitschwingende Gebilde der sozialen Welt in ihren Händen halten.

Bühne, Theater, Zirkus, Karneval – das ist der luftige Grund, auf dem das dramatische Modell ruht. Und die Gesellschaft erscheint nun gefährdet, ungesichert und unberechenbar. Ihre Institutionen bedrängen uns zwar und üben ihren Zwang auf uns aus. Aber zugleich wirken sie wie einstudierte Theaterstücke, wie Phantasieprodukte. Vergessene Impresarios haben sie erfunden, kommende werden sie wieder in jenes Nichts verstoßen, aus dem sie aufgestiegen sind. Wenn wir das Drama unserer Gesellschaft aufführen, geben wir vor, es handle sich um ewige Wahrheiten. Wir tun, *als ob* keine andere Möglichkeit bestünde, Mann, Staatsbürger, Christ zu sein oder seinen Beruf auszuüben. Aber von Zeit zu Zeit huscht doch einmal der Gedanke durch den Sinn noch des Simpelsten und Friedfertigsten unter uns, dass er vielleicht etwas ganz, ganz anderes tun könnte.

Wenn die gesellschaftliche Wirklichkeit wie ein Drama erschaffen wird, so muss sie auch wie ein Drama bearbeitet werden können. Das dramatische Modell gewährt also einen Ausblick über den strengen Determinismus hinaus, zu dem soziologisches Denken uns zunächst geführt hatte.

Ehe wir nun im Folgenden den engeren soziologischen Rahmen verlassen, wollen wir doch noch auf eine schon klassisch gewordene Konzeption hinweisen, die für das, wovon zuletzt die Rede war, recht aufschlussreich ist: die Theorie der Geselligkeit von Georg Simmel. Obwohl ein Zeitgenosse von Max

Weber, geht Simmel als Soziologe ganz andere Wege. Er ist der Auffassung, dass Geselligkeit – im gebräuchlichen Sinn des Wortes – die Spielform der gesellschaftlichen Interaktion ist. In Form von Geselligkeit »spielen die Menschen Gesellschaft«, sie bewegen sich in den Formen gesellschaftlicher Interaktion, aber ohne den gewohnten Stachel des Ernstes. Geselligkeit verwandelt ernsthafte Kommunikation in unverbindliche Konversation, Liebe in Flirt, Sittlichkeit in Sitten, Ästhetik in Geschmack. Simmel zeigt, dass die Welt der Geselligkeit eine delikate, künstliche Schöpfung ist, die brüchig wird, sobald sich jemand weigert, das Spiel mitzumachen. Der leidenschaftliche Debattierer auf einer Gesellschaft ist ein Spielverderber ebenso wie jemand, bei dem ein Flirt in Verführung ausartet [eine Gesellschaft ist eben keine Orgie] oder jemand, der unter der Maske harmlosen Geplauders, krude Geschäfte macht [gesellige Unterhaltung muss wenigstens scheinbar interessenfrei sein]. Alle, die sich in einer rein geselligen Situation zusammenfinden, lassen ihre »ernsthaften« Identitäten zeitweilig hinter sich und bewegen sich in einer Zwischenwelt der frommen Täuschung, in der sie unter anderem spielerisch vorgeben, von den Gewichten, mit denen sie normalerweise beschwert sind, als da sind: Stellung, Eigentum, Passionen usw., befreit zu sein. Irgendjemand, der die Schwere und Schwerfälligkeit »ernsthafter« Interessen von draußen mit hereinbringt, erschüttert alsbald das zerbrechliche Gebäude des holden Scheins. Das ist übrigens der Grund dafür, dass reine Geselligkeit fast nur unter gesellschaftlich Gleichgestellten möglich ist. Sonst ist es nämlich viel zu anstrengend, den geselligen Schein zu wahren. Wer die mühsame, zusammengewürfelte Feierei von Amts wegen kennt, Betriebsfeste und dergleichen, weiß ein Lied davon zu singen.

Am Phänomen der Geselligkeit als solchem sind wir hier nicht allzu sehr interessiert. Aber wir können nun eine Brücke schlagen zwischen dem, was Simmel darüber aussagt, und Meads Gedanken, dass soziale Rollen spielend gelernt werden. Wir sind sogar der Auffassung, dass Geselligkeit nicht das Kunstwerk wäre, das sie ist, wenn die Gesellschaft als Ganzes nicht auch den Charakter der Künstlichkeit hätte. Geselligkeit ist also ein Sonderfall von Gesellschaft als Gesellschaftsspiel, bewusster fiktiv, weniger verhaftet und belastet mit Karriererücksichten und Ehrgeizen – aber doch aus einem Stück mit dem viel größeren Gewebe der Gesellschaft, in dem und mit dem man auch spielen kann. Wir haben gesehen, dass das Kind durch eben dieses Spiel seine »ernsthaften« Rollen lernt. Geselligkeit versetzt uns für eine kurze Weile in die Verkleidungsspiele unserer Kindheit zurück und gibt uns vielleicht deshalb etwas von deren Kurzweil wieder.

Nicht dass die Masken der »ernsthaften« Welt ganz anders wären als die der Spielwelt. Auf einer Party spielt man den blendenden Erzähler und im Amt den Mann von Grundsätzen. Gesellschaftlicher Takt lässt sich leicht in politische Klugheit, Geschäftstüchtigkeit in Gewandtheit auf dem Parkett der Gesellschaft umsetzen. Wenn man so will, kann man durchaus an einen Zusammenhang zwischen »gesellschaftlichen Talenten« und Soziabilität glauben. Das wäre dann eine soziologische Rechtfertigung für das gesellschaftliche Training in Diplomatenschulen und Tanzstunden. Durch »Gesellschaftsspiele« lernt man, wie man »Gesellschaft spielt« und zum Akteur, um nicht zu sagen, Schauspieler wird. Das ist nur möglich, weil die Gesellschaft als Ganzes den Charakter eines Theaterstückes, eines Spiels, hat. Der große holländische Historiker Johan Huizinga hat in seinem berühmten Buch »Homo ludens« den Beweis dafür angetreten, dass man Kultur überhaupt nur sub specie ludi wirklich erfassen kann, das heißt unter dem Aspekt des Spiels und der Lust am Spiel.

Damit wären wir an der Grenze dessen angelangt, was im Rahmen der Sozialwissenschaft gesagt werden kann. Als Soziologen können wir nichts weiter tun, um dem Leser die Bürde unserer früheren Ausführungen leichter zu machen. Im Vergleich mit ihnen mag, was in diesem Kapitel steht, blass und wenig überzeugend klingen. Das war nicht zu vermeiden. Noch einmal: Es ist nicht möglich, Freiheit in ihrer vollen Bedeutung mit wissenschaftlichen Methoden, Disputen, Urteilen zu erfassen. Am nächsten sind wir ihr noch gekommen, als wir, für gewisse Situationen, eine gewisse Freiheit *von* sozialen Kontrollen nachweisen konnten. Aber Freiheit *zum* sozialen Handeln werden wir auf wissenschaftliche Weise niemals auffinden. Selbst wenn wir in der Kausalkette, die man soziologisch zusammenstellen kann, Lücken entdecken würden, mischt sich gleich der Psychologe, Biologe oder irgendein anderer Makler in Ursachen ein und stopft sie mit seinen Fetzen zu, die auch aus dem Garn des Determinismus, nur etwas anders, gewebt und gesponnen sind. Schließlich haben wir aber niemandem versprochen, uns in diesem Buch asketisch auf wissenschaftliche Logik zu beschränken und können uns also nun aus einer ganz anderen Richtung an die gesellschaftliche Existenz heranpirschen. Wir sind nicht in der Lage gewesen, Freiheit soziologisch in den Griff zu bekommen und sind uns klar darüber, dass das niemals geschehen wird. So sei es denn. Aber jetzt wollen wir einmal sehen, wie sich unser soziologisches Modell von einer ganz anderen Warte aus darstellt. Wie gesagt, glauben heute wohl nur noch schlichte Gemüter, dass Wirklichkeit nur sei, was man mit wissenschaftlichen Methoden fixieren kann. Bei allen Annehmlichkeiten, die geistige Schlichtheit bieten mag, haben wir doch alles, was wir bisher zur Soziologie gesagt haben, vor dem Hintergrund eines Bildes vom menschlichen Leben dargestellt, das als solches weder soziologisch noch überhaupt wissenschaftlich ist. Dieses unser Menschenbild ist nichts Besonderes, sondern, ganz schlicht, eine – allerdings recht unterschiedlich betriebene – Anthropologie, die dem Menschen die Fähigkeit zur Freiheit zubilligt. Eine philosophische Einführung in diese Anthropologie würde den Rahmen dieses Buches und die Kapazität des Autors bei Weitem überschreiten. Den Versuch, das Problem der menschlichen Freiheit philosophisch zu erörtern, wollen wir also unterlassen. Nur können wir uns und dem Leser ein paar Hinweise nicht ersparen, nämlich: wieso man rechtens soziologisch denken kann, ohne sein Wissen um die Freiheit des Menschen auszuschalten, und, mehr noch: wieso ein Bild vom Menschen, das Freiheit impliziert, in den Zuständigkeitsbereich der Soziologie gehören kann. Zwischen Philosophie und Sozialwissenschaften liegt noch viel jungfräuliches Land für fruchtbare Gespräche. Um eine Richtung, in der solche Gespräche sich bewegen sollten, anzuzeigen, weisen wir auf das Werk von Alfred Schütz und, in seiner Nachfolge, Maurice Natanson hin. An dieser Stelle können wir bloß skizzenhaft andeuten, worum es dabei geht und nur hoffen, dass der Leser selbst einsieht, wie wenig dazu gehört, dass soziologisches Denken nicht in einem positivistischen Sumpf versackt. Wir beginnen jetzt mit dem Postulat, dass der Mensch frei ist und wenden uns von diesem Ausgangspunkt dem Problem des menschlichen Daseins wieder zu. Einige Begriffe der Existentialphilosophie – die wir aber nicht doktrinär verwenden – können uns dabei Hilfestellung leisten. Wir fordern den Leser also auf, einen erkenntnistheoretischen Salto mortale zu machen und, hoffentlich wohlbehalten, zu unserem Gegenstand zurückzukehren. Wir hatten schon einmal kurz von Gehlens Theorie der Institutionen gesprochen. Gehlen sieht die Institutionen als Kanalisierungsvorrichtungen für menschliches Verhalten an, analog dazu, wie die Instinkte tierisches Verhalten kanalisieren. Wir hatten dabei einen entscheidenden Unterschied zwischen beiden Formen hervorgehoben. Wenn das Tier nämlich über seine Instinkte nachdächte, würde es sagen: Ich habe keine Wahl. Auch die Menschen sagen das, wenn sie begründen wollen, warum sie dem Imperativ ihrer Institutionen folgen. Der Unterschied ist nur, dass das Tier die Wahrheit sagen würde, während der Mensch sich selbst betrügt. Weshalb? Deshalb, weil der Mensch der Gesellschaft tatsächlich sein »Nein« entgegenstellen kann und es oft genug getan hat. Wer sich auf diesen Weg begibt, muss auf allerlei Unannehmlichkeiten gefasst sein. Aber meistens denkt man gar nicht an so etwas, weil der Gehorsam nun einmal so selbstverständlich erscheint. Für die meisten Menschen ist ihr institutionell bestimmtes Wesen die einzige Identität, die sie sich vorstellen können. Die Alternative wäre nur ein Sprung in den Wahnsinn. Das alles ändert aber nichts daran, dass die Behauptung »Ich muss« in fast jeder gesellschaftlichen Situation eine Täuschung ist. Von unserem jetzigen Standort im Rahmen eines anthropologischen Bezugssystems, das den Menschen als frei erkennt, kommen wir dem näher, was Sartre »mauvaise foi« genannt hat. Um es ganz einfach zu formulieren: Mauvaise foi ist, wenn man als notwendig ausgibt, was tatsächlich im eigenen Belieben steht, Flucht vor der Freiheit also, feiges Kneifen vor der »Agonie der Wahl«. In unzähligen Situationen, von der gewöhnlichsten bis zur verzweifeltsten, ist mauvaise foi am Werk. Der Kellner, der im Caféhaus durch sein Revier schlurft, hat mauvaise foi, wenn er sich einbildet, die Kellnerrolle wäre sein ganzes Sein und er *sei,* wenn auch nur in seinen Dienststunden, der Kellner. Die Frau, die ihren Körper Glied für Glied hingibt und sich dabei unschuldsvoll mit dem Verführer unterhält, ist in mauvaise foi befangen, wenn sie vorgibt, was ihrem Körper geschehe, sei außer ihrer Kontrolle. Der Terrorist, der seine Morde damit entschuldigt, er habe keine andere Wahl gehabt, weil die Partei ihn sonst hätte töten lassen, hat mauvaise foi, denn er tut so, als wäre sein Leben ohne Ausweg an die Partei gebunden. Dabei ist es nur über seine eigene Wahl zu diesem Bund gekommen. Wie ein schleimiger Film aus lauter Lügen breitet mauvaise foi sich über die ganze Gesellschaft aus. Dass wir aber die Möglichkeit zu mauvaise foi haben, beweist uns erst in aller Klarheit die Wirklichkeit unserer Freiheit. Der Mensch ist nur, weil er frei ist und seiner Freiheit nicht ins Auge sehen will, zu mauvaise foi fähig. Mauvaise foi ist der Schatten der Freiheit, und nach Sartres berühmtem Wort sind wir »zur Freiheit verurteilt«.

Wenn wir diese philosophische Konzeption auf soziologische Kategorien übertragen, machen wir plötzlich eine atemberaubende Entdeckung. Der ganze Komplex von Rollen, in dem unser Dasein in der Gesellschaft abrollt, erscheint uns auf einmal wie ein riesiges Gewebe aus mauvaise foi. Jede Rolle bringt die Möglichkeit zu mauvaise foi mit sich, und jeder Mensch, der von ihr sagt, er habe keine Wahl, hat sich schon auf mauvaise foi eingelassen. Umstände, unter denen ein solches Bekenntnis bis zu dem Grade sogar ehrlich ist, dass *in den Grenzen* der Rolle tatsächlich keine Wahl bleibt, liegen auf der Straße. Aber der Mensch hat schließlich jederzeit die Freiheit, aus einer Rolle auszusteigen. Es stimmt schon, dass ein Geschäftsmann unter Umständen nur die Wahl hat, einen Konkurrenten zum Bankrott zu treiben oder selbst Bankrott zu machen. Aber er, der eine Geschäftsmann ist es, der den Bankrott des anderen, nicht den eigenen wählt. Es trifft zu, dass ein Mann, der sein Ansehen in der Gesellschaft zurückgewinnen will, keine Wahl hat als eine homosexuelle Freundschaft zu opfern. Aber er ist es, der die Wahl zwischen Freundschaft und

Ansehen treffen muss. Es ist wahr, dass ein Richter einmal keine andere Wahl haben kann, als ein Todesurteil zu unterschreiben. Tut er es, so entscheidet er sich damit dafür, Richter zu bleiben, statt seinen Abschied zu nehmen. Früher einmal hat er diesen Beruf gewählt, in Kenntnis der Tatsache, dass er auch zu einem Todesurteil bereit sein muss. Da nun diese äußerste Richterpflicht auf ihn zukommt, entscheidet er sich nicht, von seinem Amt zurückzutreten, sondern bleibt Richter. Menschen sind verantwortlich für ihre Taten und in mauvaise foi befangen, wenn sie das Selbstgewählte als das eisern Notwendige ausgeben. Von diesem Tatbestand hat sogar die Justiz, eine Hochburg der mauvaise foi, Kenntnis nehmen müssen, als die Kriegsverbrechen des Dritten Reiches zur Anklage standen. Mit seinem Bildnis des Antisemiten als Typus hat Sartre die Wirkungen von mauvaise foi in ihrer grausigsten Form meisterlich dargestellt. Ein Antisemit ist ein Mensch, der sich fanatisch identifiziert mit mythischen Verblasenheiten wie Nation, Rasse, Volk. Antisemitismus und jeder andere Rassismus oder übertriebene Nationalismus sind mauvaise foi par excellence, weil sie den Menschen in seiner humanen Totalität mit einem gesellschaftlichen Abstraktum gleichsetzen. Menschlichkeit wird damit über Menschenhaftigkeit zu einer Faktizität ohne Freiheit. Man liebt und hasst und mordet in einer mythischen Welt, in der alle Menschen ihre gesellschaftlichen Kennzeichnungen *sind.* In solcher Welt *ist* ein SS-Mann, was seine Abzeichen sagen, und ein Jude *ist* das Inbild der Verächtlichkeit, die seine KZ-Lumpen bedeuten sollen. Mauvaise foi als so abgrundtiefe Bosheit ist aber nicht auf die kafkaeske Welt des Nationalsozialismus und anderer Terrorsysteme beschränkt. Auch unsere Gesellschaft hat ihre Formen von mauvaise foi, das Grundmuster ist immer die gleiche Selbsttäuschung. Nur über eine lange Folge von mauvaise-foi-Akten kann es geschehen, dass in einer angeblich so humanen Gesellschaft noch immer die Todesstrafe nicht abgeschafft ist. Auch unsere Peiniger geben sich genau wie die Nazis als treue Staatsdiener aus, die nach unfehlbarer, wenn auch etwas billiger Moral immer wieder den alten, schwachen, gutmütigen Adam in sich niederkämpfen müssen, um widerstrebend eine ebenso unumgängliche wie ungeliebte Pflicht tun zu können.

Erst in einem Exkurs im Anschluss an dieses Kapitel wollen wir kurz auf die moralischen Wirkungen und Aspekte von mauvaise foi eingehen. Vorher kehren wir noch einmal zu dem bestürzenden Ergebnis unserer letzten Überlegungen zurück. Die Gesellschaft ist also ein Netz aus sozialen Rollen, deren jede auf Dauer oder auf Zeit zum Alibi ihres Trägers gegenüber seiner Verantwortlichkeit werden kann. Wenn das so ist, dann sind Täuschung und Selbsttäuschung das klopfende Herz der Gesellschaft. Sie sind nicht akzidentielle Qualitäten und können nicht durch moralische Erneuerung beseitigt werden. Die zu den Strukturen der Gesellschaft gehörige Täuschung ist kein isolierter Faktor, sondern ein funktioneller Imperativ. Nur wenn ihren Fiktionen, ihrem »Als-Ob-Charakter«, wie Hans Vaihinger gesagt hat, wenigstens hin und wieder von einigen ihrer Glieder ontologische Geltung zugeschrieben wird, hat Gesellschaft, mindestens in den Formen, in denen sie bisher in der Geschichte aufgetreten ist, überhaupt Bestand.

Mit gigantischem Aufwand an Technik und Methode hilft die Gesellschaft dem Einzelnen, sich vor seiner Freiheit zu drücken. Aber auch wenn sie eine ungeheuerliche Verschwörung von »mauvaise foi« ist, und sie ist es, so beweist sie damit nur, dass Freiheit eine Möglichkeit ist und kraft der Gesellschaft besteht. Gesellschaftliche Situationen sind zwar Fallgruben von mauvaise foi, aber zugleich sind sie Gelegenheiten für uns, unsere Freiheit zu bekunden. Wir können jede soziale Rolle mit sehenden oder blinden Augen spielen. Wenn wir sie aber sehend spielen, wird sie zum Movens für persönliche Entscheidung. Jede gesellschaftliche Situation kann zwar Alibi und Werkzeug der Entfremdung von Freiheit sein. Aber wenigstens einige Institutionen können wir auch als Schutzwall für freies Handeln freier Menschen nützen. Mauvaise foi richtig verstanden, braucht nicht notwendig das Bild der Gesellschaft als das Reich totaler Illusion heraufzubeschwören, sondern erhellt vielmehr den unablässig gefährdeten Charakter der gesellschaftlichen Existenz.

Ein anderer Begriff der Existentialphilosophie, der uns weiterhelfen kann, ist das, was Heidegger »das Man« nennt. Durch Substantivierung eines buchstäblichen Inbegriffs der Allgemeinheit und Unpersönlichkeit wird eine völlig beliebige Zahl von Menschen getroffen, nicht dieser oder jener, nicht du und ich, sondern gewissermaßen alle Menschen, das aber wiederum so allgemein, dass ebenso gut auch keiner betroffen sein kann. Etwas so Vages ist gemeint, wenn einem Kinde gesagt wird: »Man bohrt nicht in der Nase. « Das lebendige Kind mit seiner nur allzu lebendig juckenden Nase wird einer gesichtslosen – und demnach doch wohl ungejuckten – Allgemeinheit unterstellt, die ihm in schnöder Unpersönlichkeit das erlösende Nasebohren verbietet. Heideggers »Man« hat also – das gibt zu denken – eine unheimliche Ähnlichkeit mit dem, was bei Mead »der generalisierte Andere« heißt. »Das Man« gehört in Heideggers Denken zu seiner Theorie der Eigentlichkeit. »Eigentlich Existieren« heißt, sich der einzigartigen, unverrückbaren, unvergleichlichen Eigentlichkeit der eigenen Person voll bewusst zu sein. »Uneigentlich Existieren« dagegen ist, wenn man sich an die Namenlosigkeit des »Man« verliert und sich seiner Einmaligkeit an gesellschaftliche Abstraktheiten entäußert. Das gilt besonders für die Einstellung zum Tode. In Wahrheit stirbt doch immer der einzelne, einmalige Mensch. Aber die Hinterbliebenen und alle, die sterben müssen, lassen sich von der Gesellschaft trösten, die jeden Tod unter so allgemeine Kategorien subsumiert, dass ihm der Stachel genommen scheint. Wenn ein anderer Mensch stirbt, sagen wir: »Schließlich müssen wir alle einmal sterben. « Dieses »Wir alle« ist die genaue Wiedergabe des Heideggerschen »Man«, jedermann und deshalb niemand. Dadurch, dass wir uns selbst einer solchen Allgemeinheit überantworten, verbergen wir uns vor der unumstößlichen Tatsache, dass auch wir sterben müssen, einzeln und mit uns selbst allein. Heidegger bezeichnet Tolstois Novelle »Der Tod des Iwan Iljitsch« als das beste literarische Zeugnis für Uneigentlichkeit im Angesicht des Todes. Wir möchten uns erlauben zu ergänzen, dass Lorcas Gedicht über den Tod eines Stierkämpfers: »Klage für Ignazio Sanchez Mejias« uns das beste, bis an die Grenze des Erträglichen gehende Zeugnis für Eigentlichkeit im Angesicht des Todes zu sein scheint. Für unsere Sicht der Gesellschaft ist Heideggers »Man« weniger normativ als kognitiv aufschlussreich. Unter dem Aspekt von mauvaise foi war uns die Gesellschaft wie eine Vorrichtung zur Herstellung von Alibis vor der Freiheit vorgekommen. Unter dem Aspekt von »Man« erscheint sie uns nun als eine Schutzvorrichtung gegen Terror. Sie liefert die Gewissheitsstrukturen, die uns, solange wir die Spielregeln einhalten, vor dem nackten Grausen unserer Menschenhaftigkeit beschützen. Diese Welt des »es ist in Ordnung« hat ihre Routinen und Ritualien, die uns den Terror unserer Existenz so verharmlosen, dass wir ihm mit einiger Gelassenheit entgegensehen können. Alle Ubergangsriten in allen Kulturen zeugen von dieser Funktion der Gesellschaft für den einzelnen. Das Wunder der Geburt, das Geheimnis der Begierde, der Schrecken des Todes: – Wenn wir sachte und in scheinbar natürlicher und selbstverständlicher Reihenfolge von einer dieser Schwellen zur anderen geleitet werden, sind sie alle sorgfältig verdeckt. Wir alle sind geboren worden, begehren und müssen sterben. Deshalb gibt es auch für uns alle Schutz vor den unausdenklichen Wundern dieser Ereignisse. Das »Man«, das die metaphysischen Fragen, die unser Dasein aufwirft, fest versiegelt, macht uns fähig, uneigentlich zu existieren. Wir sind nach allen Seiten von Dunkel umgeben, während wir unsere kurze Spanne vom Sein zum Tode durchmessen. Die marternde Frage nac dem »Warum?«, die fast jedem Menschen irgendeinmal kommt, wenn er sich seiner ganzen Menschenhaftigkeit bewusst wird, erstickt schnell in den Schablonen, die die Gesellschaft vorrätig hat. Religion und Sitte, fertig zubereitet, entlasten uns vom Fragen. Die »Welt der Gewissheit« sagt uns, dass alles ja ganz »in Ordnung« ist. Sie ist der eigentliche Ort unserer Uneigentlichkeit.

Da erwacht zum Beispiel ein Mann nachts aus einem jener Alpträume, in denen man jeden Sinn für Ort, Zeit und Identität verliert. Im Dämmer des Erwachens ist einem die Wirklichkeit des Daseins und der eigenen Welt noch wie ein Traumgebilde, das mit dem Lidschlag eines Auges verschwinden oder verwandelt werden kann. Gleichsam metaphysisch gelähmt liegt man im Bett und fühlt sich nur um Haaresbreite entfernt von dem Nichts, das eben aus dem Nebel des Traums aufgetaucht war. In sekundenlanger, schmerzhaft wacher Bewusstheit meint man, das Nahen des Todes und, in seinem Gefolge, das Nichts fast riechen zu können. Schließlich greift man nach der Zigarette und »kommt« – so lautet die Redensart – »zurück in die Wirklichkeit«. Man erinnert sich wieder an Namen, Beruf, Adresse und an Pläne für den nächsten Tag. Man geht im Haus umher, das voll von Zeugen vergangener und gegenwärtiger Identitäten ist. Man lauscht auf die Geräusche der Stadt. Und vielleicht weckt man die Frau und die Kinder und wird an ihrem unwilligen Gähnen seiner selbst erst so recht wieder inne. Bald kann man sich lachend des ganzen Wahnsinns entledigen, unter dem man vor kurzem noch geschwitzt und geächzt hatte. Man holt sich etwas zu essen aus dem Eisschrank und einen Schlaftrunk aus der Hausbar und legt sich wieder hin, fest entschlossen, wenn überhaupt, dann endlich von der nächsten Beförderung zu träumen. So weit, so gut. Aber was genau ist diese Wirklichkeit, zu der man soeben zurückgekehrt ist? Doch nichts anderes als die »Wirklichkeit« unserer gesellschaftlich konstruierten Welt, der Welt des »in Ordnung«, in der metaphysische Fragen immer etwas albern wirken, wenn sie sich nicht bereitwillig von religiös-rituellen Gewissheiten einfangen und alsbald kastrieren lassen. »In Wirklichkeit« steht diese sogenannte »Wirklichkeit« auf ziemlich schwachen Füßen. Namen, Adressen, Berufe und Ehefrauen haben die Neigung, sich zu verflüchtigen, und jeder Plan ist zu Ende, wenn er getilgt wird. Alle Häuser können auf einmal leer werden. Und noch wenn wir das ganze Leben verbringen, ohne uns selbstquälerisch dem zu stellen, was wir sind und tun: Am Ende müssen wir doch zurück zu jenem Alptraum, der uns aller Namen und Identitäten entkleidet. Wir wissen das sogar – was noch besonders zur Uneigentlichkeit unserer Suche nach Schutz beiträgt. Die Gesellschaft hat uns unsere Namen gegeben, um uns vor dem Nichts zu schützen. Sie hat eine Welt für uns gebaut, in der wir leben können und uns sicher fühlen vor dem Chaos, das uns von allen Seiten umgibt. Sie hat uns eine Sprache verliehen und alle die Bedeutungen, durch die die Welt glaubhaft wird. Als ein unaufhörlich summender Chor von Stimmen geleitet sie uns, Stimmen von anderen, die unseren Glauben bestärken und die schlummernden Zweifel stillen. In diesem nur leicht veränderten Zusammenhang wiederholen wir noch einmal, was wir früher zu mauvaise foi gesagt haben. Es ist richtig, dass die Gesellschaft mit ihrem »Man« eine Verschwörung zugunsten einer uneigentlichen Existenz ist. Ihre Mauern sind Potemkinsche Dörfer am Abgrund des Seins. Sie schützen uns vor dem Grauen, eine Welt der Sinnwelten, in der auch unser Leben voll Sinn erscheint. Ebenso richtig ist aber, dass auch eigentliche Existenz nur *in* der Gesellschaft möglich ist. Man ist nicht Mensch, weder eigentlich noch uneigentlich, außer *in* der Gesellschaft. Aller Sinn, jedwede Bedeutung wird vermittelt über gesellschaftliche Prozesse. Und die Prachtstraßen und Holzwege zu den Höhen, von denen aus wir staunend das Sein betrachten: Religion, Philosophie, Kunst, sie alle haben ihren festen Ort *in* der Gesellschaft. Genauso wie Gesellschaft sowohl Flucht vor der Freiheit als auch Anlass zur Freiheit sein kann, so ist sie auch sowohl das Grab allen metaphysischen Unbehagens wie das Haus, in dem sich mit ihm leben lässt. Damit wären wir wieder angelangt bei dem janusköpfigen Paradoxon unserer gesellschaftlichen Existenz. Allerdings benutzen viel mehr Leute die Gesellschaft als Alibi und gehen lieber auf belebten Holzwegen zu den Potemkinschen Dörfern als auf einsamen Prachtstraßen in die Freiheit. Wir sind zwar davon überzeugt, dass Eigentlichkeit möglich ist in der Gesellschaft. Aber wir bilden uns nicht ein, dass viele Menschen von dieser Möglichkeit Gebrauch machen. Wo wir auch unseren Ort in der Gesellschaft haben mögen: Wir brauchen nur um uns zu schauen, wenn wir Bescheid wissen wollen. Wieder einmal stehen wir dicht vor der Schwelle zu moralischen Betrachtungen, die wir uns für später aufgehoben haben. Hier kommt es uns nur darauf an, dass »Ekstase«, so wie wir sie definiert haben, sich in ihrer metaphysischen und auch in ihrer soziologischen Bedeutung zeigt. Nur wenn wir aus den Routinegewissheiten der Gesellschaft heraustreten, können wir erkennen, was Conditio humana ohne tröstliche Vernebelungen ist. Das heißt nicht, dass nur Rebellen und Außenseiter der Gesellschaft »eigentlich« sein könnten. Aber es bedeutet, dass die Voraussetzung der Freiheit ein einigermaßen »befreites« Bewusstsein ist. Welche Möglichkeiten zur Freiheit wir auch haben mögen: verwirklichen können wir sie nicht, solange wir die Binnenwelt des »in Ordnung« für die einzige halten, die es gibt. Wir kuscheln uns in warme, freundliche Höhlen in der Gesellschaft, wir und unsere Mitmenschen, und rühren kräftig die Trommel, um die Hyänen der Finsternis draußen zu vertreiben. »Ekstase« ist die einsame Tat, aus der Höhle herauszutreten und allein der Nacht zu begegnen.

7 Exkurs: Machiavellismus und Moral in der Soziologie oder: Auch mit Skrupeln kann man weiter mogeln

Die Ambitionen des Autors gehen nicht so weit, den Leser in Sorgen einzuweihen, die ein Resultat seiner Beschäftigung mit der Religionssoziologie sind, zumal er sich anderenorts in einiger Ausführlichkeit mit moralischen Folgerungen aus soziologischen Überlegungen für ein christliches Bild des Menschen auseinandergesetzt hat. Anstiftung zu subversiver Tätigkeit auf profanen Gebieten ist schon allerhand für dieses kleine Buch. Es auch noch mit sträflichen Zweifeln an den heiligsten Gütern christlicher Nationen zu beschweren, die das Ergebnis einiger Vertrautheit mit ihren heiligsten und christlichsten Institutionen sind, wäre entschieden des Guten – oder Bösen – zu viel. Wir können hier nur kurz auf moralische Fragen eingehen. Da wir aber, besonders im letzten Kapitel, einige der allerbrennendsten berührt haben, hat der Leser allmählich das Anrecht mindestens auf ein paar Hinweise auch in dieser Richtung.

Nach so manchem, was auf den letzten Seiten besprochen wurde, drängt sich der Schluss auf, dass die Soziologie nicht gerade förderlich für jene naive Fortschrittsgläubigkeit und Weltfrömmigkeit ist, die man in amerikanischen Sonntagsschulen und europäischen »Stätten der Begegnung« antrifft, sondern eher etwas enttäuschende Interpretationen der Wirklichkeit anbietet. Dem ist so, ob wir uns das Vergnügen des Bildes der Gesellschaft als Drama gönnen oder dem grimmen Determinismus der beiden früheren Modelle treu bleiben zu müssen glauben. Von jeder offiziellen Ideologie her gesehen ist es jedenfalls viel schlimmer, wenn man die Gesellschaft als Karneval denn als Strafanstalt auffasst. Dass die Ernüchterung durch die Soziologie auch die Möglichkeit zum Machiavellismus mit sich bringt, dürfte einleuchtend sein. Die positivistische Idee, dass Wissen Macht ist, mag eine Utopie sein. Aber wahr bleibt doch, dass ein klarer Kopf noch niemandem geschadet hat, dem es nach Macht gelüstet. Das gilt ganz besonders für das Durchschauen gesellschaftlicher Zusammenhänge, wie Machiavelli selbst gewusst und gelehrt hat.

Nur wenn man die Spielregeln kennt, kann man mogeln. Das Geheimnis des Gewinnens ist Heuchelei. Ein Mensch, der alle seine Rollen ehrlich spielt, als unreflektierte Antworten auf ungeprüfte Erwartungen, ist unfähig zur »Ekstase« und, das ist die Kehrseite: für die Leute, die über die Spielregeln wachen, völlig harmlos. Wir haben zu zeigen versucht, wie die Soziologie ein Präludium zur »Ekstase« sein kann. Man kann sie auch als einen Kursus ansehen, in dem man lernt, dem System ein Schnippchen zu schlagen. Den Wunsch, das zu können, darf man nicht vorschnell als unmoralisch abtun. Es hängt schließlich davon ab, wie man ein System moralisch bewertet. Niemand kann etwas dagegen haben, wenn die Opfer eines Tyrannen ihm hinter seinem Rücken Streiche spielen. Allerdings hat die Beherrschung der Spielregeln auch eine düstere Seite. Mindestens einiges von dem weit verbreiteten Misstrauen gegen die Soziologie beruht wohl auf einer durchaus richtigen, wenn auch unklaren Ahnung von ihren dunklen Möglichkeiten. In diesem Sinne ist tatsächlich jeder Soziologe potentiell ein Saboteur oder ein Schwindler, aber auch ein Handlanger der Unterdrückung.

Wir haben früher schon einmal gesagt, dass der Soziologe sich in einer ähnlich peinlichen Lage befindet wie der Kollege von der naturwissenschaftlichen Fakultät, was die Bedeutung der Kernphysik für die Politik in jüngster Zeit hinreichend gezeigt haben dürfte. Der Gedanke, dass Physiker auf beiden Seiten des Eisernen Vorhangs für Politiker am Werk sind, ist nicht gerade anheimelnd. Die Physiker haben dabei die ehrenvolle Aufgabe, die planmäßige Vernichtung der Welt vorzubereiten. Die Soziologen kann man dann mit der etwas weniger dramatischen Mission betrauen, für die planmäßige Zustimmung der Welt zu ihrer Vernichtung Sorge zu tragen. Dennoch wird sich kaum jemand finden, der deshalb die Physik in Acht und Bann täte. Das Problem ist nämlich nicht so sehr der Charakter der Wissenschaft wie der Charakter des Wissenschaftlers. Das gilt genauso für den Soziologen und alles, was in seiner Macht steht, auch wenn er neben den Giganten der Physik nur wie ein Zwerg wirkt.

Machiavellismus, politisch oder soziologisch, ist an sich wertneutral. Mit negativen moralischen Energien wird er erst aufgeladen, wenn sich Menschen ohne Gewissen und Mitleid seiner bedienen. In »Die Idee der Staatsraison in der neueren Geschichte« hat Friedrich Meinecke nachgewiesen, dass im Sinne des großen italienischen Diagnostikers der Politik Staatsraison durchaus mit ganz entschiedenen moralischen Überzeugungen vereinbar ist. Auf soziologischen Machiavellismus trifft das auch zu. Das Leben von Max Weber ist ein Musterbeispiel dafür, wie eine gnadenlose Durchleuchtung der Gesellschaft mit einem geradezu skrupulösen Bestreben zusammengehen kann, sittliche Ideale auch zu verwirklichen. Das ändert jedoch nichts an der düsteren Potenz der rein machiavellistischen Einstellung bei Menschen mit inhumanen Zielen oder auch nur dem einen Ziel, einer etablierten Macht zu dienen. Wie Erkenntnisse der Soziologie für politische Propaganda und Kriegführung ausgenützt werden, ist schon in Amerika bedenklich genug. In einem totalitären Staat muss es ein absoluter Nachtmahr sein. Auch der Anblick, den eine seriöse Wissenschaft wie die Soziologie in den Fängen von Public Relations und Wirtschaftswerbung bietet, ist nicht gerade erbaulich. Die Tatsache, dass viele Soziologen an alledem gar keinen Anstoß nehmen, ist Beweis genug dafür, dass die Soziologie nicht eo ipso zu größerer Empfindlichkeit auf moralischem Gebiet erzieht. Im Gegenteil, in der empirischen Forschung kommt oft genug der Zyniker besser zu Rande als der Menschenfreund, der sich bei seinen Entdeckungen leicht den Magen verderben kann. So bleibt zum Trost nicht einmal der Gedanke, dass der bessere Soziologe auch der bessere Mensch sein muss.

Wie soziologisches Denken zum Movens für mauvaise foi werden kann, ist interessant zu beobachten. Aus dem »Verstehen« wird in diesem Falle das Alibi für mangelndes Verantwortungsgefühl. Schon im ersten Kapitel hatten wir darauf angespielt: Bei der Selbstvorstellung des Soziologen als leidenschaftsloser, kühler Beobachter. Ein junger Soziologe in den Südstaaten zum Beispiel mag zunächst die schönsten Grundsätze haben und das Rassensystem fürchterlich finden. Er kann sogar versuchen, seinen Abscheu in politische und soziale Aktion umzusetzen. Nach einer Weile wird er jedoch ganz von selbst zum soziologischen Experten für Rassenprobleme. Das ist der Punkt, an dem unter Umständen eine Veränderung in seinem persönlichen Verhältnis zu den aktuellen Problemen eintreten kann. Aus Engagement wird kühle wissenschaftliche Überschau. Alles, was er als Experte vom System weiß und kennt, gipfelt in dem einen Akt des Verstehens. Aus der Summe seiner Einsichten wird das Summum seines Verstehens. Wer so weit kommt, fühlt sich nur zu leicht von persönlichem Engagement entbunden. Wissenschaftliche Objektivität und die Subjektivität persönlicher Anteilnahme verhalten sich dann etwa so zueinander wie Kierkegaard von Hegel und seiner Philosophie gesagt hat: Man baut einen herrlichen Palast, eine wahre Augenweide, und lebt doch weiter in der Hütte nebenan. Wissenschaftliche Neutralität ist selbstverständlich an sich nichts Unmoralisches, und noch der engagierteste Soziologe empfindet sicher manchmal, dass er in bestimmten Situationen gerade mit dieser Haltung sein Bestes geben kann. Problematisch wird die Sache erst, wenn die Rolle des Neutralen sich seine ganze Existenz erobert, die persönliche Anteilnahme verdrängt und sich an ihre Stelle setzt. Damit wird sie institutionalisiert, und dann ist man berechtigt, von mauvaise foi im Sinne von Sartre zu sprechen. Den Verächtern der Soziologie muss das Zugeständnis gemacht werden, dass auf solch trügerischem Boden ehrliche moralische Bedenken angebracht sind. Und dennoch glauben wir, dass richtig verstandenes soziologisches Verstehen unmittelbar Zugang zu dem eröffnet, was bei Hegel »Moralität« heißt. Um kein Missverständnis aufkommen zu lassen: Wir teilen weder die alten Hoffnungen von Auguste Comte, noch wollen wir ihnen neues Leben einhauchen, zumal sie ohnehin in der französischen Soziologie der Durkheim-Nachfolge weiterleben. Da glaubt man noch immer, die Wissenschaft von der Gesellschaft könne eine objektive Moral in die Welt setzen – die Franzosen würden von »science des mœurs« sprechen –, auf die sich so etwas wie ein säkularisierter Katechismus stützen könnte. Solche Hoffnungen – die übrigens in Amerika durchaus Resonanz gefunden haben – sind von vornherein zum Scheitern verurteilt, weil ihnen jeder Sinn für die fundamentale Ungleichheit von wissenschaftlichen und moralischen Urteilen abgeht. Mit wissenschaftlichen Methoden kann man ebenso wenig an das konkret Gute herankommen wie an die Freiheit als empirisches Phänomen. Solche Trapezkünste von der Wissenschaft zu fordern, heißt ihren wahren Geist verkennen. Die Enttäuschung, die unweigerlich folgt, macht es nur noch schwerer einzusehen, was dieser Geist tatsächlich für die Humanität leisten kann. Wir hingegen glauben, dass die Soziologie dem Einzelnen die Chance für ein humaneres Verhältnis zur gesellschaftlichen Wirklichkeit bietet. Da das jedoch wie gesagt nicht notwendig so sein muss, äußern wir unsere Überzeugung mit gebotener Zurückhaltung. Immerhin: Wer die Argumentation vor allem des vorigen Kapitels akzeptiert, wird mindestens die Möglichkeit einer gewissen Humanisierung des Individuums durch die Soziologie zugeben müssen. Soziologisches »Verstehen« kann immer wieder nur zur Einsicht in die Paradoxie der Gesellschaft führen: ihre Gewalt und zugleich ihre Schwäche. Um das noch einmal zu wiederholen: Die Gesellschaft »definiert« den Menschen und wird ihrerseits umgekehrt vom Menschen »definiert«. Diese Paradoxie rührt unmittelbar an den Kern der »Condition humaine«. Es wäre höchst seltsam, wenn diese Tatsache nicht auch moralische Konsequenzen hätte, was nur möglich wäre, wenn der gesamte Bereich der Moral von der empirischen Welt, in der Menschen leben, völlig abgetrennt wäre. Was wir dabei mit Humanisierung meinen, mögen drei Beispiele deutlich machen, die in gewissem Sinne tatsächlich etwas Paradigmatisches haben: die Problematik der Rassenfrage, der Homosexualität und der Todesstrafe. In allen drei Fällen ist ohne Weiteres zu sehen, dass Erkenntnisse der Soziologie zur objektiven Klärung des jeweiligen Phänomens im akuten Stadium, an seiner Oberfläche sozusagen, beigetragen haben. Soziologen haben an der Entmythologisierung der Rassenfrage mitgewirkt. Sie haben die ausbeuterische Funktion der Mythologeme aufgezeigt, die alles, was mit dem Komplex Rasse zusammenhängt, vernebeln. Und sie haben die Art und Weise, wie das Rassensystem in Amerika funktioniert, erforscht und damit indirekt Anregungen gegeben, wie es überwunden werden kann. Was die Aufhellung des Phänomens der Homosexualität anbelangt, so haben die Soziologen begreiflicherweise den Psychologen und Psychiatern möglichst nicht ins Handwerk pfuschen wollen. Aber sie haben Daten über seine Verbreitung und Organisationsformen in der Gesellschaft gesammelt und damit die moralistische Definition als Laster einer kleinen degenerierten Minderheit entkräftet und die Behandlung, die das Gesetz den Homosexuellen zumutet, ernstlich in Frage gestellt. Für die Todesstrafe schließlich haben sie überzeugend bewiesen, dass sie keineswegs jene große Abschreckung ist, für die sie gehalten und derentwegen sie immer noch verhängt wird, so dass ihre längst fällige Abschaffung eben leicht die entsetzlichen Folgen heraufbeschwören würde, die ihre Verfechter unablässig düster an die Wand malen.

Diese Leistungen der Soziologie für die Erneuerung und Verbesserung der öffentlichen und behördlichen Einstellung zu diesen Problemkreisen sind bedeutsam genug, um allein schon ihren Anspruch auch auf moralischen Wert ihrer Arbeit zu rechtfertigen. Aber wir glauben, dass ihr Vermögen in jedem einzelnen der drei Fälle noch viel tiefer reicht und unmittelbar an das rührt, was wir mit Humanisierung meinen, und zwar eben deswegen, weil die Soziologie den Sinn für die ganze Paradoxie der gesellschaftlichen Wirklichkeit erwecken kann.

Das Bild des Menschen, das sie uns vermittelt, zeigt ihn, wie ihn die Gesellschaft gemacht hat. Aber es zeigt auch, wie er in all seiner Schwäche tastend, zaudernd und doch auch manchmal mit großer Leidenschaft versucht, etwas anderes, etwas, das er selbst gewählt hat, zu werden. Die unendliche Labilität und Anfälligkeit aller von der Gesellschaft verliehenen Identität wird durch die Soziologie bloßgelegt. Deshalb muss sie, mindestens so wie wir sie auffassen, notgedrungen auf gespanntem Fuß mit allen Vorstellungen vom Menschen stehen, die ihn kurzerhand mit seinen gesellschaftlichen Identitäten gleichsetzen, die schließlich per definitionem Zuschreibungen sind. Um es anders auszudrücken: Der Soziologe sollte sich tunlichst so weit von der Regie entfernt halten, dass er nicht in das Stück, das gerade aufgeführt wird, hineingerät. Schließlich muss er ja wissen, mit welchen Tricks Schauspieler für Rollen gewonnen und in Kostüme hineingesteckt werden, so dass er dem Mummenschanz schwerlich ontologischen Wert zugestehen kann. Alle Kategorisierungen zur Bestimmung von Menschen sollten ihn misstrauisch machen, als da sind: Afroamerikaner, Weiße, Kaukasier, Juden, Amerikaner, Abendländer usw. Mehr oder weniger böse gemeint, sind solche Benennungen irgendwie immer dann Übungen in mauvaise foi, wenn sie nicht wertneutral, sondern mit moralischem Akzent versehen sind. Mit Hilfe der Soziologie verstehen wir, dass ein Afroamerikaner eine Person ist, die die Gesellschaft so nennt, um sich damit von einem bestimmten Druck zu befreien. Dieser freigesetzte Druck hat die unheimliche Kraft, aus einer Person das zu machen, was mit der Bezeichnung Afroamerikaner beabsichtigt wird. Die Soziologie lehrt uns aber auch, dass dieser Druck unberechenbar, eigenwillig, keineswegs unentrinnbar und vor allem umkehrbar ist. Wer einen Menschen ausschließlich als Afroamerikaner ansieht, begeht einen Akt von mauvaise foi, einerlei ob er weißer oder schwarzer Rassenfanatiker oder Liberaler ist. Man sollte sich nicht darüber hinwegtäuschen, dass auch Liberale oft genauso in dem ganzen Repertoire an gesellschaftlichen Gewissheitsfiktionen befangen sind wie ihre politischen Gegner. Der Unterschied ist nur, dass die Fiktionen mit entgegengesetzten Bewertungen versehen werden. Deshalb sind die Träger negativer Identitätsbestimmungen oft ausgesprochen anfällig dafür, die von ihren Unterdrückern erfundenen Kategorien anzunehmen – mit der kleinen Veränderung, dass sie das ursprüngliche Minuszeichen in ein Pluszeichen verwandeln. Klassische Beispiele dafür sind jüdische Reaktionen auf Antisemitismus, wobei die Gegendefinition der eigenen Identität nur die mit antisemitischen Kategorien verknüpften Bewertungen umkehrt, ohne die Kategorisierung als solche anzufechten. Um aber auf die Afroamerikaner zurückzukommen: Bei ihnen tritt heute an die Stelle der einstigen Trauer und Scham eine gewollte und betonte Freude an ihrer Rasse, ein Rassenstolz, der eine Gegenformation des schwarzen Rassismus und nur der Schatten seines verhassten weißen Vorbildes ist. Im Gegensatz dazu entlarvt soziologisches Verstehen die ganze Rassenkonzeption als bloße Fiktion und weckt den Sinn für die eigentliche große Schwierigkeit, zuerst einmal nichts anderes als Mensch zu sein. Gegenformationen wie die erwähnten haben freilich wie andere Mythen politische Kraft, ohne die es keinen organisierten Widerstand gegen Unterdrückung gäbe. Aber sie wurzeln dennoch in mauvaise foi. Hat man es schließlich mit Mühen und Schmerzen zu ein bisschen Rassenstolz gebracht, so muss man dieser zersetzenden Kraft ihren Tribut zahlen durch die Erkenntnis, dass, was man gewonnen hat, auch nichts anderes als Schall und Rauch ist.

Die Soziologie erzieht uns also zu einer Lebensauffassung, die mit Rassenvorurteilen kaum vereinbar ist. Leider besagt das nicht, dass sie sie völlig ausschlösse. Ein Soziologe, der an solchen und ähnlichen Vorurteilen festhält, krankt allerdings an einer doppelten Dosis von mauvaise foi. Die erste ist Anteil und Bürde jeder rassistischen Kampfposition, die zweite seine eigene, private mauvaise foi, das heißt die Abtrennung seines soziologischen Verstehens von seinem sonstigen Dasein in der Gesellschaft. Umgekehrt bekommt ein Soziologe, der Verstehen und Leben nicht zu trennen gewillt ist, eine moralisch und politisch aufrechte Haltung, in der er sich auf dem bunten Flickenteppich gesellschaftlicher Kategorien bewegen kann, ohne sich hoffnungslos und mit tierischem Ernst auf eine Farbe zu kaprizieren. Oder, um ein anderes Bild zu gebrauchen: Eben weil er kein Kostverächter ist, würzt er alle gesellschaftlich fabrizierten Kategorien einschließlich seiner eigenen mit einem Körnchen Salz. Dasselbe gilt auch für die Einstellung zur Homosexualität. Die heutige europäisch-amerikanische »Gewissheit« darüber, mit ihrem Niederschlag in Gesetz und Sitten, stützt sich auf die Annahme, dass uns die Natur unsere Geschlechtsrollen verliehen habe, mit der Maßgabe, dass wir ein einziges Syndrom des Sexualverhaltens als normal, gesund und begehrenswert empfinden, jedes andere dagegen aber als anormal, krankhaft und widerwärtig. Hinter so viel Anmaßung muss die Soziologie wieder ein großes Fragezeichen setzen. Auch Geschlechtsrollen sind genauso fundamental unsicher in ihrer Konstruktion wie das gesamte soziale Gefüge. Interkulturelle Vergleiche weisen uns nachdrücklich zurück auf die fast unbegrenzte Mannigfaltigkeit der Organisationsformen, zu der Menschen auf diesem Gebiet ihres Lebens fähig sind. In der einen Kultur gilt als normal und reif, was die andere für anormal und zurückgeblieben hält. Eine solche Relativierung unserer Auffassung der Geschlechtsrollen entbindet uns als einzelne freilich nicht davon, unseren eigenen Weg zu gehen. Fühlte man sich auf einmal aller Bande ledig, so wäre das wiederum mauvaise foi, und die objektive Tatsache der Relativität wäre das Alibi für die subjektive Pflicht, ein für allemal zu entscheiden, woran man sein ganzes Dasein bindet. Man kann sich der Relativität und Labilität menschlicher Sexualitätsformen völlig bewusst sein und dennoch pflichtbewusst an seiner eigenen Ehe festhalten. Eine Verpflichtung wie diese braucht keine ontologischen Stützen. Wenn man sie erfüllt, hat man gewagt, zu wählen und zu handeln, ohne die Last der Entscheidung auf Natur oder Notwendigkeit abzuwälzen.

Die allgemeine Hexenjagd auf Homosexuelle erfüllt genau die gleiche mauvaise foi-Funktion wie die Diskriminierung anderer Rassen. Beide Male soll die wackelige Identität der Verächter durch das Gegenbild der Verachteten sichergestellt werden. Sartre hat mit seiner Figur des Antisemiten demonstriert, wie man sich selbst durch den Hass auf einen anderen legitimieren will, den man sich als Gegenüber aufbaut. So verachtet der weiße Mann den Afroamerikaner und versichert sich in diesem Akt seiner eigenen Identität als der eines zur Verachtung berechtigten Verächters. Wenn man auf die Homosexuellen herabsieht, kommt man auf ähnlich leichte Weise in den Genuss des Glaubens an die eigene dubiose Manneskraft: Schulze in der Rolle des Torquemada verfolgt gnadenlos sexuelle Häretiker. Man braucht kein großer Psychologe zu sein, um die kalte Angst hinter dem ganzen bärbeißigen Getue lauern zu sehen. Auch hier hat mauvaise foi die ewig gleichen Wurzeln: Flucht vor der Freiheit der eigenen Möglichkeiten, einschließlich der beängstigenden – mindestens für den Verfolger – einmal einen Mann statt eine Frau begehren zu können. Zu unterstellen, dass Soziologen zu so viel Uneigentlichkeit unfähig sind, ist wiederum reichlich naiv. Und dennoch behaupten wir, dass beide Phänomene, aus soziologischer Perspektive gesehen, relativiert und damit humanisiert werden. Die Soziologie verleitet zur Skepsis gegenüber dem Begriffsapparat, mit dessen Hilfe die Gesellschaft Menschen zur Finsternis oder zum Licht verurteilt – einschließlich übrigens der neuesten begriffstechnischen Erfindung, mit der man Finsternis als Krankheit verharmlost. Erst die Soziologie öffnet uns die Augen dafür, dass alle Menschen gegen schwere Hindernisse ankämpfen, um sich für ihre kurze Lebensspanne eine eigene, immer bedrohte und darum nur umso kostbarere Identität zu sichern.

Die Todesstrafe ist ein Paradebeispiel für den Teufelspakt von mauvaise foi und Unmenschlichkeit. Jeder einzelne Schritt dieser monströsen Prozedur – die heute noch in Amerika praktiziert wird – ist ein Akt von mauvaise foi, wobei gesellschaftlich kontrollierte Rollen als Alibis für individuelle Feigheit und Grausamkeit herhalten müssen. Ankläger, Richter und Schöffen unterdrücken angeblich ihr persönliches Mitgefühl, um eine harte Pflicht zu erfüllen. Im Drama einer Gerichtsverhandlung über ein Kapitalverbrechen ist jeder einzelne, der zur Hinrichtung des Angeklagten beiträgt, in mauvaise foi befangen: jener Täuschung, dass er nicht als Person, sondern als Träger einer Rolle fungiert, die im Räderwerk legaler Fiktionen auf ihn zukommt. Bis zum dramatischen Schluss, der Vollstreckung des Urteils, wird die Vermeintlichkeit durchgehalten. Alle, die das Töten anordnen, überwachen oder ausführen, sind vor persönlicher Verantwortung durch die Fiktion geschützt, dass nicht sie selbst es seien, die alles das tun, sondern anonyme Wesen, »Repräsentanten« des Rechts, des Staates oder des Volkswillens. Die Ausstrahlung dieser Fiktionen ist so stark, dass die Leute sogar mit den armen Wächtern und Henkern sympathisieren, die in Erfüllung ihrer harten Pflicht so grausame Dinge tun »müssen«. Die fundamentale Lüge, die mauvaise foi immer zu Grunde liegt, ist, dass sie »keine Wahl« haben. Der Unterschied zu den Ausreden der offiziellen Mörder unter der Schreckensherrschaft des Dritten Reiches ist lediglich quantitativ. Der Richter, der seine Pflicht vorschiebt, wenn er einen Menschen zum Tode verurteilt, ist genauso ein Lügner wie der Henker, der das Urteil vollstreckt und der Gouverneur, der sich weigert, den Verurteilten zu begnadigen. Die Wahrheit ist vielmehr, dass der Richter zurücktreten, der Henker den Gehorsam verweigern und der Gouverneur Gnade vor Recht ergehen lassen kann. Dass mauvaise foi gerade bei der Todesstrafe zur absoluten Ungeheuerlichkeit wird, liegt nicht so sehr an der Hochgradigkeit der Täuschung und Selbsttäuschung – da gibt es noch ganz anderes –, sondern an deren einzigartiger Funktion: Dass ein Mensch mit bestialischer Präzision und ohne dass irgendjemand sich dafür verantwortlich fühlt, getötet werden kann.

Die Überzeugung vieler moderner Menschen, dass die Unmenschlichkeit der Todesstrafe alle Grenzen dessen überschreitet, was für eine zivilisierte Gesellschaft noch tragbar ist, stammt aus einer Auffassung vom Wesen des Menschen, die man nicht ohne weiteres soziologisch nennen kann. Ihr liegt die fundamentale Einsicht in das, was menschlich und »gegenmenschlich« ist, zugrunde – um ein Wort der Klage Martin Bubers zur Tötung von Adolf Eichmann zu übernehmen. Human kann es noch sein, wenn man unter ganz besonderen Umständen und mit äußerstem Widerstreben die Entscheidung trifft, jemanden zu töten. »Gegenmenschlich« ist es, jemanden zu foltern. Die Todesstrafe ist rundheraus gesagt, eine Folterung. Wie eine solche Auffassung vom Wesen des Menschen zustande kommt, ist nicht Gegenstand unserer Überlegungen. Gewiss kann sie nicht der Soziologie zu Buche geschrieben werden. Aber wir beanspruchen für die Soziologie eine bescheidenere und nicht weniger dankenswerte Aufgabe. Soziologisches Verstehen ist keine Schule des Mitleids. Aber es kann alle die Mystifizierungen durchleuchten, die Mitleidslosigkeit meistens verdecken. Der Soziologe versteht, dass alle Gesellschaftsstrukturen Gewebe aus Konventionen sind, durchschossen von Fäden der Fiktion und des Betruges. Er erkennt auch, dass einige Konventionen nützlich sind und verspürt keine Neigung, sie verändern zu wollen. Wenn aber aus Konventionen Mordinstrumente werden, sollte auch er ein Wörtchen mitzureden haben.

Wir haben nun wohl genug gesagt, um einen soziologischen Humanismus wenigstens als Möglichkeit erscheinen zu lassen, wenn es schon so etwas wie eine soziologische Anthropologie geben soll. Von sich aus führt die Soziologie nicht zum Humanismus, aber schließlich bringt sie auch von sich aus noch keine Anthropologie zuwege, wie unsere eigenen Fingerübungen im vorigen Kapitel hinlänglich bewiesen haben dürften.

Aber das Verstehen in der Soziologie kann ein ausgesprochen moderner Bestandteil eines Lebensgefühls sein, das seinen eigenen Geist der Mitmenschlichkeit hat und einen echten Humanismus begründen helfen kann. Ein Humanismus, zu dem die Soziologie ihr Scherflein beiträgt, schwingt keine Fahnen und ist ziemlich misstrauisch gegenüber zu viel Enthusiasmus und zu viel zur Schau getragener Sicherheit. Er ist ein verlegenes, unsicheres, zauderndes Etwas, dass sich seiner Verletzlichkeit immer bewusst und vorsichtig mit moralischen Behauptungen ist. Das hindert ihn aber nicht daran, sich in leidenschaftliche Parteinahme zu verwandeln, sobald seine fundamentalen Einsichten über das menschliche Dasein berührt werden. Wann und wo das der Fall sein kann, dazu mögen die drei soeben behandelten Fragenkomplexe als Wegweiser dienen. Vor Tribunalen, die Menschen zu Schimpf und Schande um ihrer Rasse oder Sexualität willen oder einen einzigen Angeklagten zum Tode verurteilen, wird ein solcher Humanismus zu Widerstand, Protest, Rebellion. Natürlich gibt es auch noch ganz andere Anlässe, bei denen schlichtes Mitleid der Kern werden kann von Revolutionen gegen unmenschliche Systeme, die durch irgendwelche Mythen untermauert sind. Meistens aber, wenn die menschliche Würde nicht allzu hart betroffen ist, nimmt ein soziologischer Humanismus, wie wir ihn uns vorstellen, hoffentlich eine etwas ironischere Kampfhaltung an. Einige abschließende Bemerkungen dazu sind vielleicht angebracht. Das Verstehen in der Soziologie führt zu einer nicht unbeträchtlichen Ernüchterung. Ein nüchterner Mensch ist für konservative wie für revolutionäre Bewegungen kein fetter Braten. Für die Konservativen glaubt er nicht genug an die Ideologien des Status quo, für die revolutionären ist er zu skeptisch gegenüber den Utopien, die nun einmal die eintönige Kost aller Weltverbesserer sind. Seine Untauglichkeit für die Kader der Gegenwart und der Zukunft braucht ihn aber nicht unbedingt zum Zyniker zu machen. Freilich kann Ernüchterung in Zynismus ausarten, eine Einstellung, die besonders bei jungen Soziologen anzutreffen ist. Ihre Diagnosen der Gesellschaft sind oft ebenso radikal wie ihre Bereitschaft zu politischem Engagement unentwickelt ist. Ihnen bleibt als Ausweg nur ein masochistischer Kultus professioneller Entmythologisierer, die sich gegenseitig ständig bestätigen, dass die Dinge unmöglich noch schlimmer sein könnten, als sie gerade sind. Wir sind der Meinung, dass ein solcher Zynismus schlechthin kindisch ist und oft genug auf einem bloßen Mangel an historischem Überblick beruht. Zwischen treuherzigem Beifall für unser gesellschaftliches Aeon und noch treuherzigerer Hoffnung auf das, was dereinst kommen soll, gibt es noch andere Möglichkeiten als Zynismus. Eine von ihnen – und wir halten sie für das vernünftigste Ergebnis soziologischer Einsichten – wäre eine Kombination von Mitleid, zulässigem Engagement und einem Sinn für die ganze Komik des gesellschaftlichen Karnevals. Mit einer solchen Einstellung zur Gesellschaft erkennt man, was sie letzten Endes ihrem Wesen nach ist: eine Komödie, in der die Menschen in ihren aufgeputzten Kostümen einherstolzieren, Hüte und Titel austauschen und sich gegenseitig eins auswischen mit ihren wirklichen oder eingebildeten Stöcken. Auch wer die Gesellschaft aus der Perspektive des Komikers betrachtet, braucht nicht zu übersehen, dass man mit eingebildeten Stöcken springlebendiges Blut vergießen kann. Aber er lässt sich durch diese Tatsache nicht dazu verleiten, die Potemkinschen Dörfer mit dem himmlischen Jerusalem zu verwechseln. Wenn man die Gesellschaft als Komödie sieht, zaudert man nicht lange, auch ein bisschen mitzumogeln, besonders wenn man mit seiner Mogelei hier einen kleinen Schmerz lindern und da das Leben ein bisschen heller machen kann. Man denkt gar nicht daran, die Spielregeln ernst zu nehmen, außer wenn sie die Menschen schützen und gute menschliche Werte erhalten. So ist denn soziologischer Machiavellismus das gerade Gegenteil von zynischem Opportunismus. Er ist eine Möglichkeit für die Freiheit, sich als gesellschaftliche Aktion zu verwirklichen.

8 Soziologie als humanistische Wissenschaft

Die Soziologie hat sich seit ihren Anfängen als exakte Wissenschaft verstanden. Wir hatten schon früher auf methodologische Konsequenzen aus diesem Selbstverständnis hingewiesen, so dass wir uns mit den nun folgenden Schlussbetrachtungen auf die menschlichen Wirkungen der Tatsache beschränken können, dass die Soziologie eine etablierte Wissenschaft geworden ist. Der weitaus größte Teil unserer Ausführungen stellt den Versuch dar, die Art und Weise zu beschreiben, wie die Soziologie das gesellschaftliche Dasein des Menschen erfassen kann. Im letzten Exkurs haben wir kurz die Frage nach moralischen Konsequenzen gestellt, die sich aus unserer Perspektive ergeben. So bleibt uns nur noch ein Blick auf die Soziologie als akademisches Fach unter anderen akademischen Fächern in jener Sonderschau des gesellschaftlichen Karnevals, die sich die gelehrte Welt nennt.

Etwas recht Nützliches, das Soziologen von ihren Kollegen in den Naturwissenschaften lernen könnten, ist der Sinn dafür, kunstgerecht auf der Tastatur wissenschaftlicher Möglichkeiten zu spielen. Mit wachsender Würde und Reife haben die Naturwissenschaftler ihre Methoden so differenziert, dass sie es sich erlauben können, deren Begrenztheit und Relativität zuzugeben. Die Sozialwissenschaftler neigen noch immer dazu, in humorlos auf ihre Methoden zu starren und Wörter wie »empirisch«, »Daten«, »Gültigkeit«, »Fakten« so ehrfurchtsvoll zu beschwören wie ein Voodoo-Zauberer seine verwöhntesten Teufelchen. Wenn die Sozialwissenschaften ihre schwärmerischen Backfischjahre erst einmal hinter sich haben und ruhiger und abgeklärter werden, dürfte auch von ihnen etwas mehr Distanz und Unbeschwertheit dem eigenen Treiben gegenüber zu erwarten sein, was sich übrigens vielfach schon ankündigt. Dann wird die Soziologie ein gelehrtes Spiel unter anderen sein, sehr bedeutsam, aber doch wohl kaum das letzte Wort über das menschliche Leben. Dann endlich kann man sich akademische Toleranz leisten und sogar sein Interesse an anderer Leute erkenntnistheoretischen Darbietungen bekunden. Das gereifte Selbstverständnis einer Wissenschaft hat allein schon humane Bedeutung. Ja man kann geradezu sagen, dass Skepsis und Ironie gegenüber den eigenen Leistungen ein Beweis für ihren humanistischen Geist sind. Gerade für die Sozialwissenschaften wäre ein solcher Reifeprozess besonders wichtig, weil sie es mit den sonderbaren und absurden Erscheinungen zu tun haben, aus denen die Comedie humaine nun einmal besteht. Ein Soziologe, der nicht auch die komische Seite der Gesellschaft erkennt, ist auf dem besten Wege, sie in ganz wesentlichen Punkten zu verkennen. Das politische Leben kann man nur ganz verstehen, wenn man die Bauernfängerei dabei durchschaut. Das Schichtungssystem wird überhaupt erst fassbar, wenn man es wie eine Kostümparade ansieht. Tieferes Verständnis für religiöse Institutionen gewinnt man erst, wenn man sich an die scheußlichen Masken aus Pappmaschee erinnert, die man als Kind vors Gesicht hielt, um die lieben Mitmenschen mit der schlichten Silbe »Buh« zu Tode zu erschrecken. Der beste Zugang zur gesellschaftlichen Bedeutung der Erotik ist ihre Kehrseite als komische Oper, was junge Soziologen, die Kurse über »Liebe, Ehe und Familie« abhalten, sich hinter die Ohren schreiben sollten, statt mit Leichenbittermiene über ein Thema zu sprechen, das in Ober-, Unter- und Zwischentönen einen Teil des menschlichen Körpers umkreist, den man beim besten Willen nicht ganz ernst nehmen kann. Für die Soziologie des Rechtswesens wäre die Belehrung durch eine gewisse Königin in »Alice im Wunderland« sehr erhellend. Das alles erwähnen wir nicht, um ein ernsthaftes Studium der Gesellschaft zu veralbern. Aber wir glauben, dass solche Einblicke dem Studium sehr dienlich sind. Und diese gewinnt man nur, wenn man lachen kann.

Die Soziologie ist gut beraten, wenn sie sich nicht in eine humorlose Wissenschaftlichkeit verrennt, die blind und taub für die Eulenspiegeleien der gesellschaftlichen Schau ist. Tierischer Ernst wäre eine narrensichere Methode, sich die Welt der Erscheinungen entgleiten zu lassen, die zu entdecken man ausgezogen war – ein Schicksal, so traurig wie das des berühmten Zauberers, der zwar die Formel fand, um den Geist aus der Flasche zu holen, sich dann aber nicht mehr erinnern konnte, was er ihn eigentlich hatte fragen wollen. Nur ohne falsch verstandene Wissenschaftlichkeit ist man als Soziologe fähig, jene menschlichen Werte zu würdigen, die die Sozialwissenschaften und auch die Naturwissenschaften ihren fleißigen Jüngern vermitteln können: Demut angesichts des unendlichen Reichtums der Welt, die man ergründen möchte, Selbstvergessenheit im Streben nach Erkenntnis, Redlichkeit und Exaktheit der Methode, Respekt vor Ergebnissen, die auf ehrliche Weise zustande gekommen sind, Geduld und die Bereitschaft, hinzunehmen, wenn man sich geirrt hat und seine Theorien zu überprüfen und schließlich und endlich die Gemeinschaft mit anderen Menschen, die dieselben Werte hochhalten wie man selbst.

Hinter den trockenen Methoden der Soziologie verbergen sich menschliche Möglichkeiten wie in kaum einer anderen Wissenschaft. Eine von ihnen ist zum Beispiel die Aufgeschlossenheit für Tatsachen, die andere Wissenschaftler so banal finden, dass sie ihnen nie die Ehre, Gegenstand der Forschung zu werden, erweisen. Man kann guten Gewissens sagen, dass die Soziologie von Grund auf demokratisch ist. Alles, was Menschen sind und tun, so alltäglich es sein mag, hat Bedeutung für das, was in der Soziologensprache »research« heißt. Ein anderer Vorzug des Soziologen ist, dass er den Leuten zuhören können muss, ohne gleich seine eigene Meinung zu äußern. Die Kunst des Zuhörens, gelassen und mit ungeteilter Aufmerksamkeit, muss jeder Soziologe beherrschen, der empirisch forschen will. Zwar soll man den Wert von Methoden, die oft bloße Techniken sind, nicht überschätzen. Aber mindestens potentiell haben sie eine humane Seite, besonders in unserem lauten, redseligen Zeitalter, in dem fast niemand sich Mühe gibt, konzentriert zuzuhören. Schließlich hat auch die Pflicht des Soziologen, Ergebnisse ohne Ansehen eigener Vorurteile, Neigungen, Abneigungen, Hoffnungen und Ängste auszuwerten – soweit er psychologisch dazu fähig ist –, ihre humane Bedeutung. Zwar ist ihm diese Pflicht mit vielen anderen Forschern gemeinsam. Aber wenn ein Fach die menschlichen Leidenschaften so unmittelbar berührt, ist sie besonders schwer zu erfüllen. Selbstverständlich gelingt das nicht immer zur vollen Zufriedenheit. Aber schon das Bemühen darum ist eine menschliche Tugend, die man nicht unterschätzen darf. Besonders erfreulich wirkt die Geneigtheit des Soziologen, zu lauschen, ohne gleich seine eigenen Urteile über Gut und Böse zum Besten zu geben, wenn man die Soziologie mit normativen Disziplinen wie Theologie oder Jurisprudenz vergleicht, deren Adepten es nie unterlassen, die Wirklichkeit in den engen Rahmen ihrer einschlägigen Werturteile zu pressen. Gemessen an solcher Dogmatik steht die Soziologie gleichsam in der apostolischen Nachfolge der Cartesianischen Suche nach »klarer und deutlicher Vorstellung« [clara et distincta perceptio].

Außer ihren charakteristischen Tugenden hat die Soziologie bestimmte Eigenschaften, die sie in die unmittelbare Nachbarschaft von Geisteswissenschaften rücken – die bezeichnenderweise im Englischen »humanities« heißen –, wenn sie nicht gar vollends zu ihnen gehören sollte. Im vorigen Kapitel haben wir von diesen Eigenschaften gesprochen, die sich alle dahingehend zusammenfassen lassen, dass der eigentliche Gegenstand der Soziologie der aller Wissenschaften vom Menschen ist: er selbst, der Mensch in seiner Menschenhaftigkeit. Weil die gesellschaftliche Dimension der menschlichen Existenz so entscheidend ist, muss die Soziologie immer wieder auf die fundamentale Frage zurückkommen, was es denn bedeutet, Mensch überhaupt und Mensch in einer bestimmten Situation zu sein. Diese Grundfrage der Soziologie wird durch methodische Quisquilien und das blutleere Vokabular immer wieder verdunkelt, das die Soziologie sich in ihrem Eifer, ihre Eigenständigkeit zu legitimieren, zugelegt hat. Ihre Forschungsobjekte und -ergebnisse aber sind dem pochenden Herzen des Lebens so nahe, dass die Grundfrage immer wieder durchscheint, wenn man als Soziologe sensibel für die humane Bedeutung dessen ist, was man tut. Diese Sensibilität ist allerdings unserer Überzeugung nach kein bloßes Adiaphoron, das man zusätzlich zu fachlichen Qualifikationen haben mag oder nicht – wie absolutes Gehör oder eine feine Zunge –, sondern sie steht in unmittelbarer Beziehung zu jeder soziologischen Erkenntnis.

Es gehört Aufgeschlossenheit des Geistes und Universalität des Blicks dazu, wenn man den humanistischen Ort der Soziologie bestimmen will. Dass das kaum anders denn auf Kosten streng logischer Systematik möglich ist, geben wir ohne Weiteres zu und haben wohl selbst ein klägliches Beispiel für diesen Mangel gegeben. Zwar könnte man das 4. und 5. Kapitel für eine Theorie des Soziologismus beanspruchen, ein System also, das die gesamte menschliche Wirklichkeit zusammenhängend und ausschließlich soziologisch erklärt, neben dem eigenen Monopol keinerlei Kausalfaktoren und keine Lücken in seiner einheitlichen Kausalkonstruktion zulässt. Ein solches System ist sauber und kann sogar ein ästhetischer Genuss sein. Seine Logik ist eindimensional und ganz in sich geschlossen. Wie einladend ein so festgefügtes Haus für viele vernünftige Leute ist, beweist die große Anziehungskraft, die der Positivismus aller Schattierungen von jeher ausgeübt hat. Für Marxismus und Psychoanalyse gilt dasselbe. Eine schlüssige soziologische Beweisführung durchzuführen und sich am Ende vor den scheinbar zwingenden Folgerungen zu drücken, muss natürlich den Eindruck mutwilliger Inkonsequenz machen, der den Leser wahrscheinlich überkommen hat, als wir mit dem 6. Kapitel auf einmal einen ganz anderen Weg einschlugen. Warum sollten wir das nicht zugeben? Wir bestreiten nicht nur nachdrücklich, dass diese Inkonsequenz eine Verirrung ist, sondern glauben, dass sie die konsequente Antwort auf die paradoxe Vielfalt des Lebens ist, das zu sehen und zu verstehen die Hauptaufgabe der Soziologie bleiben muss. Wenn man sich für die unerschöpfliche Fülle der Welt offenhalten will, kann man unmöglich an der bleiernen Folgerichtigkeit des Soziologismus hängen bleiben. Man muss für Lücken in den Mauern seiner Theorie sorgen, durch die man nach neuen, fernen Horizonten Ausschau halten kann.

Um die humanistischen Möglichkeiten der Soziologie auszuschöpfen, braucht man ständigen Kontakt mit anderen Wissenschaften, denen es auch vorrangig um den Menschen und sein Wesen geht, allen voran Geschichte und Philosophie. Die Borniertheit vieler soziologischer Bücher, besonders in Amerika, wäre bei einiger Bildung auf diesen beiden Gebieten vermeidbar. Zwar sind heutzutage die meisten Soziologen nach Temperament oder Vorbildung hauptsächlich an der Gegenwart und ihren Ereignissen interessiert. Aber die Nichtachtung der historischen Dimension ist nicht nur ein Affront gegen das klassische Bildungsideal der westlichen Welt, sondern auch gegen das tiefere Selbstverständnis der Soziologie, deren zentrale Konzeption schließlich das eminent historische Phänomen der Prädefiniertheit des Menschen durch die Gesellschaft ist. Soziologie als Humanismus führt fast zu einer Symbiose mit der Historie, wenn nicht gar die Soziologie auf diese Weise ein historisches Fach wird. Diese Vorstellung ist den meisten amerikanischen Soziologen gewiss fremd. In Europa ist sie – oder war sie mindestens bis in jüngster Zeit und nicht immer zum Vorteil der Soziologie – an der Tagesordnung. Philosophische Schulung andererseits würde nicht nur den naiven Methodenfetischismus mancher Soziologen gar nicht erst aufkommen lassen, sondern wäre für die richtige Einstellung zu gesellschaftlichen Phänomenen überhaupt höchst förderlich. Mit diesen kritischen Betrachtungen wollen wir beileibe nicht die Statistik und anderes Handwerkszeug, das die Soziologie von erklärt nichthumanistischen Fächern geliehen hat, herabsetzen. Auf der Grundlage einer humanistischen Gesinnung könnte sie jedoch entschieden feinfühliger und – um auch das noch ins Feld zu führen – eleganter damit umgehen.

Der Humanismus in Europa war aufs engste mit der Befreiung der Geister aus mittelalterlicher Dogmengläubigkeit in der Renaissance verknüpft. Dass die Soziologie sich zu Recht in diese Tradition einreiht, glauben wir genügend bekräftigt zu haben. Zusammenfassend müssen wir allerdings die Frage aufwerfen, wie weit sie – besonders in Amerika, nachdem sie mindestens dort eine gesellschaftliche Institution und selbst eine professionelle Subkultur geworden ist – ihre humanistische Mission noch erfüllen kann. Diese Frage ist nicht etwa neu. Florian Znaniecki, Robert Lynd, Edward Shils und andere Soziologen haben sie längst in aller Schärfe formuliert. Auch uns erscheint sie so wichtig, dass wir diese Darlegungen nicht beschließen möchten, ohne uns mit ihr auseinandergesetzt zu haben. In alten Zeiten hatte ein Alchemist, der für einen habgierigen Fürsten Gold herstellen sollte, und zwar schleunigst, kaum eine Chance, seinen Zwingherrn mit der erhabenen Symbolik des Steins der Weisen auf andere Gedanken zu bringen. Die vielen Soziologen in Regierungsdienststellen und Industriebetrieben heutzutage sind in einer verteufelt ähnlichen Lage.

Untersuchungen über die optimale Besetzung eines Bomberflugzeuges oder Faktoren, die Hausfrauen im Supermarkt dazu bringen, schlafwandlerisch nach einer bestimmten Backpulvermarke zu greifen, oder die beste Methode für den Personalchef einer Fabrik, den Einfluss der Gewerkschaften auszuschalten, sind mit humanistischem Geist nicht leicht zu durchtränken. Soziologen, die sich so nutzbringend betätigen, bringen zwar um des eigenen Seelenfriedens willen vor, dass sie ihr Können keineswegs an moralische Fragwürdigkeiten vergeuden. Dennoch wäre es ein ideologisches Husarenstück, ihre Arbeit als besonders human zu erklären. Andererseits darf man dem Dienst der Soziologie für Staat und Wirtschaft nicht kurzerhand jeden humanen Antrieb absprechen. Wenn man ihre Bedeutung für das Gesundheitswesen, die Wohlfahrtsplanung, die Stadtsanierung und ihren Kampf gegen Rassendiskriminierung bedenkt, kann man gewiss nicht behaupten, Soziologen im öffentlichen Dienst müssten unweigerlich einem seelenlosen politischen Pragmatismus anheimfallen. Sogar in der Industrie ist es doch so, dass Betriebsführung und vor allem Personalpolitik, wo sie klug und fortschrittlich sind, der modernen Industriesoziologie ganz wesentliche Einsichten verdanken.

Wenn der Soziologe jener Machiavellist ist, zu dem wir ihn im vorigen Kapitel ernannt haben, so kann er seine Gaben im Guten wie im Bösen an den Mann bringen. Er ist – um ein etwas farbenfrohes Bild zu gebrauchen – ein Condottiere der gesellschaftlichen Erkenntnis. Condottieri haben einst für Unterdrücker und Befreier der Menschen gekämpft. Dass die Welt heute viele gute Soziologen-Condottieri nötig hat, erkennt man auf den ersten Blick, wenn man sich auf ihren Tummelplätzen umschaut. Die innere Distanz, zu der soziologischer Machiavellismus verhilft, ist von größtem Nutzen in den unzähligen Situationen, in denen die modernen Menschen hin und her gerissen werden zwischen rivalisierenden Ismen, denen eines immer gemeinsam ist: die ideologischen Scheuklappen ihrer Einstellung zum Wesen der Gesellschaft. Von den menschlichen Nöten tiefer als von großen politischen Programmen bewegt zu sein, sich nur wählerisch und mit Einschränkungen politisch zu engagieren, statt einem totalitären Dogma zu verfallen, mitleidig und kritisch in einem zu sein, vorurteilsfrei zu verstehen – alles das liegt ganz konkret im Vermögen der soziologischen Arbeit und kann in vielen Situationen des modernen Lebens kaum hoch genug bewertet werden. Die politische Würde der Soziologie ist nicht, dass auch sie eine eigene Ideologie anzubieten hätte, sondern gerade, dass sie keine hat. Für alle, denen die flammenden politischen Heilslehren unseres glorreichen Zeitalters nur Enttäuschungen gebracht haben, kann sie eine große Hilfe sein, weil sie ein politisches Engagement ermöglicht, für das man kein sacrificium intellectus und nicht einmal das Opfer seines Humors zu bringen braucht.

Weitaus die Mehrzahl aller Soziologen ist noch immer in der akademischen Forschung und Lehre tätig, woran sich wohl auch einstweilen nichts ändern wird. Alle Spekulationen über den humanistischen Geist der Soziologie müssen deshalb vor allem den akademisch-soziologischen Verhältnissen Rechnung tragen. Die Auffassung mancher Universitätsprofessoren, dass nur, wer sein Gehalt von politischen oder wirtschaftlichen Stellen bezieht, »schmutzige Hände« bekommen kann, ist geradezu albern, eine typische Ideologie, die nur die Sonderstellung des Professors legitimieren soll. Die Ökonomie des Bildungswesens ist heute überall von pragmatischen Interessen durchsetzt, deren Zentren außerhalb der Universitäten liegen. Die folgenden Ausführungen beziehen sich zwar auf das amerikanische akademische Leben, dessen Institutionen ja nur zum Teil staatlich finanziert werden. Bei einigem guten Willen wird jedoch auch der deutschsprachige Leser das Bildungswesen seines Landes von der Kritik, die wir hier auszusprechen wagen, mit betroffen fühlen. Viele Soziologen in allen Ländern speisen gewiss nicht an den Tafeln der Geldgeber im Staat und in der Wirtschaft, meistens übrigens zu ihrem heimlichen Kummer. Aber die Könnerschaft amerikanischer Universitäts-Administratoren auf dem Gebiete der Geldbeschaffung [unartig ausgedrückt heißt das »Zigarrenkistenmethode«] hat doch den unbestreitbaren Erfolg, dass auch esoterische professorale Vorhaben von den Krümeln, die von den Tafeln fallen, mitgefüttert werden.

Aber auch wenn man sich auf innerakademische Vorgänge beschränkt, besteht für Soziologen kein Grund zum Naserümpfen. Die Jagd nach der Futterkrippe ist oft noch viel hektischer als in der Wirtschaft, und sei es nur, weil ihre ganze Unbarmherzigkeit sich hinter wohlerzogenen Manieren und angeblichem pädagogischem Idealismus verbergen muss. Wenn ein Soziologe zehn Jahre lang versucht hat, den Sprung von einem drittklassigen amerikanischen Junior-College nach Harvard, Princeton oder Yale zu machen oder in Harvard, Princeton oder Yale – und einigen anderen Prestige-Universitäten – als kleiner Associate-Professor nicht für alle Zeiten das fünfte Rad am Wagen zu bleiben, so hat er seine humanistischen Ideale mindestens ebenso strapaziert wie unter der Ägide eines nichtakademischen Arbeitgebers. Schließlich schreibt er nur noch, was er am »richtigen« Ort publizieren kann, sucht die Bekanntschaft der »richtigen« Leute an den Quellen der Ämter-Patronage und stopft ein paar Löcher in seiner Vita genauso beflissen zu wie ein hoffnungsvoller Karrierist im Staatsdienst oder in der Wirtschaft. Kollegen und Studenten aber verachtet er mit dem ganzen unterdrückten Ingrimm, den eine lange gemeinsame Gefangenschaft bewirkt. Soweit über akademischen Hochmut. Dabei bleibt offen, dass der immanente Humanismus der Soziologie sich doch auch im akademischen Milieu manifestieren müsste, und sei es nur aus statistischen Gründen. Wir behaupten, dass das, unserer wenig schmeichelhaften Kritik zum Trotz, durchaus möglich ist. Die Universität ist ganz wie die Kirche anfällig für die Verführungskünste irdischer Mächte. Aber Universitätsprofessoren und Pastoren behalten nach der Verführung einen Schuldkomplex zurück. Die alte Überlieferung der Universität als Hort der Freiheit und Wahrheit, für die jahrhundertelang mit Blut und Tinte gekämpft worden ist, meldet früher oder später ihre Ansprüche an ein schlechtes Gewissen an. Diese Tradition der Universität ist auch heute noch der Rahmen, in dem der humanistische Geist der Soziologie sich entfalten kann.

Selbstverständlich besteht ein Unterschied zwischen den Problemen, die sich für ein Doktorandenseminar stellen, in dem eine neue Generation von Soziologen herangebildet wird, und sagen wir, dem Soziologieunterricht in der Oberstufe der höheren Schule oder der Berufs- und Fachschulen – um überhaupt irgendwelche annehmbaren Entsprechungen zur amerikanischen Graduate und Undergraduate School zu bringen, wobei die deutsche Bildungsideologie theoretisch nicht einmal Unterschiede zulassen würde, mindestens nicht die von heute. Im ersten Falle ist das Problem relativ einfach. Selbstverständlich hat der Autor den Ehrgeiz, seiner Konzeption der Soziologie Eingang in die »Formierung« zukünftiger Fachsoziologen zu verschaffen. Was wir über die humanistischen Möglichkeiten der Soziologie gesagt haben, ist für Lehrpläne der fortgeschrittenen wissenschaftlichen Ausbildung leicht zu verwerten, wozu hier leider nicht der Ort ist. Es mag genügen, dass wir im Großen und Ganzen an stärkere Akzente in humanistischer Allgemeinbildung denken, und sei es auf Kosten methodischer und technischer Perfektion. Selbstverständlich wird immer die Auffassung des einzelnen Universitätslehrers von der Soziologie als Wissenschaft den Ausschlag dafür geben, wie die Soziologen in spe ausgebildet werden. Aber wie auch diese Ausbildung sein mag, relevant wird sie immer nur für einen beschränkten Kreis von Studenten sein. Glücklicherweise wird nicht jeder Soziologe flügge. Die, die es werden, zahlen dafür den Preis der Desillusionierung. Sie müssen ihren eigenen Weg finden, in einer Welt, die immer noch von Mythen lebt. Dass und wie man das kann, haben wir hoffentlich zur Genüge beteuert.

Ganz anders ist die Situation in den unteren Rängen. Wenn ein Soziologe in der höheren Schule, Berufs- oder Handelsschule usw., unterrichtet – in Amerika lehren die meisten Soziologen in Undergraduate Schools, in Deutschland, der Schweiz und Österreich die wenigsten –, so hat er nur selten Hörer, die später Soziologie im Hauptfach studieren wollen. Wahrscheinlich werden nicht einmal die wenigen, die Soziologie für irgendein Examen als Wahlfach angeben, Soziologen, sondern Fürsorger, Journalisten, Wirtschaftsberater usw., das heißt, sie gehen in Berufe, bei denen irgendeine soziologische »Vorbildung« erwünscht ist. Jeder junge Professor für Soziologie an irgendeinem der zahllosen mittelmäßigen Colleges in Amerika, der sich die jungen Mädchen und Männer seiner Klasse ansieht, wie sie verzweifelt ihren gesellschaftlichen Weg nach oben suchen, eine ganze Leporelloliste von Seminarscheinen – in Amerika heißt das »Credits« – zusammenraffen und kaum weniger begeistert wären, wenn er ihnen das Telefonbuch vorläse – es sei denn, es kämen am Semesterende ein paar Testate im Studienbuch dabei heraus –, ein solcher beklagenswerter Soziologe fragt sich früher oder später, was für einen Unsinn von Beruf er da eigentlich betreibt. Selbst in einem der Elite-Colleges, in dem das Studium nur ein intellektueller Sport für junge Halbgötter ist, deren gesellschaftlicher Status feststeht und deren Ausbildung eher ein Privileg denn das Rüstzeug für eben diesen Status ist, fragt man sich, was denn um Himmels willen ausgerechnet hier die Soziologie zu suchen hat. Selbstverständlich gibt es sowohl in den überfüllten Staatsuniversitäten wie in den Colleges der sogenannten »Ivy League« immer ein paar weiße Raben unter den Studenten, die wirklich Verständnis und Interesse zeigen. Und man kann immer diese beim Dozieren ansprechen. Auf die Dauer ist das jedoch unfruchtbar, besonders wenn man ohnehin daran zweifelt, ob das, was man lehrt, überhaupt irgendeinen pädagogischen Effekt hat. Diese Frage aber stellt sich ein richtiger Soziologe immer dann, wenn er nicht Studenten vor sich hat, die richtige Soziologen werden wollen.

Das Problem, junge Menschen zu unterrichten, weil sie einen Titel brauchen, um von der Firma ihrer Wahl eingestellt zu werden, oder weil man bei ihrer Herkunft einen akademischen Grad von ihnen erwartet, stellt sich nicht nur für den Soziologen, sondern genauso für die Kollegen aus anderen Fächern. Es lohnt sich hier nicht, näher darauf einzugehen. Eine Schwierigkeit, die andere nicht haben, steht jedoch in unmittelbarer Beziehung zur desillusionierenden, entlarvenden Wirkung der Soziologie. Die Frage ist durchaus berechtigt, warum man ein so gefährliches geistiges Gut gleichsam auf der Straße an junge Menschen verhökert, die es mit größter Wahrscheinlichkeit nicht begreifen und verkehrt verwenden. Die Droge Soziologie an auserwählte Studenten auszugeben, die sowieso schon süchtig sind und im Laufe ihres Studiums auch auf ihre therapeutischen Bestandteile kommen werden, ist eine Sache. Eine ganz andere ist jedoch, sie freigebig unter die Leute zu bringen, die weder Gelegenheit noch Neigung haben, die richtige Dosierung kennen zu lernen. Welches Recht hat man eigentlich, die Gewissheitsvorstellungen anderer Menschen zu erschüttern? Warum muss man junge Menschen dazu erziehen, die Ungesichertheit von etwas, das sie bisher für unanfechtbar gehalten haben, zu erkennen? Warum gibt man ihnen die Zündschnur zum Pulverfass des kritischen Denkens in die Hand? Warum um Himmels willen lässt man sie nicht in Ruhe?

Zum Teil liegt die Antwort bei dem Pflichtbewusstsein und dem pädagogischen Können des Lehrers. Erste Semester packt man anders an als Doktoranden. Außerdem weiß man, dass Gewissheitsstrukturen viel zu tief ins Bewusstsein eingegraben sind, als dass sie durch ein paar Proseminare erschüttert werden könnten. Es gehört schon etwas dazu, Menschen einen »Kulturschock« beizubringen. Wer auf die Relativierung seiner Lebensgewissheiten nicht vorbereitet ist, verbietet sich meistens instinktiv, den Folgen ins Auge zu sehen. Die meisten jungen Leute betrachten das Neue, das sie in einem soziologischen Seminar erfahren, als amüsantes Denkspiel, das man halt mitspielen muss, so wie man im philosophischen Seminar nebenan bei der Diskussion mittut, ob etwas ein Gegenstand ist, wenn man es nicht sehen kann. Diese Studenten machen also einfach mit, ohne auch nur einen Augenblick an der absoluten Gültigkeit ihrer bisherigen normalen Allerweltvorstellungen zu zweifeln. Dass das so ist, hat gewiss sein Gutes. Nur als Rechtfertigung dafür, dass man Kollegs und Seminare über Soziologie für Nichtsoziologen hält, reicht es nicht aus, und sei es nur, weil es eben nur bis zu dem Grade zutrifft, in dem das Lehren seinen eigentlichen Zweck verfehlt. Wir freilich glauben, dass Soziologie für Nichtsoziologen nötig ist, wenn freiheitliche Erziehung nicht nur wörtlich etwas mit Befreiung des Geistes zu tun haben soll. Wenn man Erziehung nur als pädagogische Technik oder als Berufsausbildung auffasst, mag man die Soziologie ruhig vom Lehrplan streichen, mit dem sie dann ohnehin nur in Konflikt geraten müsste, vorausgesetzt, dass das pädagogische Ethos einer solchen Auffassung sie nicht auch schon kastriert hat. Wo man jedoch noch an freiheitliche Erziehung und Erziehung zur Freiheit glaubt, da gehört auch die Soziologie hin, weil das bewusste Leben der Freiheit nun einmal bekömmlicher ist als das unbewusste, ja weil Bewusstheit eine Grundbedingung der Freiheit ist. Mehr Bewusstsein und damit mehr Freiheit bringt auch mehr Leiden und viel mehr Gefahr. Eine Erziehung, die dem ausweichen will, wird zum bloßen Training und hört auf, irgendetwas mit Menschenbildung zu tun zu haben. Wir glauben, dass es heute zur Bildung gehört, mit dem spezifisch modernen, eigenartig aktuellen Stil kritischen Denkens vertraut zu sein, das sich Soziologie nennt. Auch wen sein Dämon in andere Himmelsrichtungen treibt, wird, wie schon Max Weber gesagt hat, durch die bloße Berührung mit der Soziologie vorurteilsloser, vorsichtiger im eigenen Engagement und skeptischer gegenüber dem Engagement anderer Leute. Und vielleicht begleitet ihn ein bisschen mehr Mitleid auf seinen Wanderungen durch die Gesellschaft. Kehren wir zum Schluss noch einmal zum Marionettentheater zurück, dessen Bild wir schon früher beschworen hatten. Wir sehen den kleinen Puppen auf ihrer Miniaturbühne zu, wie sie sich hin und her bewegen an ihren Fäden nach dem vorgeschriebenen Lauf ihrer kleinen Handlung. Wir verstehen jetzt den Sinn des Spiels und entdecken darin uns selbst, unseren Ort in unserer Gesellschaft. Auch wir hängen an unsichtbaren Fäden. Einen Augenblick scheint es uns, als wären wir wirklich Marionetten. Aber auf einmal sehen wir den entscheidenden Unterschied zwischen dem Puppenspiel und unserem Drama. Was wir ihm voraushaben, ist, dass wir jetzt einhalten aus eigener Kraft. Wir wenden unseren Blick nach oben in die Maschinerie, die unsere Handlungen gelenkt hat. Diese Tat ist der erste Schritt zur Freiheit – und damit ist sie die entscheidende Rechtfertigung der Soziologie als humanistische Wissenschaft.

Bibliografische Notizen

Dieses Buch ist eine Einladung. Bei solchem Anlass ist es nicht üblich, den Geladenen eine Liste der Leute vorzulegen, die sie im Hause des Gastgebers treffen werden. Andererseits wüsste man aber doch ganz gern, was für Leute da sind – oder wenigstens, wo man etwas über sie erfahren könnte. Der gute Geschmack verbietet es, einem Text wie diesem eine umfangreiche Bibliografie über die im Buch berührten soziologischen Themen, Probleme und Richtungen anzuhängen. Wenn die Einladung einen Leser jedoch so neugierig gemacht haben sollte, dass er sich die Sache etwas genauer ansehen möchte, verdient er schon einige Hinweise. So gestattet sich der Gastgeber mit diesen Notizen zur Bibliografie ein paar Anregungen, wo und wie er nähere Bekanntschaften für wünschenswert hält, zumal er zur Zierde des Textes ohne weiteren Kommentar einige Namen hat fallenlassen. Diese Namen werden im Folgenden noch einmal aufgegriffen und dem Leser etwas eingehender vorgestellt. Ob er die Einladung dann annehmen will, bleibt natürlich seinem Belieben anheimgestellt. Dass die Sache nicht ganz ohne Risiko ist, weiß er – und ist zur Genüge gewarnt.

Zum 1. Kapitel

Ob Student oder nicht – normalerweise hat man eine tiefe Abneigung gegen Lehrbücher, die oft genug völlig berechtigt ist. Aber es gibt rühmliche Ausnahmen. Ein immer noch lesenswertes klassisches Lehrbuch der Soziologie ist: Robert McIver, Society, New York 1937. Wer sich besonders für Probleme der amerikanischen Gesellschaft interessiert, sei verwiesen auf: Robin M. Williams jr., American Society, New York 1951, und: Ely Chinoy, Society, New York 1961. Lesern, die kein Englisch können, empfehlen wir das ausführliche Schlusskapitel zu Hans Paul Bahrdt: Wege zur Soziologie, München 1966, in dem Hans

Peter Dreitzel jene ominöse »Liste«, die wir uns hier versagen mussten, nach seinem – nicht schlechten – Geschmack vorlegt.

Max Weber (1863–1920) ist einer der großen Klassiker der Soziologie. Sein Lebenswerk wurzelt tief im zeitgenössischen geistigen Milieu Deutschlands. Die Grundlagen seiner breit angelegten Soziologie liegen in seiner großen philosophischen und historischen Gelehrsamkeit und der erstaunlichen Kenntnis vieler fremder Kulturen, die er analysiert und interpretiert hat. Eine brillante Darstellung seiner Auffassung von der Soziologie als Wissenschaft ist sein berühmter Aufsatz: Wissenschaft als Beruf, 1. Aufl.: München/Leipzig 1919 (^{4}1959).

Alfred Schütz (1899–1959) war als Philosoph geprägt durch die Phänomenologie seines Freundes Edmund Husserl. Er hat den größten Teil seines Lebenswerkes in den Dienst einer philosophischen Fundierung der Soziologie gestellt. In Österreich geboren, verließ er seine Heimat nach dem Einmarsch der Nationalsozialisten und lehrte bis zu seinem Tode an der New School for Social Research in New York. Sein Einfluss auf die moderne Soziologie ist vorläufig noch nicht allzu groß, wird aber zweifellos zunehmen, sobald sein Werk besser zugänglich ist. Eine dreibändige englische Ausgabe ist bei Martinus Nijhoff, Den Haag, erschienen. Deutsch lag schon 1932 vor: Der sinnhafte Aufbau der sozialen Welt, Wien ^{2}1960.

Zum 2. Kapitel

Albert Salomon (1891–1966) hat seine Forschungen über die historischen Ursprünge der Soziologie in Frankreich in seinem Buch: The Tyranny of Progress, New York 1955, zusammengefasst. Deutsch unter dem Titel: Fortschritt als Verhängnis, Stuttgart 1957. Paul Radin war ein amerikanischer Kulturanthropologe, der besonders über primitive Gesellschaften gearbeitet hat. Der beste Zugang zu seinem Werk ist sein Buch: Primitive Man as Philosopher, New York 1927.

Ein Standardwerk über die Geschichte des gesellschaftlichen Denkens einschließlich der Soziologie ist: Howard Becker und Harry Barnes, Social Thought from Lore to Science, Washington D. C. 1927. Eine knappere Einführung speziell in die Geschichte des soziologischen Denkens ist: Nicholas S. Timasheff, Sociological Theory, Garden City (N.Y.) 1955.

Wer gerne etwas mehr über den soziologischen Hang, durch Schlüssellöcher zu sehen, erfährt, lese: Floyd Hunter, Community Power Structure, Chappel Hill 1953. Wem die Beziehungen zwischen protestantischer Kirchenverwaltung und Bürokratie keine Ruhe lassen, lese: Paul M. Harrison, Authority and Power in the Free Church Tradition, Princeton 1959.

»Die protestantische Ethik und der Geist des Kapitalismus« von Max Weber ist eines der bedeutendsten und folgenreichsten Bücher, das je in der Soziologie geschrieben worden ist. Es hat nicht nur die Soziologie entscheidend beeinflusst, sondern war auch für die Geschichtsschreibung, soweit sie sich mit den Beziehungen zwischen Wirtschafts- und Kulturgeschichte in der modernen westlichen Welt befasst, von größter Bedeutung. Webers Theorie über Protestantismus und Kapitalismus ist eine hervorragende Kritik am ökonomischen Determinismus von Karl Marx. Das Buch erschien in Deutschland zuerst 1920 und liegt heute in einer Neuausgabe vor: Gesammelte Aufsätze zur Religionssoziologie (Bd. 1), Tübingen 1963; außerdem gibt es eine Taschenbuchausgabe im Siebenstern-Verlag (München).

Emile Durkheim (1858–1917) ist der bedeutendste französische Soziologe aus der Gründungsepoche der Soziologie. Er hat eine große Zahl von Schülern um seine Zeitschrift: Anne Sociologique, versammelt, die auf den verschiedensten Gebieten der Soziologie gearbeitet haben. Seine Schule hat auch nach seinem Tode weiterbestanden. Durkheim steht in der Tradition des Positivismus von Comte. Bezeichnend für ihn ist die Betonung der außersubjektiven Qualität gesellschaftlicher Erscheinungen. Für die Nutzbarmachung der Statistik im Dienste der Soziologie hat er Pionierarbeit geleistet, ebenso auf dem Gebiet der Beziehungen zur Völkerkunde. Geistig ist er dem Ethos der französischen Demokratie stark verhaftet. Den besten Zugang zu seinem Denken vermittelt sein programmatisches Buch: Les regles de la methode sociologique. Zuerst erschienen: Paris 1895. Deutsch: Regeln der soziologischen Methode, Leipzig 1908 (2. Aufl. Neuwied 1961).

Robert K. Merton ist neben Talcott Parsons der bedeutendste amerikanische Theoretiker der Soziologie. Seine Theorie über die »manifesten« und »latenten« Funktionen ist mit vielem anderem, was er zur Funktionalität in der Gesellschaft sagt, niedergelegt in seinem Buch: Social Theory and Social Structure, Chicago 1957. Der Begriff »Ideologie« stammt ursprünglich von dem französischen Philosophen Destutt de Tracy. Marx hat ihn im soziologischen Sinne präzisiert. In der Folgezeit wurde er weitgehend modifiziert und von seiner engeren Bedeutung im marxistischen Sinne entfernt. Vilfredo Pareto (1848–1923), der viele Jahre seines Lebens in der Schweiz gelehrt hat, aber Italiener war, gründet ein ganzes soziologisches System auf den Ideologiebegriff. Sein vielbändiges Lebenswerk ist kein leichter Brocken. Ein mutiger Leser möge sich an die deutsche Auswahl (1955) heranwagen, die Carl Brinkmann unter dem Titel: Allgemeine Soziologie, Tübingen 1955, herausgegeben hat. Er kann daraus viel lernen. Entscheidend ist der Ideologiebegriff für die Wissenssoziologie geworden, von der wir besonders im 5. Kapitel gesprochen haben. Das grundlegende Buch dazu ist: Karl Mannheim, Ideologie und Utopie. Deutsch zuerst bei Friedrich Cohen, Bonn 1929. Eine Auswahl aus dem Gesamtwerk: Karl Mannheim, Wissenssoziologie, hrsg. von Kurt H. Wolff, Neuwied 1954.

Thorstein Veblen (1857–1929) ist eine der farbigsten Gestalten der frühen amerikanischen Soziologie. Typisch für ihn sind die Neigung, die Gesellschaft unbarmherzig zu demaskieren, die Betonung der wirtschaftlichen Faktoren für die Entwicklung und eine radikale Kritik des Kapitalismus und seiner Auswirkungen auf die Gesellschaft. Sein bekanntestes Buch: The Theory of the Leisure Class, New York 1934 (eine deutsche Ausgabe erschien unter dem Titel: Theorie der feinen Leute, Köln/Berlin o. J.), an sich eine Analyse der Mentalität der oberen Klassen in Amerika, hat einen großen Einfluss auf die theoretische Soziologie in Amerika gehabt. Eine der bittersten kritischen Darstellungen, die je ein Soziologe geschrieben hat, stammt ebenfalls von Veblen: Higher Learning in America, New York 1919. Giftig auf jeder Seite, zeugt sie von Veblens herber Enttäuschung über die amerikanische Universität.

Die sogenannte Chicago-School war eine Gruppe von Soziologen um Robert Park an der Universität Chicago, die zahlreiche stadt- und gemeindesoziologische Studien während der 1920er-Jahre veröffentlicht hat. Auf diesen beiden Gebieten sowie in der Soziologie des Berufswesens war und ist sie noch immer von großem Einfluss. Eine gute Darstellung der Soziologie im Sinne von Park ist: Maurice R. Stein, The Eclypse of Community, Princeton 1960. Am berühmtesten sind zwei gemeindesoziologische Untersuchungen über das Leben einer Stadt in Indiana vor und nach der großen Depression geworden: Robert S. und Helen Lynd, Middletown, New York 1929 – und: Middletown in Transition, New York 1937. In würdiger Nachfolge des Ehepaars Lynd, was das entschlossene Abtragen des Firnis der Gemeindeideologie betrifft, steht Arthur L. Vidich, Small Town in Mass Society, Princeton 1958. (Taschenbuch bei Doubleday, Anchor Books, 1960.) Das Buch führt den Leser auf verschlungenen Wegen an die Kehrseiten der Gesellschaftsstruktur einer kleinen Landstadt im Norden des Staates New York heran. Daniel Lerner ist Professor für Soziologie am M.I.T. in Cambridge, Mass. Zusammen mit Lucille W. Pevsner gibt er in seinem Buch: The Passing of Traditional Society, Chicago 1958, nicht nur eine ausgezeichnete soziologische Übersicht über noch im Fluss befindliche Entwicklungen im mittleren Osten, sondern auch eine Theorie des Aufbruchs des modernen Geistes aus älteren Traditionen.

Zum 3. Kapitel

Ob er will oder nicht, trägt der Autor die Hauptverantwortung für diesen Exkurs. Anregungen dafür verdankt er allerdings den Auffassungen von Alfred Schütz und einigen Gedanken von Maurice Halbwachs.

Zum 4. Kapitel

Über Stratifikation gibt es eine umfangreiche Literatur. Zur Einführung eignet sich am besten eine Anthologie: Reinhard Bendix und Seymour M. Lipset (Hrsg.), Class, Status and Power, Chicago 1953. Eine kurze Einführung in die Problematik der Stratifikationstheorie ist: Kurt B. Mayer, Class and Society, Garden City (N. Y.) 1955. Deutsche Leser seien auf das Sonderheft 5 der Kölner Zeitschrift für Soziologie und Sozialpsychologie: »Soziale Schichtung und soziale Mobilität«, Hrsg. R. König und D. V. Glass, 1961, verwiesen. William I. Thomas, ein Amerikaner, hat zusammen mit Florian Znaniecki die berühmte Immigrationsstudie geschrieben: The Polish Peasant in Europe and America (1. Teil), Boston 1919. Seine wichtigen Beiträge zur theoretischen Soziologie sind meistens in Anmerkungen und Anhängen des Monumentalwerkes versteckt, ein ebenso liebenswerter wie etwas unbequemer Platz für den bemühten Leser. Übrigens beginnt mit dieser Arbeit die eigentlich empirische Periode der amerikanischen Soziologie, für deren Beschränktheit allerdings Thomas und Znaniecki nichts können. Eine Auswahl der Schriften von W. I. Thomas ist herausgekommen unter dem Titel: Person und Sozialverhältnis, Neuwied 1965. Der Soziologe und Philosoph Arnold Gehlen hat seine Institutionenlehre systematisch entwickelt in: Urmensch und Spätkultur, Bonn 1967.

Zum 5. Kapitel

Charles Horton Cooley war einer der älteren amerikanischen Theoretiker in der Soziologie und stand stark unter europäischem Einfluss. Sein wichtigstes Buch ist: Human Nature and Social Order, New York 1922. George Herbert Mead ist der eigentliche Initiator der amerikanischen Sozialspychologie. Er hat viele Jahre an der Universität Chicago gelehrt. Sein bedeutendstes Buch: Mind, Self and Society, Chicago 1934, erschien erst kurz nach seinem Tode. Deutsche Übersetzung: G. H. Mead, Geist, Identität und Gesellschaft, Frankfurt a. M. 1968. Mead ist nicht leicht zu lesen, für das Verständnis der Rollentheorie aber ganz wesentlich. Neuere Werke zur Rollentheorie sind: Hans H. Gerth und C. Wright Mills, Character and Social Structure, New York 1953. – Erving Goffman, The Presentation of Self in Everyday Life, Garden City (N. Y.) 1959. – Anselm L.

Strauss, Mirrors and Masks, New York 1959. Goffmans höchst überzeugende Untersuchung der Zwangssituation bei der Gruppentherapie findet sich in seinem letzten Buch: Asylums, Garden City (N. Y.) 1961. Die deutsche Rezeption der Rollentheorie begann mit dem inzwischen in der 6. Auflage erschienenen Band: Ralf Dahrendorf, Homo sociologicus, Köln/Opladen 1958, an dem sich eine ausführliche Diskussion entzündete. Einer der letzten Beiträge: Heinrich Popitz, Der Begriff der sozialen Rolle als Element der soziologischen Theorie, Tübingen 1967. S. auch Helmuth Plessner: Soziale Rolle und menschliche Natur (1960 in Festschrift für Theodor Litt). Wieder abgedruckt in: Diesseits der Utopie, Düsseldorf 1966.

Max Scheler braucht in Deutschland nicht näher vorgestellt zu werden. In unserem Zusammenhang ist zu erwähnen, dass auch er als Philosoph von der Phänomenologie Edmund Husserls ausgegangen ist und in den 1920er-Jahren die Grundlagen für die Wissenssoziologie gelegt hat.

Der Sozialphilosoph und Soziologe Karl Mannheim stand zunächst stark unter dem Einfluss von Scheler, hat aber dann mit seinem wichtigsten Buch: Ideologie und Utopie, der Wissenssoziologie eine andere Wendung gegeben. Er flüchtete vor den Nazis nach England und hat dort entscheidend für die Einführung der Soziologie an den Universitäten gewirkt. In die Probleme der Wissenssoziologie führt das bereits genannte Buch von Robert Merton ein. Zu nennen ist fernen Werner Stark, Die Wissenssoziologie, Stuttgart 1960, und: Peter L. Berger and Thomas Luckmann, The Social Construction of Reality, A Treatise in the Sociology of Knowledge, Garden City (N. Y.) 1966 und Anchor Book 1967. Eine deutsche Übersetzung ist in Vorbereitung.

Helmut Schelsky hat verschiedene Aufsätze über das religiöse Bewusstsein des modernen Menschen geschrieben, die nicht nur in der Soziologie, sondern auch in theologischen Kreisen in Deutschland Aufsehen erregt haben. Zwei davon sind abgedruckt in der Aufsatzsammlung: Helmut Schelsky, Auf der Suche nach Wirklichkeit, Düsseldorf/Köln 1965.

Thomas Luckman, Professor für Soziologie an der Universität Frankfurt a. M., hat zum selben Thema ein wichtiges Buch geschrieben: Das Problem der Religion in der modernen Gesellschaft, Freiburg i. Br. 1963. Eine wesentlich erweiterte Neubearbeitung in englischer Sprache ist unter dem Titel: The Invisible Religion, New York 1967, erschienen.

Talcott Parsons in Harvard ist der Begründer der bedeutendsten modernen Schule der theoretischen Soziologie in Amerika. Er hat die klassischen europäischen Theorien mit anderen sozialwissenschaftlichen Gebieten integriert, vor allem mit der Kultur-Anthropologie, Ethnologie, Psychologie und Nationalökonomie. Sein System einer »Theory of Action« wird in Amerika und Europa viel diskutiert. In deutscher Sprache liegt bis jetzt vor: Talcott Parsons, Beiträge zur soziologischen Theorie, Neuwied 1964 eine von Dietrich Rüschenmeyer herausgegebene Aufsatzsammlung. Zwei wichtige Aufsätze sind abgedruckt in: H. Hartmann (Hrsg.), Moderne amerikanische Soziologie, Stuttgart 1967. Einen guten Zugang zur Bezugsgruppentheorie als Bindeglied zwischen Rollentheorie und Wissenssoziologie findet der Leser in einem Aufsatz von T. Shibutani: Reference Groups as Perspectives, American Journal of Sociology 1955.

Zum 6. Kapitel

Eine der besten Einführungen in die methodologische Problematik der Soziologie ist: Felix Kaufmann, Methodology of the Social Sciences, New York 1944. Parsons Darstellung der Beziehungen zwischen Max Webers und Durkheims Soziologie steht in seinem bereits genannten Buch: The Structure of Social Action.

Carl Mayer war lange Jahre Professor für Soziologie an der New School for Social Research. Er hat u. a. über religiöse Sekten gearbeitet: Carl Mayer, Sekte und Kirche (Diss.), Heidelberg 1933. Goffman hat das Schicksal der »Insassen« in seinem bereits genannten Buch: Asylums, geschildert. Seinen Begriff der »Rollendistanz« hat er später in seinem Buch: Encounters, Indianapolis 1961, weiter ausgeführt.

Auch Georg Simmel (1858–1918) ist ein deutscher Klassiker der Soziologie. Charakteristisch für ihn sind eine ausgesprochen philosophische Denkweise und die Universalität und Reichweite seiner Problemanalysen. Er ist der Begründer der sogenannten

»formalen« Richtung in der Soziologie, die nach seinem Tode in Deutschland von Leopold von Wiese und anderen weiter verfolgt wurde. Simmels Theorie der Geselligkeit liest man am besten nach in seinem kleinen Buch: Grundfragen der Soziologie (Individuum und Gesellschaft), Berlin/Leipzig 1917.

Johann Huizingas berühmtes Buch: Homo ludens, erschien zuerst 1938 auf Holländisch, Deutsch: Amsterdam 1939. Eine Taschenbuchausgabe erschien 1962 bei Rowohlt.

Maurice Natanson ist ein Schüler von Alfred Schütz. Eine Aufsatzsammlung von ihm: Literature, Philosophy and the Social Sciences, ist 1962 in Den Haag erschienen.

Zum 7. Kapitel

Das Buch des Autors, das hier gemeint ist, heißt: The Precarious Vision, Garden City (N.Y.) 1961. Außer mit den Auswirkungen des soziologischen Denkens auf christliche Gläubigkeit beschäftigt es sich auch mit ethischen Problemen, die wir in diesem Exkurs berührt haben, insbesondere im Hinblick auf die Religionssoziologie.

Zum 8. Kapitel

Wichtige Auseinandersetzungen mit der Frage der Soziologie als Wissenschaft in der modernen Welt sind: Robert S. Lynd, Knowledge for What?, Princeton 1939. – Florian Znaniecki, The Social Role of the Man of Knowledge, New York 1940. Edward Shils in seinem Buch The Calling of Sociology, New York 1961, dessen Ausführungen dem Standpunkt des Autors sehr nahkommen, würde wahrscheinlich doch nicht so weit gehen, die Soziologie zu den Geisteswissenschaften zu zählen.

Namenregister

Sachregister